申如刑辩系列丛书

帮信罪与掩隐罪案件律师代理实务

张 兵 / 主编

安金玲 王晓萍 谢灵珊 叶梅花 张 晨 / 副主编

知识产权出版社
全国百佳图书出版单位
—北京—

图书在版编目（CIP）数据

帮信罪与掩隐罪案件律师代理实务／张兵主编；安金玲等副主编. -- 北京：知识产权出版社，2025.3. （申如刑辩系列丛书）. -- ISBN 978-7-5130-9897-7

Ⅰ.D924.364

中国国家版本馆 CIP 数据核字第 2025FY3867 号

责任编辑：刘　江　　　　　　　　责任校对：王　岩
封面设计：杨杨工作室·张冀　　　　责任印制：刘译文

帮信罪与掩隐罪案件律师代理实务

张　兵　主编

安金玲　王晓萍　谢灵珊　叶梅花　张　晨　副主编

出版发行：知识产权出版社有限责任公司		网　　址：http://www.ipph.cn	
社　　址：北京市海淀区气象路50号院		邮　　编：100081	
责编电话：010-82000860 转 8344		责编邮箱：liujiang@cnipr.com	
发行电话：010-82000860 转 8101/8102		发行传真：010-82000893/82005070/82000270	
印　　刷：三河市国英印务有限公司		经　　销：新华书店、各大网上书店及相关专业书店	
开　　本：720mm×1000mm　1/16		印　　张：17.75	
版　　次：2025年3月第1版		印　　次：2025年3月第1次印刷	
字　　数：282千字		定　　价：98.00元	

ISBN 978-7-5130-9897-7

出版权专有　　侵权必究

如有印装质量问题，本社负责调换。

序

　　2024年3月9日，最高人民检察院发布《刑事检察工作白皮书（2023）》①，总结了2023年刑事案件情况呈现的四个主要特点，笔者注意到其中的两项：其一是严重暴力犯罪持续下降、轻微犯罪持续上升："全国检察机关起诉严重暴力犯罪从1999年16.2万人下降至2023年6.1万人，占比从25.1%下降至3.6%。与此同时，判处三年有期徒刑以下刑罚的轻罪案件人数占比从1999年的54.4%上升至2023年的82.3%。其中，审查逮捕案件中盗窃罪，诈骗罪，帮助信息网络犯罪活动罪（以下简称'帮信罪'），掩饰、隐瞒犯罪所得、犯罪所得收益罪（以下简称'掩隐罪'），开设赌场罪合计占48.4%。审查起诉案件中危险驾驶罪、盗窃罪、帮信罪、掩隐罪、诈骗罪合计占53.7%。"其二是打击治理电信网络诈骗犯罪工作深入推进，起诉电信网络诈骗及关联犯罪数量明显上升："全国检察机关共起诉电信网络诈骗犯罪51 351人，同比上升66.9%。受电信网络诈骗犯罪高发影响，帮信罪、掩隐罪、妨害国（边）境管理类犯罪等关联犯罪也呈现上升态势，其中，起诉帮信罪146 579人，同比上升13%；起诉掩隐罪137 386人，同比上升66.2%；起诉妨害国（边）境管理类犯罪31 442人，同比上升13.3%。"由此可见，帮信罪与掩隐罪已成为高发且常见的犯罪类型。

　　帮信罪与掩隐罪均属于《中华人民共和国刑法》（以下简称《刑法》）"分则"第六章"妨害社会管理秩序罪"中的犯罪类型，前者归属于第一节"扰乱公共秩序罪"，后者归属于第二节"妨害司法罪"。《刑法》第287条之

---

① 最高人民检察院. 刑事检察工作白皮书（2023）[EB/OL].(2024 - 03 - 09)[2024 - 09 - 09]. https：//www.spp.gov.cn/spp/xwfbh/wsfbh/202403/t20240309_ 648173. shtml.

二规定：明知他人利用信息网络实施犯罪，为其犯罪提供互联网接入、服务器托管、网络存储、通讯传输等技术支持，或者提供广告推广、支付结算等帮助，情节严重的，处三年以下有期徒刑或者拘役，并处或者单处罚金。第312条规定：明知是犯罪所得及其产生的收益而予以窝藏、转移、收购、代为销售或者以其他方法掩饰、隐瞒的，处三年以下有期徒刑、拘役或者管制，并处或者单处罚金；情节严重的，处三年以上七年以下有期徒刑，并处罚金。

近五年来，笔者所在的上海申如律师事务所刑事辩护团队代理了帮信罪案例312件，掩隐罪案例193件，尤其是近两年来案件数量增长明显，与前述统计数据趋势相同。一个个真实的案例呈现在我们面前，尤其是很多被告人的涉案本可避免，因缺少法律常识，或追求经济利益而犯罪，令人非常痛心。他们的犯罪行为不仅让自己受到法律的制裁，也给上游犯罪实施人提供了帮助，使得相关被害人蒙受经济损失，带来严重的社会后果。

本书是"申如刑辩系列丛书"的第三本，有了前两本书的撰写经验，在本书中，我们延续了同样的编写体例，收录的所有案例均是由笔者团队真实代理的案件。当然，与《诈骗罪案件律师代理实务》和《开设赌场罪案件律师代理实务》不同的是本书包含两个罪名，将帮信罪与掩隐罪合编在一起，主要是因为二者多与电信网络诈骗关联，且在实务中存在诸多易混淆之处，笔者团队代理的案件中不乏由重罪掩隐罪辩护为轻罪帮信罪的案例。在本书中，我们根据犯罪行为将帮信罪案例划分为五个类型，有比较常见的提供支付结算工具、服务，提供技术支持或广告推广引流帮助，也有较为新型的倒卖社交账号类型；将掩隐罪划分为四个类型，有为犯罪所得提供支付结算工具、服务，也有收购、转移犯罪所得的类型，分别选取部分有典型意义的案例进行剖析，并发表了浅显的律师感悟。

笔者及团队长期专攻刑事辩护领域，我们认为刑事辩护是一项专业性极强的工作，这种专业性不仅体现在对于法律知识的掌握与运用上，还需要辩护律师具有大量的社会常识，且擅于逻辑推理，也要有快速学习的能力。通常来讲，法律条文的内容是具体的，但对于法律条文的适用，例如行为的法律定性，则需要透过现象看本质，有一个认证的过程。法律是严谨的，与刑事相关的法律、司法解释更是如此，辩护律师依循法律的框架针对一个个的案件开展具体工作，每个案件的内容可谓五花八门，但所有的工作围绕着一个主线，即从犯罪的构成出发，结合事实的查明及法律的适用，为被告人争取合法合理的处罚结果，维护法律的实施，追求法律公平与正义。

  在办案之余，我们撰写此书的目的是将以往办理的案件进行归纳整理，更利于今后的工作，同时也能够使读者从一个个真实的案例中有所警示，起到一定的普法宣传作用。

张　兵
2024 年 3 月 16 日于上海环球港

目录 Contents

第一章　帮信罪和掩隐罪案件审判前沿 …………………………………… 1

上篇　帮信罪典型案例解析

第二章　提供支付结算工具帮助类帮信典型案例解析 …………… 15

案例1　詹某某提供银行卡、手机卡走账帮信案 / 17

案例2　刘某某提供银行卡、U盾、手机卡走账帮信案 / 23

案例3　刘某某提供银行卡走账帮信案 / 30

案例4　吴某某提供银行卡、U盾走账帮信案 / 38

案例5　邱某某提供对公账户帮信案 / 45

案例6　董某某提供支付宝账号帮信案 / 52

【类案摘录】

案例7　刘某某提供银行卡走账帮信案 / 58

第三章　提供支付结算服务帮助类帮信典型案例解析 …………… 59

案例8　陈某某提供本人银行卡并介绍他人"跑分"帮信案 / 61

案例9　程某某提供银行卡收款并兑换虚拟货币帮信案 / 67

案例10　顾某注册"拼多多"店铺以虚假交易方式"刷单"帮信案 / 73

案例11　王某甲使用"拼多多"店铺"刷单"帮信案 / 79

【类案摘录】

案例12　范某某提供银行卡走账帮信案 / 85

第四章　提供广告推广帮助类帮信典型案例解析 ······ 87
案例13　覃某冒充证券公司客服引流帮信案 / 89

第五章　提供技术支持类帮信典型案例解析 ······ 95
案例14　肖某利用手机卡提供通讯传输技术支持帮信案 / 97
案例15　谢某架设GOIP设备提供通讯传输技术支持帮信案 / 104
案例16　吴某某提供"欢乐JS"平台技术支持帮信案 / 110
案例17　汪某涉嫌搭建虚拟投资平台帮信案 / 116

第六章　倒卖社交账号类帮信典型案例解析 ······ 121
案例18　杨某倒卖企业QQ号帮信案 / 123
案例19　张某倒卖QQ号帮信案 / 129
案例20　赵某某倒卖微信号帮信案 / 135

下篇　掩隐罪典型案例解析

第七章　提供支付结算工具类掩隐典型案例解析 ······ 145
案例21　钟某某提供银行卡收取、转移赃款掩隐案 / 147
案例22　吴某某提供银行卡转移赃款掩隐案 / 154
案例23　李某某提供银行卡、手机卡、支付宝账号转移赃款掩隐案 / 161
案例24　邓某提供银行卡、微信账户收取、转移赃款掩隐案 / 167

【类案摘录】

案例25　杨某某提供银行卡收款、取现掩隐案 / 173

第八章　提供支付结算服务类掩隐典型案例解析 ······ 175
案例26　未某接送银行卡卡主转移赃款掩隐案 / 177
案例27　李某某协助他人取现转移赃款掩隐案 / 184
案例28　黄某某设立"刷单"工作室转移赃款掩隐案 / 191
案例29　周某建立"洗钱"微信群组织多人提供收款码、银行卡转移赃款掩隐案 / 198

案例30　倪某利用"跑分"人员银行卡转移赃款掩隐案 / 205

【类案摘录】

案例31　赵某利用公司银行账户转移赃款掩隐案 / 212

第九章　"购买式"转移赃款类掩隐典型案例解析 ……………… 215

案例32　闫某某购买黄金转移赃款掩隐案 / 217

案例33　何某某购买购物卡转移赃款掩隐案 / 222

案例34　王某甲购买虚拟货币转移赃款掩隐案 / 230

案例35　汪某某买卖虚拟货币转移赃款案 / 237

【类案摘录】

案例36　王某购买黄金制品转移赃款掩隐案 / 245

第十章　转移赃物类掩隐典型案例解析 ……………………………… 247

案例37　刘某协助过驳非法成品油掩隐案 / 249

案例38　朱某某协助过驳非法成品油掩隐案 / 255

案例39　杨某某"以车易车"转移赃物掩隐案 / 262

【类案摘录】

案例40　闫某"驾船"转移非法柴油掩隐案 / 268

后　　记 ……………………………………………………………………… 270

第一章

帮信罪和掩隐罪案件审判前沿

一、帮信罪与掩隐罪的历史发展及现状

(一) 帮信罪与掩隐罪的历史发展

帮助信息网络犯罪活动罪,业内通称为"帮信罪",其在我国刑法中属于妨害社会管理秩序类中的扰乱公共秩序类的犯罪。帮信罪是指明知他人利用信息网络实施犯罪,仍为其犯罪提供互联网接入、服务器托管、网络存储、通信传输等技术支持,或者提供广告推广、支付结算等帮助,情节严重的犯罪行为。该罪可以说是时代的产物,随着互联网的发展而衍生的网络信息犯罪,是2015年11月1日起实施的《刑法修正案(九)》增设的罪名。

掩饰、隐瞒犯罪所得、犯罪所得收益罪,简称"掩隐罪",其在我国刑法中属于妨害社会管理秩序类中的妨害司法类的犯罪。该罪的设立在维护社会秩序和司法公正方面起着不可或缺的作用,其前身可以追溯到我国古代律法体系中对于"窝藏赃物"等行为的规定。早在秦代,社会动荡不安,盗窃、抢劫等财产犯罪频发,赃物犯罪也随之产生,但此时对于赃物犯罪的规定相对较少;汉代至隋朝时期,赃物犯罪的规定逐渐丰富和完善;直至唐代,随着《唐律疏议》的颁布,赃物犯罪的规定更加详细和完备;而后,宋代在继承唐制的基础上,对于赃物犯罪作了更加详细的规定;元代则进一步加强了对赃物犯罪的打击力度。随着社会的发展和法治的进步,赃物犯罪的法律规定在不断地演变和完善。

新中国成立后,关于赃物类犯罪的法律规定也不断更新以适应新的社会形势与法治需求。1979年《刑法》第172条规定,明知是犯罪所得的赃物而予以窝藏或者代为销售的,处三年以下有期徒刑、拘役或者管制,可以并处或者单处罚金。1997年《刑法》第312条规定,明知是犯罪所得的赃物而予以窝藏、转移、收购或者代为销售的,处三年以下有期徒刑、拘役或者管制,并处或者单处罚金。此时将1979年《刑法》的窝赃、销赃罪改名为窝藏、转移、收购、销售赃物罪。2006年6月29日《刑法修正案(六)》第19条将1997年《刑法》第312条修改为:"明知是犯罪所得及其产生的收益而予以窝藏、转移、收购、代为销售或者以其他方法掩饰、隐瞒的,处三年以下

有期徒刑、拘役或者管制，并处或者单处罚金；情节严重的，处三年以上七年以下有期徒刑，并处罚金。"本次修正有了较大的变化，体现在三点：一是犯罪对象由犯罪所得的赃物扩大为犯罪所得及其产生的收益；二是行为方式中增加"以其他方法掩饰、隐瞒"这样一个兜底性条款；三是量刑上增加一档，最高刑从三年以下加重为七年以下。

2007年8月27日，《最高人民法院、最高人民检察院关于执行〈中华人民共和国刑法〉确定罪名的补充规定（三）》正式将1997年《刑法》第312条、《刑法修正案（六）》第19条规定的窝藏、转移、收购、销售赃物罪改为掩饰、隐瞒犯罪所得、犯罪所得收益罪。

2009年2月28日，《刑法修正案（七）》第10条对1997年《刑法》第312条增加一款作为第2款："单位犯前款罪的，对单位判处罚金，并对其直接负责的主管人员和其他直接责任人员，依照前款的规定处罚。"这一规定明确单位可以是该罪的犯罪主体。

通过上述内容，不难看出，帮信罪系随着时代发展而伴生出的新型犯罪，掩隐罪则自古有之，随着时代变迁，而衍变至今。笔者之所以把二者放在一起，是因为如今的帮信罪和掩隐罪在有些行为模式上极具相似之处，这一点也可以通过本书所选的案例体现出来。

（二）帮信罪与掩隐罪的现状

2024年3月9日，最高人民检察院发布《刑事检察工作白皮书（2023）》[①]，总结2023年刑事案件情况的主要特点，其中最主要的一点便是：严重暴力犯罪持续下降，轻微犯罪持续上升，犯罪结构变化明显。公示数据显示："全国检察机关起诉严重暴力犯罪从1999年16.2万人下降至2023年6.1万人，占比从25.1%下降至3.6%。与此同时，判处三年有期徒刑以下刑罚的轻罪案件人数占比从1999年的54.4%上升至2023年的82.3%。审查逮捕案件中盗窃罪、诈骗罪、帮信罪、掩隐罪、开设赌场罪合计占48.4%，其中帮信罪、掩隐罪各占比8%。审查起诉案件中危险驾驶罪、盗窃罪、帮信罪、掩

---

① 最高人民检察院. 刑事检察工作白皮书（2023）[EB/OL]. (2024-03-09) [2024-09-12]. https://www.spp.gov.cn/xwfbh/wsfbh/202403/t20240309_648173.shtml.

隐罪、诈骗罪合计占53.7%，其中帮信罪占比8%，掩隐罪占比7%。"

不难看出，帮信罪与掩隐罪已经成为一种常见的犯罪类型，导致这一现象的主要原因为电信网络诈骗罪的高发，导致的与之关联的犯罪，主要为帮信罪、掩隐罪、妨害国（边）境管理类犯罪也呈上升态势，2023年，全国检察机关起诉帮信罪146 579人，同比上升13%；起诉掩隐罪137 386人，同比上升66.2%。

二、帮信罪与掩隐罪的特点

现如今，手机支付已成为绝大部分国人首选的支付方式，因此手机卡及绑定手机号的银行卡等支付结算工具便成为犯罪分子用于作案的主要工具，帮信罪与掩隐罪的大多数犯罪行为都是通过上述支付工具完成的，所以帮信罪和掩隐罪都具有以下明显的特点。

（一）犯罪手段多样化

在大多数帮信罪案件中，向他人出租、出售银行卡（含银行账户、非银行支付账户等）、手机卡（绑定支付账号）等，用于接收、帮助转移信息网络犯罪相关款项的"两卡"类行为，就属于帮信罪的实行行为；又或者登录特定的平台，如虚拟货币平台、各类电商平台等为网络犯罪团伙提供转账帮助从而将赃款转移"洗白"的"跑分"类行为；此外，还有为利用信息网络实施犯罪行为的犯罪分子提供推广帮助，如以投资指导、特殊服务等名义吸引被害人加入社交群或者下载App，再由接受推广帮助的犯罪分子对这些被害人实施其他犯罪行为的"吸粉"类行为；以及通过架设虚拟拨号设备、开发网络程序、制作运营网站等方式提供技术支持的"技术"类行为。上述行为涵盖我们的生活、工作、娱乐消遣等各个方面，这些都是典型的帮信罪实行行为。

掩隐罪的犯罪手段随着科技的发展也不再拘泥于传统的窝藏、转移、销售赃物的形式，而是越来越多样化，因为现实生活中大多数犯罪所得是可以在市场上流通的货币，犯罪分子利用互联网、金融等渠道，通过虚假交易、分流转账、洗钱等方式来掩饰、隐瞒犯罪所得。

(二）犯罪成员年轻化

无论是构成帮信罪，还是构成掩隐罪，大部分参与实施提供支付结算工具及服务类行为的犯罪分子文化学历偏低、收入有限，有的刚毕业踏足社会，有的还是在校学生堪堪成年，甚至也有未成年人被诱骗参与此类犯罪。他们往往出于改善经济状况，或急于寻得一份保障温饱的工作，而被引诱跨过法律的红线，令人非常惋惜。不过，在犯罪中提供技术支持类行为的人员则不同，他们往往受过高等教育，并拥有专业技术，主要是通过开发软件、编写应用程序、制作维护网站等为网络犯罪分子提供技术支持。笔者认为从本书中收录的案例来看，帮信罪和掩隐罪的被告人普遍比较年轻，缺乏生活阅历以及法律常识，对该类人群加强法治宣传教育非常有必要，这也是笔者团队撰写此丛书以求普法的原因。

(三）犯罪成员有组织性和隐蔽性

帮信罪和掩隐罪的犯罪主体除了个人，还有单位，即使是个人犯罪也常以共同犯罪的形式出现，即团伙犯罪、组织犯罪等。这些共同犯罪成员往往具有更强的组织性和隐蔽性，其组织性通常体现在他们层级划分明显，分工合作，连接紧密；其隐蔽性则通常体现在犯罪成员之间的沟通，以及他们与上游犯罪分子之间的交流均是通过网络进行，多数使用国外社交软件，这就使得犯罪分子的合作无须固定地点，可以分布在全国各地，甚至是在境外，犯罪效率提高的同时也极大地增加了自身隐蔽性，更给打击犯罪带来了更大的挑战。

(四）上游犯罪涉及的领域众多

帮信罪和掩隐罪涉及的上游犯罪领域越来越广泛，除了传统的盗窃、诈骗、敲诈勒索等犯罪类型，还涉及网络犯罪、走私犯罪、金融犯罪等领域。这些领域的犯罪活动不仅数量庞大，而且涉及的金额越来越大，给社会造成严重的经济危害。如电信网络诈骗、线上赌场、敲诈勒索等，逐步形成黑灰产业链，串并案较多，往往涉及多个地区，影响范围甚广。因此，帮信罪、掩隐罪也是近年来国家重点打击的对象。根据2024年上半年公布的数据来看，帮信罪的起诉人数同比下降25.5%①，足以说明各专项行动的打击治理成效之显著。

三、帮信罪与掩隐罪的区别

（一）帮信罪与掩隐罪的主观方面不同

成立帮信罪要求行为人"明知他人利用信息网络实施犯罪"，成立掩隐罪要求行为人"明知是犯罪所得或犯罪所得收益而予以掩饰、隐瞒"。在实践中，帮信罪和掩隐罪对于行为人"明知"程度的要求有所不同：帮信罪的"明知"内容并没有限定被帮助行为的类型，行为人认识到他人利用信息网络实施严重危害社会的行为即可，不需要知悉具体行为类型，即使对行为类型认识有误（如将此罪误认为彼罪），也不影响明知的认定。②而掩隐罪的"明知"要求则相对较高。最高人民法院《关于审理洗钱等刑事案件具体应用法律若干问题的解释》第1条规定："刑法第一百九十一条、第三百一十二条规定的'明知'，应当结合被告人的认知能力，接触他人犯罪所得及其收益的情况，犯罪所得及其收益的种类、数额，犯罪所得及其收益的转换、转移方式以及被告人的供述等主、客观因素进行认定。具有下列情形之一的，可以认定被告人明知系犯罪所得及其收益，但有证据证明确实不知道的除外：（一）知道他人从事犯罪活动，协助转换或者转移财物的；（二）没有正当理由，通过非法途径协助转换或者转移财物的；（三）没有正当理由，以明显低于市场的价格收购财物的；（四）没有正当理由，协助转换或者转移财物，收取明显高于市场的'手续费'的；（五）没有正当理由，协助他人将巨额现金散存于多个银行账户或者在不同银行账户之间频繁划转的；（六）协助近亲属或者其他关系密切的人转换或者转移与其职业或者财产状况明显不符

---

① 董凡超. 上半年全国检察机关提起公诉76.1万人追加起诉3.2万人 [EB/OL]. (2024-07-30) [2024-09-10]. http://www.spp.gov.cn/zdgz/202407/t20240730_661980.shtml.

② 2023年7月26日最高人民检察院第四检察厅《关于办理电信网络诈骗及其关联犯罪案件有关问题的解答》（高检四厅〔2023〕）。

的财物的；（七）其他可以认定行为人明知的情形。"①

因此，帮信罪的"明知"可以理解为一般概括性的知道，而掩隐罪的"明知"则要求认知程度高，包括明确知道或高度盖然性的知道。

（二）帮信罪与掩隐罪的客观方面不同

帮信罪帮助的是"他人利用信息网络实施的犯罪"本身，其帮助行为发生在所帮助的犯罪行为实施终了之前，即所帮助的犯罪既遂前；而掩隐罪中的掩饰、隐瞒行为，则只能在"上游"犯罪既遂后予以实施。此处需要特别注意的是，关于"两卡"类犯罪定性的问题，如行为人仅为上游犯罪提供银行卡的，其提供银行卡的行为发生在犯罪既遂前，即被害人按照犯罪分子的指令将钱款打入该银行卡之前的，应认定为帮信罪。如行为人仅提供银行卡且该行为发生在诈骗罪既遂之后，银行卡作为二级、三级卡被用来层层转账的，这一行为实际上系为后续的掩饰、隐瞒犯罪行为提供帮助，此时，虽然"上游"犯罪已经既遂，由于其所帮助的掩饰、隐瞒犯罪行为未实施完毕，则仍按帮信罪认定。

当前，金融机构监管力度加大，通常当银行账户出现资金频繁划转、流水数额激增等可疑交易特征时，往往需要通过"刷脸"等方式（实践中还包括提供手机验证码、接听银行核验电话等）对实际持卡人是否为卡主本人进行二次验证，对于行为人所提供的"刷脸"等验证行为：有的是作为支付密码输入方式之一，属于典型的转账行为；有的是作为转账之前登录银行卡账户的验证方式之一，这一行为与随即发生的转账行为密切关联。实践中会将上述行为作为一个整体，如没有其他正当理由，依法可以认定其明知系犯罪所得及产生的收益，统一评价为掩隐罪。

（三）帮信罪与掩隐罪的实行行为不同

帮信罪的实行行为主要是：为信息网络犯罪提供互联网接入、服务器托管、网络存储、通讯传输等技术支持，或者提供广告推广、支付结算等帮助。

对掩隐罪的实行行为，我国法律法规则作了许多明确规定，并根据情节

---

① 最高人民法院《关于审理洗钱等刑事案件具体应用法律若干问题的解释》（法释〔2009〕15 号），已于 2024 年 8 月 20 日废止。

严重程度设有两档刑罚：

（1）一年内曾因掩饰、隐瞒犯罪所得及其产生的收益行为受过行政处罚，又实施掩饰、隐瞒犯罪的；

（2）掩饰、隐瞒的犯罪所得系电力设备、交通设施、广播电视设施、公用电信设施、军事设施或者救灾、抢险、防汛、优抚、扶贫、移民、救济款物的；

（3）掩饰、隐瞒行为致使上游犯罪无法及时查处的，并造成公私财物损失无法挽回的；

（4）实施其他掩饰、隐瞒犯罪及其产生的收益行为，妨害司法机关对上游犯罪进行追究的；

（5）明知是非法狩猎的野生动物而收购，数量达到50只的；

（6）明知是盗窃、抢劫、诈骗、抢夺的机动车，实施《最高人民法院、最高人民检察院关于办理与盗窃、抢劫、诈骗、抢夺机动车相关刑事案件具体应用法律若干问题的解释》（法释〔2007〕11号）第1条规定的六种掩饰、隐瞒行为的；

（7）明知是盗窃犯罪所得的油气或者油气设备，而予以窝藏、转移、收购、加工、代为销售或者以其他方法掩饰、隐瞒的；

（8）明知是非法获取计算机信息系统数据犯罪所获取的数据、非法控制计算机信息系统犯罪所获取的计算机信息系统控制权，而予以转移、收购、代为销售或者以其他方法掩饰、隐瞒，违法所得5000元以上的；

（9）明知是盗窃文物、盗掘古文化遗址、古墓葬等犯罪所获取的三级以上文物，而予以窝藏、转移、收购、加工、代为销售或者以其他方法掩饰、隐瞒的；

（10）知道或者应当知道是盗窃所得的窨井盖及其产生的收益而予以窝藏、转移、收购、代为销售或者以其他方法掩饰、隐瞒的；

（11）明知是在长江流域重点水域非法捕捞犯罪所得的水产品而收购、贩卖，价值1万元以上的；

（12）明知系利用医保骗保购买的药品而非法收购、销售，金额5万元以上的；

（13）明知是非法拆解的未爆弹药或者非法挖捡的炮弹残片及其所产生的收益而窝藏、转移、代为销售或者以其他方法掩饰、隐瞒的；

（14）掩饰、隐瞒犯罪所得及其产生的收益价值总额达到10万元以上的；

（15）掩饰、隐瞒犯罪所得及其产生的收益10次以上，或者3次且价值总额达到5万元以上的；

（16）掩饰、隐瞒系电力设备、交通设施、广播电视设施、公用电信设施、军事设施或者救灾、抢险、防汛、优抚、扶贫、移民、救济款物，价值总额达到5万元的；

（17）掩饰、隐瞒行为致使上游犯罪无法及时查处，并造成公私财物重大损失无法挽回或其他严重后果的；

（18）实施其他掩饰、隐瞒行为，严重妨害司法机关对上游犯罪予以追究的；

（19）明知是非法获取计算机信息系统数据犯罪所获取的数据、非法控制计算机信息系统犯罪所获取的计算机信息系统控制权，而予以转移、收购、代为销售或者以其他方式掩饰、隐瞒，违法所得数额达到5万元的；

（20）掩饰、隐瞒盗窃、抢劫、诈骗、抢夺的机动车5辆以上或者价值总额达到50万元以上的。

有情形（1）~（13）的，处三年以下有期徒刑、拘役或者管制，并处或者单处罚金；有情形（14）~（20）的，属于情节严重，处三年以上七年以下有期徒刑，并处罚金。

四、帮信罪与掩隐罪的办理及审判政策

对于帮信罪和掩隐罪准确把握宽严相济刑事政策，最高人民检察院第四检察厅《关于办理电信网络诈骗及其关联犯罪案件有关问题的解答》第十点提到，办理电信网络新型违法犯罪类案件，要认真贯彻落实习近平总书记重要指示和党中央决策部署，始终做到当严则严、该宽则宽、宽严相济、罚当其罪，确保案件办理政治效果、法律效果和社会效果的统一。

（1）突出重点，当严则严。对于"特殊"犯罪分子，如累犯、惯犯，首

要分子、骨干分子等，组织未成年人等特殊群体从事电信网络诈骗及关联犯罪的人员，或利用履行职责或提供服务便利严重违反内部规定实施相关犯罪的电信、银行、互联网等行业从业人员，依法从严处理。对于涉嫌犯罪的人员要准确认定行为性质，特别是对于可能涉嫌构成诈骗罪共犯的人员，加强全案证据审查，防止就低认定为帮信罪、掩隐罪等关联犯罪。同时，依法全面提出自由刑、罚金刑、职业禁止、禁止令等建议，从严控制相对不起诉适用。

（2）区分对象作用，该宽则宽。第一，对于多数层级较低，主要根据上级指令从事犯罪行为，参与时间短、涉案金额小、违法所得少的一般"业务员"，综合认定其社会危险性，依法可以从宽处理。第二，对于涉罪未成年人，要贯彻最大限度保护原则，从实体和程序上把"教育、感化、挽救"方针贯穿始终。依法适用未成年人刑事诉讼程序，将未成年与成年犯罪嫌疑人分案处理，用好附条件不起诉，并对符合条件的依法封存其犯罪记录，引导、教育、帮助涉罪未成年人改过自新。但是，对于个别人身危险性大、行为性质恶劣的未成年人，特别是成为组织者、领导者的，符合法定条件的，要依法批捕起诉，做到宽容不纵容。第三，对于涉罪在校学生（包括刚毕业学生），坚持以教育、挽救、惩戒、警示为主，对于其中的初犯且在犯罪集团内部充当"工具人"角色的学生，综合考虑其犯罪性质危害、认罪悔罪和一贯表现等，依法从宽处理，同时主动加强检校对接与社会联动，压实家庭教育责任。但是，对于其中的犯罪组织者、领导者，由"工具人"转化为"骨干分子"的，参与时间较长、涉案金额较高、主观恶性较大的，以及曾因参与同类违法犯罪活动受过行政处罚、刑事处罚又实施犯罪的在校学生，依法从严追诉。

（3）无论从严还是从宽，都要同步加强追赃挽损工作。要把行为人退赃退赔的情况作为判断其是否真诚悔罪、自愿认罚的重要标准。在各个诉讼环节把认罪认罚制度与追赃挽损工作相结合，最大限度挽回被害人损失。对于行为人虽认罪认罚，但不积极退赃退赔的，是否从宽处罚以及从宽幅度应当从严把握。需要注意的是，不宜将退赃退赔数额作为从宽的唯一依据，而要根据行为人犯罪情节、在共同犯罪中的地位作用、违法所得数额以及其个人实际退赔意愿、能力等因素,综合考量把握。

另外,从各地反映情况看,当前,办案机关对出租、出借"两卡"并提供"刷脸"等验证行为认定争议的主要焦点在于掩饰、隐瞒犯罪所得及其产生的收益的数额认定和量刑建议上。对于掩饰、隐瞒犯罪所得、犯罪所得收益罪的数额认定,应以实际查实的犯罪所得数额为限,对于未查明的不明流水资金不宜作为犯罪数额认定,但应当作为酌定量刑情节考虑。同时,根据"两高一部"《关于办理信息网络犯罪案件适用刑事诉讼程序若干问题的意见》第21条规定,对于涉案人数特别众多的信息网络犯罪案件,确因客观条件限制无法收集证据逐一证明、逐人核实涉案账户的资金来源,但根据银行账户、非银行支付账户等交易记录和其他证据材料,足以认定有关账户主要用于接收、流转涉案资金的,可以按照该账户接收的资金数额认定犯罪数额,但犯罪嫌疑人、被告人能够作出合理解释的除外。案外人提出异议的,应当依法审查。对于量刑建议,坚持实质判断和综合判断原则,防止"唯数额论"。要综合行为的性质、情节、后果以及对上游犯罪的作用等因素,全面把握社会危害性,依法妥当提出量刑建议。对组织、招募、介绍多人参与上述犯罪,或长期、多次参与上述犯罪的人员,应当依法从严惩处。对于仅协助、配合组织者转移赃款的"卡农",在整个犯罪过程中起次要和辅助作用的,依法可以认定为从犯。特别是在其掩饰、隐瞒犯罪所得及产生的收益数额达到情节严重,综合主观恶性、参与次数、违法所得等其他情节,判处行为人3年以上有期徒刑明显畸重的,可根据其从犯的地位作用,依法提出减轻处罚的量刑建议,确保罪责刑相适应。[①]

[①] 2023年7月26日最高人民检察院第四检查厅《关于办理电信网络诈骗及其关联犯罪案件有关问题的解答》(高检四厅〔2023〕)。

'01

上 篇

帮信罪典型案例解析

第二章

提供支付结算工具帮助类帮信典型案例解析

2020年10月10日,国务院召开打击治理电信网络新型违法犯罪工作部际联席会议,严厉打击整治非法开办贩卖电话卡、银行卡违法犯罪,由此开启"断卡"行动。"断卡"行动主要针对的是手机卡和银行卡,其中手机卡既包括我们平时所用的三大运营商的手机卡,也包括虚拟运营的电话卡,同时还包括物联网卡;银行卡则既包括个人银行卡,也包括对公账户及结算卡,同时还包括非银行支付机构账户,如常用的微信、支付宝账户等。"断卡"行动的开展也说明涉"两卡"犯罪形势复杂严峻,犯罪类型多样且不断发展,行动的开展是十分有必要的,也取得了显著的成效。

"两卡"是我们在生活中经常用于沟通联系或支付款项的工具,随着互联网发展以及移动支付技术不断更新,"两卡"包含的内容以及其功能也在不断迭代。当犯罪分子利用信息网络实施犯罪时,其犯罪获利要采取非法途径收取、转移或多次转移,完成犯罪行为的闭环,同时逃避侦查或追索。帮信罪所打击的主要人员即包含明知他人利用信息网络实施犯罪,仍为其提供支付结算帮助的行为人。这些行为人有的成为"卡农",将自己的"两卡"交给他人使用;有的成为"卡商",将从他人处收购的大量"两卡"交给他人使用,均是为他人实施信息网络犯罪提供支付结算的工具。

本章共收录7个真实案例：

案例1，詹某某经朋友介绍，为牟取利益，按要求至银行办理多张银行卡，并连同自己的手机卡交给他人使用，银行卡内汇入非法进项资金达200余万元，其中查证属实的诈骗资金即达30余万元。

案例2，刘某某将自己的银行卡、U盾以及绑定的手机卡提供给他人使用，实际被用于收取诈骗资金127万余元，卡内总收入流水更是高达1000余万元。同时，刘某某还通过挂失补办手续，使用他人流转至银行卡内的21万余元，构成盗窃罪。

案例3，陈某看到"只要有银行卡就能做"的招工广告后，明知他人要利用自己的银行卡及密码进行走账，仍伙同女朋友刘某某携带银行卡至多地交付给他人使用。

案例4，吴某某将自己的银行卡及配套U盾提供给朋友，获利200元，该卡被用于收取诈骗资金，仅查证属实的金额即达14万余元。

案例5，邱某某为牟利，将MR公司的对公账户出售给他人，用于资金走账。该账户在短期内被用于支付结算涉及的金额达1100余万元。

案例6，董某某将自己名下的支付宝账号交给他人有偿使用，仅1天的单向流入资金就达400余万元，其中涉及流转诈骗资金20余万元。

案例7，刘某某将其名下的两张银行卡提供给他人使用，收取好处费1.8万余元。

案例1 詹某某提供银行卡、手机卡走账帮信案[*]

一、公诉机关指控

2021年1月，被告人詹某某在明知他人从事违法犯罪活动的情况下，将其名下渤海银行卡提供给他人使用。经查，上述银行卡内汇入非法进项资金9万余元，其中包括魏某某、黄某等3人的被骗资金7万余元。

2021年3月，被告人詹某某在明知他人从事违法犯罪活动的情况下，经许某（另案处理）介绍，将其名下交通银行卡、招商银行卡及绑定的手机提供给他人使用。经查，上述银行卡内汇入非法进项资金250万余元，其中包括沈某某、杨某等10人被骗资金共计26万余元，后非法资金经詹某某浙江网商银行转出。

2021年5月11日，詹某某被公安机关抓获，到案后如实供述。

二、案情拓展

同案关系人许某供述称，其和朋友詹某某于2021年3月某天一起到北京找工作，其在微信群里看到有人发银行卡转账刷流水拿提成的业务，只要提供银行卡和网银给对方使用，就可以按照转账流水1个点左右拿提成。许某就联系了该微信好友，该微信好友让许某办理银行卡和U盾给他们使用。许某当时问詹某某要不要办理银行卡转账刷流水拿提成，詹某某表示同意。3月21日，许某和詹某某一起到北京大兴的交通银行和招商银行办理银行卡，当时詹某某办理了银行卡和网银，许某因为担心帮他们走流水可能涉及违法犯罪，就没有办理。之后，对方让许某和詹某某把银行卡送到一个小区

---

[*] （2022）沪0118刑初683号案。

居民楼里,那里有收银行卡的人等着。到了现场后,收卡的人不让许某逗留,许某便先离开了。后来詹某某刷好流水以后,许某就去接他,詹某某告知许某拿到的好处费是现金给的。

被告人詹某某供述称,2021年3月21日,其在银行办理完银行卡后,和许某去了一个小区的楼房,到了房间里许某让其配合对方,然后许某就离开了。后来房间里的人让詹某某把自己的身份证和银行卡给他们。詹某某在里面等了一个小时左右,对方还询问詹某某银行卡的密码,詹某某也告诉了他们。其间,他们还向詹某某要过手机,说是要帮詹某某转账来提升支付宝花呗的额度,詹某某便将手机交给他们使用,转账完成后他们把手机还给詹某某。接着詹某某又等了几个小时,对方才把身份证和银行卡还给他。2021年1月,詹某某曾将自己的渤海银行卡交给他人使用,并从中获利。

证人魏某某陈述称,其于2021年1月13日下午收到一条短信,短信内容是:"中国邮政金卡首刷好礼拿回家。您已获得我行金卡办理资格,审批下卡8万~20万元。网址……"魏某某以为该短信是邮储银行发送的,就点击了网址激活,点击后发现需要下载软件。魏某某随即下载软件并输入身份证号码、手机号码、姓名、银行卡号等。两三分钟后,魏某某收到邮储银行发来的两条短信:一条是说魏某某在重置手机银行登录密码,并有验证码;另一条是说魏某某正在申请跨行转账,也有验证码。魏某某没有进行任何操作,卡里的3.8万元钱就被转走了,收款账户是渤海银行詹某某。

证人沈某某陈述称,2021年3月15日16时许,其在一个叫"2021年新历兼职群"的微信群中看到有人发了一条手工制作的报名信息,点进去之后就加入了一个叫"手工活外发"的企业微信,有一个叫"郭菲"的人联系沈某某称可以教沈某某做手工活以及如何从中获利。随后"郭菲"让沈某某下载一个叫"掌嗨"的软件并注册账号,把沈某某拉到一个群里,说有三种项目,分别是抖音点赞、手工制作、刷单。3月16日10时许,沈某某做了抖音点赞的项目,并且获得了返利。3月17日12时许,沈某某做完抖音点赞,获得返利后看到群里许多人发他们刷单返利的截图,于是沈某某也想做刷单的项目赚钱。第一次沈某某先往账户里充值500元,刷单后获得返利约100元。3月19日10时许,沈某某开始刷单,客服说要10单才能提现,但是随着单子数量的上升，所需的金额也越来越多，沈某某继续往里面充值约 10 万元。当沈某某做到第 10 单时，系统提示账户超时余额被冻结。3 月 20 日 10 时许，客服说要给沈某某一个超时罚单，这个罚单做完之后就可以解冻其账户，于是沈某某充值 7 万元把这个超时罚单做掉了。之后客服说需要再充 5 万元成为会员才能提现之前冻结的金额，沈某某就又充值 5 万元，客服又说要刷一单才能激活会员，随后发给沈某某一个 12 万元的单子，这时沈某某意识到自己被骗了。

证人杨某陈述称，3 月 21 日下午，其在一个叫"财富顾客 2 群"的微信群中添加了一个昵称为"告白气球"的微信，对方问杨某有没有兴趣做刷单返利项目，并发送了一个网址让杨某下载。杨某点击网址下载注册了一个叫"恒天语聊"的手机 App。刷单的任务流程是在京东 App 上购买商品，但不要付款，只需要将商品标注的价格转到客服提供的银行卡账号上就完成任务并可以返现。杨某刚开始刷了 4 单都收到了返现。到了第 5 个单子，杨某按照要求给对方账号转了 1190 元，并要求返现。客服回复说这是一个"三连单"，必须做完之后才能返利，杨某便按照要求完成了剩下的两单，金额为 3999 元和 29 000 元。这时客服又称杨某做任务的时间超时，需要做一个冲单的任务，并给杨某派了一个 32 998 元的任务，杨某完成这个任务后要求客服返利。客服称杨某的账户被冻结，需要再做一个解冻任务，杨某又按照要求分别转了 6000 元、50 000 元、14 797 元，但客服称还要继续做任务，这时杨某感觉到被骗了。

本案审查起诉阶段，被告人詹某某自愿认罪认罚，并在律师的见证下签署了《认罪认罚具结书》。

案件审理过程中，被告人詹某某主动退出违法所得 700 元。

三、量刑情节

（1）被告人詹某某到案后如实供述自己的罪行，系坦白，可以从轻处罚。

（2）被告人詹某某自愿认罪认罚，可以依法从宽处理。

（3）被告人詹某某主动退出违法所得，可酌情从轻处罚。

四、证据认定

本案中，公诉机关提交了相应证据，法院审理后作出如下认定：

（1）被告人詹某某的供述、许某的供述，证人沈某某、杨某等13人证言，辨认笔录，立案决定书、受案登记表，公安机关协助查询财产通知书、银行账户交易明细等，证实被告人詹某某实施了上述犯罪行为及相关银行卡收支情况。

（2）案发及抓获经过，证实本案案发及被告人詹某某到案的情况。

（3）公安机关扣押决定书、扣押清单、扣押笔录、扣押物品照片、手机，证实本案扣押的情况。

（4）人口信息，证实被告人詹某某的身份情况。

上述证据收集程序合法，内容客观真实，足以认定指控事实。

五、争议焦点

本案被告人詹某某对指控的犯罪事实及定性均无异议，并自愿认罪认罚，该案事实清楚，控辩双方没有明显争议。

六、辩护意见

（1）被告人詹某某被抓获到案，到案后如实供述了全部犯罪行为，是坦白，依据《刑法》第67条第3款之规定，可以从轻处罚。

（2）被告人詹某某于审查起诉阶段签署了具结书，依据《刑事诉讼法》第15条之规定，可以依法从宽处理。在本案庭审过程中，被告人詹某某态度良好、认罪悔罪明显，可对其从轻处罚。

（3）被告人詹某某此前一贯表现良好，没有任何违法犯罪前科，此次犯罪系初犯、偶犯，其出于相信朋友许某而涉案，犯罪的主观恶性较小，可改造程度高。

（4）被告人詹某某因本案的获利较小，其于审理过程中已全额退缴，可酌情对其从轻处罚。

七、法院判决

法院认为，被告人詹某某明知他人利用信息网络实施犯罪，而为其提供帮助，情节严重，其行为已构成帮助信息网络犯罪活动罪，依法应予惩处。被告人詹某某到案后能如实供述自己的罪行，依法可以从轻处罚；其主动退出违法所得，酌情予以从轻处罚；其自愿认罪认罚，依法可以从宽处理。公诉机关指控被告人詹某某的犯罪罪名及认定其属如实供述罪行的公诉意见正确，量刑建议适当，本院予以确认。被告人詹某某的辩护人以其当事人自愿认罪认罚等为由建议法庭从轻处罚的辩护意见，因与查明的事实相符，故本院予以采纳。为维护社会管理秩序，依照《中华人民共和国刑法》第二百八十七条之二第一款、第六十七条第三款、第七十二条第一款和第三款、第五十二条、第五十三条、第六十四条及《中华人民共和国刑事诉讼法》第十五条之规定，判决如下：

一、被告人詹某某犯帮助信息网络犯罪活动罪，判处有期徒刑七个月，缓刑一年，并处罚金人民币六千元。

二、被告人詹某某退出的违法所得人民币700元予以追缴；扣押在案的作案工具手机1部予以没收。

八、律师感悟

本案中，被告人詹某某为牟利而将自己名下的银行卡、手机卡等交给他人使用，帮助他人收取诈骗犯罪资金，获利微小却给被害人造成巨大的经济损失。通过与被告人詹某某面谈，笔者得知其文化水平不高，平时在家乡务农，并不知道自己的银行卡会有这么大的流水，更没有想到会给被害人造成如此巨大的损失，他非常后悔当初因贪小利而犯罪。

说起他的朋友许某，被告人詹某某坦言是被许某骗了，2021年1月开始做此事就是许某操作的，并且当初说的是办银行卡用于找工作发工资。笔者通过本案看到了被告人詹某某的认罪悔罪态度，也相信经此教训他定会遵纪守法。但作为一个成年人，对法律和自身的行为应有基本正确的认知，不能归咎于他人，倘若自己没有贪心，许某也不可能骗其从事犯罪行为，对于这个逻辑在我们的交流中得到了詹某某的认可，也更让笔者坚信詹某某会吃一堑，长一智。

从另一个角度来看，诈骗分子的行为何其猖狂，短短数个小时中，詹某某的银行卡即汇入非法进项资金250余万元，这是多少人的血汗钱，给多少个家庭造成了沉重的打击。我们国家在打击诈骗犯罪的同时，也在积极加大防诈宣传，将诈骗分子的套路和伎俩公之于众，使人们提高防骗意识，识破诈骗手段，减少财产的损失。

案例2　刘某某提供银行卡、U盾、手机卡走账帮信案[*]

一、公诉机关指控

2021年6—8月，被告人刘某某明知他人收购银行借记卡可能用于信息网络犯罪活动，仍将自己的中国工商银行借记卡（尾号9190）、中国农业银行借记卡（尾号7277）连同配套U盾及绑定的手机卡提供给他人使用。经查，2021年7月30日至8月3日，上述中国工商银行借记卡被用于收取周某某、张某、闵某某、汪某某、吴某甲、吴某乙的被骗资金合计127.5万元，其间该卡总收入流水达1000余万元。

2021年8月3日，被告人刘某某为非法占有银行卡内资金余额，挂失并补办上述中国工商银行借记卡，窃得他人流转至该银行卡内的钱款合计21万余元，后用于转存定期、个人还债及消费。

2021年8月30日，被告人刘某某被公安机关抓获，到案后如实供述了其供卡的犯罪事实，并主动交代了司法机关尚未掌握的盗窃事实。

案发后，公安机关冻结赃款167 746.34元。

审理期间，被告人刘某某在家属的帮助下退缴50 692.31元。

二、案情拓展

2021年8月4日，被害人汪某某至杭州市公安局富阳区分局辖区某派出所报案称，2021年7月初，其接到一个电话，对方自称投资公司的员工，问是否需要学习投资炒股。汪某某同意后，对方将其拉进一个企业微信群。群

---

[*] （2022）沪0115刑初69号案。

中有一个自称股票投资讲师的人,每天会在群中发布一些股票大盘的走向消息,晚上还会视频讲课。微信群中还有人发布自己每天的股票盈利情况。接触一段时间后,汪某某发现讲师的讲课内容和股票大盘的情况差不多,而且推荐的股票都有上涨,所以就相信了群里的内容。2021年7月28日,汪某某下载了对方推荐的投资App,并向对方要了一个投资名额,在讲师的指导下进行股票投资。来报案的当天,汪某某先接到了公安防电信诈骗电话,经过警官的宣传发现自己碰到的上述情况符合犯罪分子的诈骗套路。

经查,被害人汪某某向对方提供的银行账户转账4次,共计75万元。其中向被告人刘某某尾号9190的工商银行账户转账一次,金额为20万元。

2021年8月7日,被害人闵某某至南昌市公安局高新技术开发区刑事侦查大队处报案称,2021年6月左右,其接到一个自称炒股的女子的电话,该女子问闵某某是否在炒股,她认识很多炒股很厉害的讲师,可以帮忙引荐。闵某某就加了她的微信,随后被拉入一个企业微信群。里面有个很厉害的荐股讲师,声称跟他炒股的人都能保证至少3倍盈利,闵某某很信任他。入群后,讲师的助理让闵某某下载了一个直播平台的App,平时有几个讲师在这个App上直播讲课。后来闵某某还听从几个讲师和客服的指示下载了一个专门炒股的App,在这个App上操作入金、提现、买涨买跌,闵某某也根据群里讲师的指示买卖股票。起初闵某某在这个App里面赚到了钱,并且提现过3000元(实际到账2990元,扣除App的手续费10元)。2021年8月6日,闵某某想再次提现的时候发现App账户余额里的钱全部无法提现,他才意识到自己被诈骗了。

经查,被害人闵某某向对方提供的银行账户转账11次,共计96.6万元。其中向被告人刘某某尾号9190的工商银行账户转账2次,共计30万元。

2021年8月13日,被害人周某某至上海市公安局国际机场分局辖区某派出所报案称,2021年7月初,其接到一个陌生电话,电话邀请他加入一个"炒股"群。2021年7月8日中午12时,一个微信昵称为"王腾"的人添加周某某为微信好友,还介绍了一款号称有很大收益的App。周某某抱着赚钱的想法就下载了该App,并添加了一个自称为该App客服的人,根据对方提示用手机银行向对方提供的银行账户转账。8月12日,周某某发现自己在该

App 上的账户无法使用，无法提现，联系客服后被告知需要交保证金才能解冻账户，周某某意识到自己被骗了。

经查，被害人周某某向对方提供的银行账户转账 7 次，共计 21 万元，其中向被告人刘某某尾号 9190 的工商银行转账 1 次，金额为 3 万元。

此外，被害人张某、吴某甲、吴某乙分别于 2021 年 8 月 13 日、8 月 13 日、8 月 12 日至各自住址所在辖区派出所报案反映相似的被诈骗情况。该三名被害人同样为了炒股赚钱，听信某微信群中的"讲师"推荐，向某投资 App 的客服提供的账户汇款，后发现款项无法提现，因而遭受财产损失。

被害人张某向对方提供的银行账户转账 8 次，共计 101 万元，其中向被告人刘某某尾号 9190 的工商银行账户转账 4 次，共计 60 万元。被害人吴某甲向对方提供的银行账户转账 13 次，共计 45.8 万元，其中向被告人刘某某尾号 9190 的工商银行账户转账 2 次，共计 10 万元。被害人吴某乙向对方提供的银行账户转账 6 次，共计 25.8 万元，其中向被告人刘某某尾号 9190 的工商银行账户转账 1 次，金额 4.5 万元。

上海市公安局国际机场分局接到被害人周某某的报案后，经审查于当日立案进行侦查。侦查中，另查证了上述各被害人被诈骗资金中汇入被告人刘某某工商银行账户的情况，2021 年 8 月 30 日将被告人刘某某抓获归案。

被告人刘某某到案后供述称，2021 年 6 月中旬，其在包头市的一家网吧上网，上洗手间时发现一条广告，广告内容是"不论黑白户，下款 10 万元至 20 万元"。刘某某当时急需用钱，就添加了这个广告上的微信，对方的微信昵称"伯爵"。通过微信好友后，刘某某向对方咨询贷款相关的事项，对方询问刘某某的贷款征信情况以及需要多少贷款，之后向刘某某推送了微信昵称"程程"的人。对方承诺，在收到刘某某附带 U 盾的银行卡和绑定手机卡后就帮其走流水，这样可以提高信用卡的贷款额度。后来"程程"提出要以刘某某的名义开一家空壳公司，这样向银行贷款的额度可以提高很多，"程程"向刘某某介绍了一个专门帮人代办公司注册的人，并组建了微信群。

刘某某按照"程程"的指示，先发送了自己的身份证正反面照片，接着去营业厅办理了一张尾号为 1356 的电话卡。之后刘某某拿着公司（公司名字 YJZ 商贸有限公司）资质，到"程程"指定的工商银行办理对公账户，但最后没有办成。办理失败后,"程程"又让刘某某去农业银行和工商银行各办理一张附带 U 盾的银行卡。农业银行卡尾号是 7277,工商银行卡尾号是 9190,这两张银行卡绑定的都是尾号为 1356 的手机号。办好后刘某某按照"程程"告知的寄件地址、收件人和预留手机号将这些材料寄出。

刘某某寄出去的这两张银行卡都绑定了他的手机银行 App,手机银行 App 会时不时发送提醒通知。刘某某从这些提醒通知中看到农业银行卡每天有 100~200 元的进出流水,工商银行卡每天有几十至几百万元不等的进出流水。刘某某就萌生了独吞这些钱的想法,于 2021 年 8 月 3 日和 8 月中旬时分别挂失了工商银行卡和农业银行卡,随后补办了工商银行卡(农业银行卡没有补办),补办的工商银行卡的尾号为 4802,补办后刘某某发现卡里剩余大约 21 万元,随后将其中的 15 万元在工商银行柜台存入了定期,4 万元还给了朋友,还有 5000 元转到自己的微信账户用于日常开销,剩下的钱目前已被冻结。

三、量刑情节

(1)被告人刘某某以非法占有为目的,秘密窃取他人财物,数额巨大。

(2)被告人刘某某到案后如实供述帮助信息网络犯罪活动罪的罪行,构成坦白,对帮助信息网络犯罪活动罪可以从轻处罚。

(3)被告人刘某某主动交代司法机关尚未掌握的盗窃罪行,系自首,对盗窃罪可以从轻或减轻处罚。

(4)被告人刘某某对两罪自愿认罪认罚,依法可以从宽处理。

(5)被告人刘某某退缴盗窃所得赃款,对盗窃罪可以酌情从轻处罚。

(6)被告人刘某某在判决宣告前一人犯数罪,应当数罪并罚。

四、证据认定

本案中,公诉机关提交了相应证据,法院审理后作出如下认定:

(1)公安机关出具的立案决定书、受案登记表,证人(被害人)周某某、张某、闵某某、汪某某、吴某甲、吴某乙的陈述及提供的转账截图等,证实其在网络上被以投资等名义诈骗的经过及金额。

（2）协助查询财产通知书、涉案中国工商银行借记卡开户信息及交易明细，证实上述涉案银行卡的开户、收取证人被骗资金、异常交易明细以及挂失换卡、被告人刘某某盗窃他人流转至其银行卡内钱款等情况。

（3）协助冻结财产通知书、公安机关出具的情况说明，证实涉案赃款的冻结情况。

（4）公安机关出具的案发经过表格，证实本案案发及被告人刘某某到案的经过。

（5）相关户籍资料，证实被告人刘某某的基本身份。

（6）被告人刘某某的供述，证实其对犯罪事实供认不讳。

上述证据收集程序合法，内容客观真实，足以认定指控事实。

五、争议焦点

本案被告人刘某某对指控的犯罪事实及定性均无异议，并自愿认罪认罚，该案事实清楚，控辩双方没有明显争议。

六、辩护意见

（1）被告人刘某某到案后如实供述帮助信息网络犯罪活动罪行，构成坦白，依法可以从轻处罚。

（2）被告人刘某某对犯盗窃罪有自首情节，依法可以从轻或减轻处罚。

（3）被告人对两罪自愿认罪认罚，并于案件审查起诉阶段签署《认罪认罚具结书》，并在家属的帮助下退出盗窃所得赃款，认罪悔罪态度良好，依法可以从宽处理。

（4）被告人刘某某羁押期间多次表示认识到了自己的错误，对社会造成的危害也十分悔恨；且刘某某目前仍是学生，此前并无前科劣迹，系初犯、偶犯，因社会经验不足、法律意识淡薄而误入歧途，主观恶性较小。

请法庭综合考虑上述情况，对被告人刘某某从轻处罚，让其尽快回归社会。

七、法院判决

法院认为，被告人刘某某明知他人利用信息网络实施犯罪，仍为犯罪提供支付结算，情节严重，其行为已构成帮助信息网络犯罪活动罪；又以非法占有为目的，秘密窃取他人财物，数额巨大，其行为已构成盗窃罪。公诉机关指控的犯罪事实清楚、罪名成立。被告人刘某某到案后如实供述帮助信息网络犯罪活动罪行，对犯盗窃罪具有自首情节，对两罪自愿认罪认罚，退缴盗窃所得赃款，对犯帮助信息网络犯罪活动罪可从轻处罚，对犯盗窃罪可减轻处罚。被告人刘某某在判决宣告以前一人犯两罪，应当数罪并罚。依照《中华人民共和国刑法》第二百八十七条之二第一款、第二百六十四条、第六十七条第二款和第三款、第六十九条、第五十二条、第五十三条、第六十四条的规定，判决如下：

一、被告人刘某某犯帮助信息网络犯罪活动罪，判处有期徒刑一年，并处罚金人民币五千元；犯盗窃罪，判处有期徒刑二年六个月，并处罚金人民币一万元，决定执行有期徒刑三年，并处罚金人民币一万五千元。

二、冻结在案的钱款及被告人刘某某退缴的违法所得，予以发还。

八、律师感悟

本案又是一起典型的通过提供银行卡的方式帮助上游犯罪分子实施违法犯罪活动的案例。本案被告人刘某某还是在校大学生，因为缺钱，所以被借贷广告所吸引，一步一步被引导至犯罪的深渊。其银行卡的流水之大，被害人在全国分布之广，可见对社会的影响之严重。刘某某明明即将大学毕业，有光明的未来，结果因为社会经验不足，再加上借钱心切，被上游犯罪分子无情利用，自愿提供了自己的银行卡供犯罪分子走账使用，甚至最后因为贪财，想要独占资金，犯下了盗窃罪。可以说刘某某为自己一时的贪念，付出了惨痛的代价，实在是令人唏嘘不已。笔者在会见刘某某时，刘某某表现出极度的后悔，认为自己不该因为缺钱就轻信他人，将自己的银行卡随意出借，更不应该被金钱蒙蔽双眼，以至于最后还犯下了盗窃罪。刘某某认罪态度诚恳，积极配合公安机关调查，主动交代司法机关尚未掌握的盗窃罪行，在审查起诉阶段签下《认罪认罚具结书》，获得了从宽处理的机会。希望刘某某刑满出狱后，可以改过自新，重新开始。

本案中上游犯罪的犯罪分子抓住了部分大学生缺少收入、借钱心切、社会经验不足等特点，诱使大学生出借自己的银行卡及身份证等材料，用于走流水、转移赃款等违法犯罪行为。因此，作为大学生来说，如果缺少收入又借钱心切，一定要选择从正规的贷款途径借取资金，而不能轻信陌生人的推荐或小广告，因为此类途径通常具有不可控性，风险极大。一旦像本案中的刘某某一样遇到有心利用的犯罪分子，是会造成不可逆转的后果的。最重要的是，对于收入不稳定的学生来说，要做好日常的花销规划，这样才不会出现急需用钱却无法筹措，需要"另辟蹊径"的情况。大学生在平时就应该养成勤俭节约的习惯，养成正确的消费观念，拒绝随意挥霍，也可以寻找在校内或是校外的兼职岗位，勤工俭学，通过自己的努力、正规的渠道赚钱，而不是非法获取利益。

大学生犯罪的现象在当今社会并不少见，因此，在大学里开展相关普法工作是非常有必要的。学校也必须重视起来，可以在校园内适当组织一些普法讲座、普法宣传、法律科普竞赛等活动，以此提高大学生的警惕性，这样不仅有利于提高大学生的法律意识，预防大学生犯罪，还能保护大学生，防止其落入犯罪分子的陷阱。

案例3　刘某某提供银行卡走账帮信案[*]

一、公诉机关查明

2022年12月下旬，陈某在一个微信群内看到招工广告并添加对方微信（身份不详，在逃），对方让其提供银行卡及密码用于走账并承诺走完账后给其2000元作为好处费。陈某伙同刘某某携带银行卡前往苏州、南京、武汉、上海市金山区多地，在明知对方将银行卡用于违法犯罪活动的情况下，仍将二人的四张银行卡（陈某两张：中国建设银行、中国银行；刘某某两张：中国建设银行、中国银行）交给对方使用。后陈某与刘某某获得1.26万元好处费。

经查，上述银行卡内汇入非法进项资金111万余元，其中包括李某某、孙某某等人被诈骗资金共计47万余元。

2023年3月，刘某某在接到公安机关电话通知后，自动投案。到案后如实供述了上述犯罪事实。

二、案情拓展

2023年1月10日，被害人李某某至南京市公安局江宁分局辖区某派出所报案称，其在当天中午11时接到一个电话，对方自称是京东金条的客服人员，说现在央行在查民间信贷，京东金条的利率比较高，所以投资京东金条的行为是违规的。央行正在对京东金条提出整改方案，要求把之前所有授信额度的账户进行销户。李某某的账号就是京东金条授信额度的账户之一，所以需要配合销户，否则会影响其个人征信。李某某听信对方后按照对方的指

---

[*] 沪青检刑不诉（2024）48号。

示进行操作。对方在电话里指导李某某下载了"云视讯"App，并使用手机号注册登录。接着对方向李某某发送了一个会议号，李某某进入会议后，有一个自称是银监会派驻到京东指导销户工作的工作人员与其对接，对方称如果想要销户需要先证明账户信用是没有问题的，确保能够在各个平台上贷款以及还款。所以对方在"云视讯"App上开始指导李某某进行贷款操作，然后让李某某把贷款的钱转到指定的银行账户里。对方称转到指定账户后，他们会操作返还给贷款平台。之后李某某按照对方的指示，总共贷款8次。第一次在"微粒贷"平台上贷款5笔，每笔4万元，总共20万元到自己招商银行卡上，再把这20万元转到对方提供的邮政储蓄卡上。第二次在宁波银行白领通信用贷上贷款30万元，也转到了对方提供的银行卡上。第三次在浦发银行的"浦银点贷"平台上贷款18.3万元，转到对方提供的建设银行卡上。第四次在京东金条贷款两笔共5万元，转到对方提供的中国银行卡上。第五次在南京银行的"你好e贷"平台上贷款17.5万元，转到对方指定的建设银行卡上。第六次在中国邮政储蓄银行的"邮享贷"平台上贷款20万元，转到对方提供的中国银行卡上（本案被不起诉人刘某某的银行卡）。第七次在手机应用商城下载"南银法巴消金极速版"App，在该App上使用手机号码注册账号后贷款3万元，转到了对方提供的中国银行卡上。第八次在苏宁金融的"任性贷"上贷款1.6万元，转到对方提供的交通银行卡上。多次贷款后，李某某意识到自己被诈骗了，李某某合计损失120.4万元。

2023年1月10日下午5时，贵州省金沙县公安局接到被害人孙某某的报案称，其在当天下午1点多时接到一个贵州黔东南的电话，对方自称是京东金条的客服人员，告知因为孙某某在京东App上购物，使得京东金条产生了贷款额度。孙某某立即回复自己从未使用过京东金条贷款。接着对方说京东金条产生了贷款的额度，如果不使用京东金条贷款就需要及时注销，否则会影响个人征信。孙某某听到会影响征信就着急了，立即按照对方的要求操作。对方让其下载一个名叫"云视讯"的视频会议软件，通过这个视频软件指导孙某某注销记录，对方也可以同步看到操作过程。然后对方让孙某某下载"云闪付"App，在该App上绑定自己的银行卡，再通过"云闪付"App将自己银行卡内的存款充值到对方提供的银行账户，这样就可以注销记录。对方称注销完毕后，孙某某刚刚充值的金额会返回其银行卡。于是孙某某转了7600元到对方提供的广发银行账号上，转账成功后对方称金额不够，还需要转账199 999元才能注销记录，并向孙某某提供了一个新的银行账户（被不起诉人刘某某的银行账户），孙某某按照要求一次性向刘某某账户转账199 999元。转账成功以后，孙某某收到返还款19 999元，剩余钱款一直没有返还，孙某某便意识到自己被诈骗了。

另有被害人谢某某、刘某杰均接到相同手法的诈骗电话。

2023年2月10日，上海市青浦公安分局民警根据国家反诈大数据平台下发的线索，在上海市松江区某小区住宅抓获涉嫌帮助信息网络犯罪活动罪的陈某，并依法将其传唤至派出所接受调查。

陈某供述称，2022年12月下旬，其在一个微信群内看到招工广告，广告内容为：日结一天500元至2000元不等，只要有银行卡即可。陈某就添加了发布广告人（身份不详）的微信，对方让其提供银行卡和密码用于充值游戏，并承诺会支付2000元作为好处费。于是陈某就带着女友刘某某携带他们的银行卡前往南京某指定地点，将银行卡交给对方。第二天对方称这边人太多无法操作需要换个地方，安排陈某和刘某某去了武汉、苏州，但后来都因为各种理由无法操作成功。最后陈某没有耐心了，微信告知对方不做了，让对方给自己和刘某某买回上海的车票。对方说，在上海金山区也可以操作，问陈某两人是否愿意去。因为陈某和刘某某确实缺钱，就答应再试一次。回到上海，陈某两人又打车到金山区一个小镇的宾馆。到了以后，一个陌生男子收走了他们的银行卡，陈某两人告知银行卡密码后就在宾馆开房休息。次日上午10点左右，对方通过微信发送了一个位置让陈某两人过去。两人过去后发现是一条很偏僻的公路，停着一辆SUV。前天晚上的陌生男子也在，车里另外有两个人，他们让陈某两人登录手机银行App，人脸识别操作转账。陈某提供的两张银行卡只有一张操作转账成功，刘某某的两张银行卡都成功了。他们操作完成后，分别给了陈某和刘某某共计1万多元的好处费。这些钱都打进了刘某某的卡里。陈某称在南京第一次看他们操作的时候就知道他们是用银行卡做违法的事情，但因为他们急需用钱，所以还是抱着侥幸心理去做了。

2023年3月21日16时许,被不起诉人刘某某接到派出所电话后至山西省孝义市公安局辖区某派出所投案。刘某某到案后供述称,2023年元旦后,其男朋友陈某说在网上看到只需要银行卡就能做的日结工作,日结费用是按照所提供的银行卡帮他们充值的金额的1%~1.5%结算。因为当时男友陈某在外面欠了很多钱,刘某某也想帮他还钱,所以就答应一起做这个事情。陈某负责微信联系对方,把两人的身份信息告知对方,对方给两人买了高铁票。2023年1月4日,刘某某和陈某乘坐高铁去了南京。到南京后,陈某联系上对方,对方让两人打车到一个村庄,和一个瘦瘦的男子对接。之后他们拿走了刘某某和陈某的四张银行卡。第二天上午,对方通知刘某某两人取回银行卡并告知南京的App无法使用他们的银行卡,于是又给他们买了去往武汉的高铁票。1月5日晚上,刘某某和陈某到了武汉,前往对方指示的地点等待。之后他们把银行卡交给了前来对接的一个男子。次日对方发微信告知刘某某两人说武汉这里也用不了,让他们去苏州。后来在苏州也没有操作成功,陈某就有些烦躁了,发微信要求对方买回上海的车票。回到上海后,对方又给陈某发了一个金山区的地址。于是陈某和刘某某到上海市金山区碰到接头人,同样把四张银行卡交给对方,然后找旅馆住下。1月10日上午,陈某和刘某某按照对方指示打车到一个约定地点后上了一辆SUV。车上人员拿着陈某和刘某某的手机开始操作,其间打开手机银行App登录,让陈某和刘某某刷脸验证以及提供支付密码,大概操作了一个多小时后告知完成了。最后转了1.2万元的好处费到刘某某的交通银行卡上。

经过公安机关侦查发现,陈某的中国银行卡涉及刘某杰、谢某某两起诈骗案(均已查证),涉案金额共计7.6万元,案发期间银行卡入账538 138.27元。被不起诉人刘某某的中国银行卡涉及李某某、孙某某两起诈骗案(均已查证),涉案金额共计399 999元。

在公安侦查阶段,被不起诉人刘某某自愿退出全部违法所得。审查起诉阶段,刘某某自愿签署《认罪认罚具结书》。

三、量刑情节

(1)被不起诉人刘某某自愿认罪认罚,可以依法从宽处理。

（2）被不起诉人刘某某在共同犯罪中起到次要作用，系从犯，应当从轻、减轻处罚。

（3）被不起诉人刘某某自动投案后，如实供述自己的罪行，系自首，可以从轻或者减轻处罚。

（4）被不起诉人刘某某犯罪情节轻微，不需要判处刑罚。

四、证据认定

本案中，公诉机关认定事实的证据如下：

（1）被不起诉人刘某某供述，证人（同案人）陈某的证言，受案登记表、立案决定书、证人刘某杰等人的证言，上海市公安局青浦分局协助查询财产通知书、银行交易流水，证实被不起诉人刘某某实施了上述帮助信息网络犯罪活动的行为及相关银行卡收支情况。

（2）上海市公安局青浦分局扣押决定书、扣押清单、扣押笔录、扣押照片，随案移送清单，盘石软件（上海）有限公司计算机司法鉴定所司法鉴定意见书，证实公安机关从被不起诉人刘某某处扣押手机二部鉴定及电子数据提取情况，二部手机均随案移送。

（3）案发经过、抓获经过，证实本案案发及被不起诉人刘某某到案情况。

（4）户籍资料证实，被不起诉人刘某某的身份情况。

上述证据收集程序合法，内容客观真实，足以认定指控事实。被告人刘某某对指控的犯罪事实和证据没有异议，并自愿认罪认罚。

五、争议焦点

本案被不起诉人刘某某对指控的犯罪事实及定性均无异议，并自愿认罪认罚，该案事实清楚，控辩双方没有明显争议。

六、辩护意见

（1）刘某某系投案自首到案，存在法定从轻、减轻处罚的情节。

（2）刘某某所涉嫌帮助信息网络犯罪活动罪，属于妨害社会管理秩序的犯罪，而非暴力性犯罪，嫌疑人犯罪情节显著轻微，社会危害性较小。且刘某某涉案金额不大，获利较少。

（3）刘某某在共同犯罪中起到次要作用，系从犯，应当从轻、减轻处罚。

刘某某的男友陈某进入一个兼职群，看到只需要银行卡就可以兼职的工作，就带着刘某某一起参与。全程都是男朋友陈某负责联系跟进，刘某某为帮助男朋友还债，才把卡交给男朋友去操作。刘某某也不清楚自己的银行卡走账的钱款是赃款，就稀里糊涂把手机银行给他人操作使用了。

（4）刘某某到案后如实供述自己的罪行，并积极认罪悔罪，退出全部违法所得，自愿签署《认罪认罚具结书》，可以依法从宽处理。

（5）刘某某系初犯、偶犯，此前一向表现良好，一直遵纪守法，无任何犯罪前科。此次因自身年纪尚小，社会经验不足，法律意识淡薄才导致涉嫌触犯法律行为，可以酌情从轻处罚。

综上所述，应将刘某某认定为从犯。综合其主动投案自首，且犯罪情节轻微并退缴违法所得以及自愿认罪认罚，如能对其作出不起诉决定，那么除符合罪责刑相适应的法律原则外，更能给社会大众以警示，起到良好的社会效果。

七、检察院决定

检察院认为，被不起诉人刘某某实施了《中华人民共和国刑法》第二百八十七条之二第一款规定的行为，但犯罪情节轻微。被不起诉人刘某某自愿认罪认罚，依据《中华人民共和国刑事诉讼法》第十五条的规定，可以从宽处理。被不起诉人刘某某在共同犯罪中起次要作用，根据《中华人民共和国刑法》第二十五条第一款、第二十七条的规定，系从犯，应当从轻处罚。被不起诉人刘某某自动投案后如实供述自己的罪行，根据《中华人民共和国刑法》第六十七条第一款的规定，系自首，可以从轻处罚。被不起诉人刘某某犯罪情节轻微，根据《中华人民共和国刑法》第三十七条的规定，不需要判处刑罚。根据《中华人民共和国刑事诉讼法》第一百七十七条第二款的规定，决定对刘某某不起诉。

八、律师感悟

近年来随着互联网技术发展的日益突出，帮助信息网络犯罪活动罪成为我国第三大罪名，涉案人群逐步年轻化。本案即是一起普通的提供个人银行卡走账帮信案，涉案的被不起诉人刘某某只有20岁，对于她而言，这是一场深刻的法律教训，同时也是对所有人的一次警示。

通过翻阅卷宗可以看到这是一起复杂的网络诈骗案件，其主要涉及的人物不仅包括实施诈骗行为的犯罪分子，还包括为其提供帮助的刘某某及其男友陈某。这起事件不仅危害了多名受害人，还包含多个金融平台，反映出电信网络诈骗在当今社会中的普遍性和隐蔽性。在本案中，受害人被谎称是京东金条客服人员的诈骗分子诱导，以影响个人征信为由进行了一系列不必要的金融操作，最终遭受巨大的经济损失。而刘某某和陈某通过提供个人的银行卡给犯罪分子使用，协助他们完成了这一系列网络诈骗活动。虽然刘某某和陈某没有实施上游的诈骗行为，但其提供银行卡的行为为上游实施诈骗的犯罪分子提供了便利，因此刘某某和陈某也应当受到法律的制裁。

值得注意的是，刘某某在接到派出所的电话后，知道自己可能涉嫌犯罪。她没有逃脱而是选择主动投案自首，并且在案件侦查阶段，如实供述自己的犯罪行为，显示出其悔罪和认罪认罚的态度。在案件审查起诉阶段，刘某某主动退出全部违法所得并自愿签署《认罪认罚具结书》，这一系列行为为她最终取得不起诉的处理结果提供了依据。最终，检察院念及刘某某年纪尚小，涉世未深，且其犯罪情节轻微，综合这一系列认罪悔罪的行为，对其作出不起诉的决定。这一法律决定彰显了我国法律体系在处理类似案件时的人性化和教育优先原则。同时，体现了对于个体改正错误、积极补偿社会损失行为的肯定和鼓励，也传递了一个重要信息，即法律并不仅仅是以惩罚为目的，而是旨在通过宽容和教育引导的方式，促进犯罪嫌疑人改过自新。法律是冷静而理性的，但其背后流淌的是炽热的人文关怀。笔者在代理刘某某案件的过程中，经历了从法律的绝对性到情感的相对性的转变，这一过程充满了理性和感性的交织。

此外，刘某某案件凸显了"帮信罪"的现象，即通过提供个人信息帮助他人实施诈骗的行为,这类行为虽看似简单,但对社会秩序和金融安全构成极大威胁。这一现象说明网络诈骗不仅仅是单一的非法获取财产,更是一种破坏金融秩序、损害社会信任的行为。这需要更多的监管和法律的介入,以维护网络环境的安全和公平。虽然刘某某因自首、认罪认罚,并积极退赃的行为,最终获得不起诉的处理结果,但这一过程也体现了法律的宽严相济,既要打击犯罪,又要注重对犯罪人的教育和挽救。

在日益发展的信息时代,我们每个人都可能成为网络诈骗的受害者,或者不经意间成为网络诈骗的帮凶。因此,提高自身的网络安全意识,学会识别和防范网络风险,对于每个公民来说都是至关重要的。特别是年轻人,需要加强法律意识和网络安全知识,以防止因不了解法律或缺乏网络防护意识而被不法分子利用。笔者希望通过此案例的传播和教育,可以有效提升公众的法律知识和网络安全防范意识,减少类似犯罪的发生,维护社会秩序与人民安全。

案例4　吴某某提供银行卡、U盾走账帮信案[*]

一、公诉机关查明

2020年4月5日，吴某某明知他人利用信息网络实施犯罪活动，仍将名下的中国农业银行卡及配套U盾等出售给他人，并从中获利200元。2021年8月，上海市杨浦区的倪某某及其他省市的于某某、张某某等人遭受电信诈骗。倪某某被骗钱款中9016元汇入吴某某的银行账户，于某某被骗钱款中62 371元汇入吴某某的银行账户，张某某被骗钱款中2572元汇入吴某某的银行账户，蔡某某被骗钱款中2576元汇入吴某某的银行账户，赵某某被骗钱款中68 164元汇入吴某某的银行账户，共计144 699元。经审计，2020年4月14日至2021年9月30日，吴某某的涉案银行账户汇入的资金总计达400余万元。

2021年10月29日，吴某某在大连市经济开发区某公寓被抓获，当场被查获并扣押手机1部。到案后，吴某某对上述犯罪事实供认不讳。

二、案情拓展

2021年9月2日，被害人倪某某至上海市公安局杨浦分局辖区某派出所报案称，2021年8月初，倪某某接到一个陌生电话说可以免费把他拉进一个讲解股票投资的微信群。倪某某同意后加入了一个名为"广州扫股票分析群（600群）"的微信群。群里每天会有人讲解股票知识，每天上两次课，讲师在线直播，给群友推荐股票以及讲解买进卖出的时机。就这样持续了五六天后，课堂上的讲师让群友下载"UEX"手机App（某个类似炒比特币的软

---

[*] 沪杨检刑不诉（2022）44号。

件），讲师说他自己已经签约为这个软件的常驻讲师，让群友以后通过这个软件上他的课程。后来因为股票市场整体不太景气，微信群里有人起哄让讲师教大家炒币赚钱。于是讲师就让群友把股市里所有的资金抽出来投入"UEX"App，讲师也会告诉大家什么时候买进或者抛出。在"UEX"App里有一种虚拟的货币作为交换媒介，如果想要购入虚拟货币，系统客服会提供一个银行卡号以及对应的卡主姓名，通过手机银行给系统提供的银行账户转账后，软件里会看到相对应的虚拟货币出现。在这期间，倪某某按照讲师的指导，在该软件里不断地买入不同的数字货币。倪某某分别转了1288元至陈某某的中国建设银行账户、2576元至白某某的蒙商银行账户、9016元至吴某某（本案被不起诉人）的农业银行账户等十几个不同户主的银行账户，累计转账1 403 834.44元。讲师称这个软件一直会上新币，如果想要求稳，就要专注于打新币，只要新币一上市就肯定能赚钱。2021年8月中旬，"UEX"App上提示有一款名为"NEC"的新币，群里的讲师也说只要成功打到这支新币，一旦上市就能大赚。后来，群友就不断往App内转钱并买入。但是这支新币一直延迟上市，倪某某也就一直在往里面投资金。直到2021年9月1日21时，这支新币上市了。群里提示需要购入者纳税。第二天上午，倪某某按照App显示的其所需要缴纳的税款，通过平安银行手机App转账24万元至"UEX"App内。交完税以后，倪某某想把投入的钱转出来，但是软件显示其账户涉嫌非法操纵金融市场，让其缴纳罚款6万多元。倪某某在微信群里咨询后，有人称他们缴纳了罚款就把钱取出来了。于是倪某某在14时多转账6万多元到"UEX"App内，转完以后发现无法登录App，倪某某才发现被骗。

2021年9月2日，被害人张某某向其住所地的派出所报案称，2021年7月25日，其看到有人在微信群中发送了一个带有二维码的投资理财广告。张某某扫描该二维码后就下载了"UEX"App，打开App显示是一个虚拟货币的交易平台。张某某用手机号注册了账户，并联系在线客服，客服向张某某推送了平台讲师的微信。张某某添加后按照对方的提示在平台上购买虚拟货币，再根据换算比例，计算出金额后点击充值。平台上会显示一张银行卡号，张某某通过手机网银转账到该银行账户，就可以按照讲师说的在平台上进行虚拟货币交易。起初都是正常交易，也可以提现。后来平台提示这些虚拟货币将在 9 月 1 日上市，上市前的价格比较低，因此张某某又陆续买进很多虚拟货币。9 月 1 日，平台显示这些虚拟货币都上市了，张某某就通过平台全部卖出，账户内的钱却不能提现。张某某联系客服后被告知需要交纳 36 888 元保证金才能提现。这时张某某意识到被骗了。在此期间，张某某总共向平台提供的银行账户转账 5 次，第一次是向雷某中国银行账户转账 121 696 元；第二次向陈某某的建设银行账户转账 8711.76 元；第三次向吴某某（本案被不起诉人）的农业银行账户转账 2572 元；第四次向周某某的工商银行账户转账 32 844 元；第五次向刘某的工商银行账户转账 36 176 元。扣除张某某之前提现成功的 9 万多元，其一共被骗了 10 万多元。

另有被害人蔡某某、赵某某、于某某等人均遭遇相同的诈骗手法导致财产损失。

2021 年 10 月 29 日，上海市公安局杨浦分局民警至大连市经济开发区某公寓抓获被不起诉人吴某某。被不起诉人吴某某到案后供述称，2020 年 4 月，吴某某朋友的男友林某某让其帮忙办理一张银行卡。吴某某没多想就到当地中国农业银行办理了银行卡和相应的 U 盾。随后吴某某将银行卡和 U 盾直接给了林某某，林某某通过微信向吴某某转账 200 元表示感谢。之后吴某某便再也没有见过这张银行卡。直到 2021 年 9 月中下旬，当地民警找到吴某某，询问其关于银行卡的事情，让其配合调查和指认林某某。当时吴某某退缴了林某某向其支付的 200 元。民警同时告知吴某某五年内禁止办理电话卡及银行卡。

2021 年 12 月 2 日，被不起诉人吴某某的强制措施变更为取保候审。在案件审查起诉过程中，被不起诉人吴某某自愿认罪认罚，并签署《认罪认罚具结书》。

三、量刑情节

（1）被不起诉人吴某某到案后如实供述自己的罪行，系坦白，依法可以从轻处罚。

（2）被不起诉人自愿认罪认罚，可以依法从宽处理。

(3) 被不起诉人犯罪情节轻微不需要判处刑罚,依法可以免予刑事处罚。

四、证据认定

公诉机关认定事实的证据如下:

(1) 证人倪某某、于某某、张某某等人的证言及《受案登记表》《立案决定书》,证实他们均被电信网络诈骗的事实。

(2) 上海市公安局杨浦分局的《扣押决定书》《扣押清单》《扣押笔录》《提取笔录》,证实公安机关查获并扣押吴某某手机 1 部,从中提取到吴某某的获利情况。

(3) 上海市公安局杨浦分局的《协助查询财产通知书》及中国农业银行的"业务凭证"、交易明细、上海公信会计师事务所出具的审计报告,证实吴某某名下涉案银行的账户信息及支付结算情况。

(4) 公安机关出具的"工作情况""抓获经过",证实本案的案发及吴某某被抓捕到案的经过。

(5) 被不起诉人吴某某的供述,对其犯罪事实供认不讳。

上述证据收集程序合法,内容客观真实,足以认定指控事实。被不起诉人吴某某对指控的犯罪事实和证据没有异议,并自愿认罪认罚。

五、争议焦点

本案被不起诉人吴某某对指控的犯罪事实及定性均无异议,并自愿认罪认罚,该案事实清楚,控辩双方没有明显争议。

六、辩护意见

(1) 吴某某被公安机关抓获到案后,并未隐瞒事实真相,如实供述了自己的犯罪行为,依据《刑法》第 67 条第 3 款之规定,构成坦白,可以从轻处罚。

(2) 吴某某在整个过程中起到次要作用,是从犯,应当从轻、减轻处罚。

吴某某在整个犯罪活动中，对于案涉的银行卡中资金款项来源并不知情，且对于上游犯罪活动事先并无共谋。案涉银行卡交给林某某后，从未过问该银行卡的用途，也未占有任何走账资金。因此，林某某在整个犯罪活动中系主犯，吴某某仅起到次要作用，应当认定为从犯。依据《刑法》第27条之规定，应当从轻、减轻处罚。

（3）吴某某事先并无共谋，对上游犯罪活动并不知情，就主观而言，其并非明确知晓林某某用卡的目的，仅出于对朋友的信任而为之。吴某某犯罪情节显著轻微，且其在2020年9月积极配合公安机关调查并指认林某某，也如实供述帮助林某某办卡的涉案情况。到案后，吴某某也退缴了全部违法所得200元。因此，辩护人认为吴某某犯罪情节轻微，符合不需要判处刑罚的情况，依据《刑法》第37条的规定，依法可以免予刑事处罚。

（4）吴某某在审查起诉阶段自愿认罪认罚，并签署《认罪认罚具结书》，按照《刑事诉讼法》第15条的规定，可以依法从宽处理。

综上所述，应将吴某某认定为从犯，结合其退缴全部违法所得及自愿认罪认罚的行为，能对其作出不起诉决定，符合罪责刑相适应的法律原则，更能给各被告人及社会大众以警示，起到良好的社会效果。

七、检察院决定

检察院认为，被不起诉人吴某某实施了《中华人民共和国刑法》第二百八十七条之二第一款规定的行为，但犯罪情节轻微。被不起诉人吴某某到案后如实供述自己的罪行，根据《中华人民共和国刑法》第六十七条第三款的规定，可以从轻处罚。被不起诉人吴某某认罪认罚，依据《中华人民共和国刑事诉讼法》第十五条的规定，可以从宽处理。根据《中华人民共和国刑法》第三十七条的规定，不需要判处刑罚。依据《中华人民共和国刑事诉讼法》第一百七十七条第二款之规定，决定对吴某某不起诉。

八、律师感悟

网络电信诈骗作为当今主流的犯罪形式，利用互联网的匿名性和便捷性，使犯罪分子能够轻易地实施诈骗行为。他们通过各种手段获取受害者的信任，然后诱导受害者进行转账或其他形式的财产转移。而银行卡出借、买卖行为则为这类犯罪提供了便利。犯罪分子通过借用、购买他人的银行卡进行资金转移，使得追踪和打击诈骗犯罪变得更加困难。本案虽然是一起普通的提供银行卡和U盾给他人走账的帮信案，但是，笔者在代理本案中深刻体会到了法律对于社会现象的反映与调整，以及法律制度在处理个案时的人性化考量。

本案中，吴某某在好友高某的请求下，出于对其多年好友的信任，因此答应为好友的男友林某某办理了银行卡和U盾，未料该银行卡后被用于诈骗犯罪活动。虽然吴某某没有直接实施诈骗行为，但其无意中的行为为犯罪分子提供了便利，因此也应当受到相应的惩罚。作为本案的代理律师，笔者尽力去理解吴某某行为背后的社会和心理因素。通过与吴某某的深入交流，笔者了解到她并非出于恶意参与犯罪活动，而是在一定的社会环境和个人认知的局限下作出了错误的判断。她的参与更多是出于对朋友的信任和帮助的心态，而非主动策划和组织。于是，笔者在办案机关面前为其构建了一个更为立体的形象，她不仅仅是一个违法的行为者，更是一个有着复杂情感和认知的个体。最终，吴某某争取到了不起诉的处理结果。

本案最终以不起诉告终，是一个典型的认罪认罚从宽制度和体现罪责刑相适应原则的司法实践案例。认罪认罚从宽制度作为我国刑事司法改革的重要内容，通过对自愿认罪的犯罪嫌疑人、被告人给予从宽处理，激励他们主动认罪、悔罪，提高司法效率，节约司法资源。这一制度的实施，促进了社会的和谐稳定。在本案中，吴某某的认罪态度和积极配合调查的行为，为其赢得了从宽处理的机会。而罪责刑相适应原则确保了刑罚的公正性和合理性，保障了被告人的合法权益。本案中检察院考虑到其主观恶性较小，社会危害性有限，属于犯罪情节轻微性质，其在案发后能够如实供述自己的罪行，且其本人已经接受了《惩戒书》，在五年内禁止办理银行卡和电话卡，因此才最终决定不对其进行刑事处罚。

此外，在本案中值得注意的是，吴某某的行为是出于对好友的信任，未能识破其中的风险，导致其银行卡被用于诈骗活动。这一点值得我们深思。信任是人际交往的重要基石，但如果信任被滥用，它也可能成为犯罪的工具。因此，在人际交往中，我们应保持清醒的头脑，对于可能涉及法律风险的请求,要有足够的警觉性。平时不断加强对于法律知识的学习,提高自己的法律素养,以便在面对复杂的社会现象时,能够作出正确的判断和选择。

最后,笔者希望通过此案,能够引起公众对于电信诈骗和银行卡非法交易问题的关注,提高公众的法律意识和自我保护能力。

案例 5　邱某某提供对公账户帮信案[*]

一、公诉机关指控

2021年2月，被告人邱某某明知他人利用信息网络犯罪，在帮助张某某将上海MR网络信息服务公司（以下简称"MR公司"）过户给他人的过程中，将该公司开设在浙江泰隆商业银行的对公账户的账号、密码和U盾出售给宋某（另案处理），并收取好处费。

2021年4月30日、5月6日，MR公司上述对公账户被用于结算钱某、张某被电信网络诈骗的钱款共计15万元。后经查，2021年4—5月，MR公司的上述对公账户被他人用于支付结算涉及的金额共计1100余万元。

2021年9月23日，被告人邱某某在上海市金山区被民警抓获，并查获作案工具手机1部及相关公司资料等。到案后，邱某某如实供述了上述事实。

二、案情拓展

2021年5月23日，被害人钱某至上海市公安局虹口分局辖区某派出所报案称，2021年3月初，其在"小红书"App上看到有人发布可以带教"投资股票"的信息，其根据这条信息上显示的QQ号码加上了一个名叫"胜者"的人。对方说他们有专门的群可以线上培训，并将钱某拉进了一个QQ群。起初钱某在群里只是观望，没有投钱。2021年3月底，对方将这个QQ群转移到微信，并把钱某拉入一个76人的微信群中。该微信群中有一个名叫"扬帆"的人时不时发布消息称可以下载一个名为"创业"的App，注册后就能在这个App上进行股票投资。在这期间，很多人在群里聊天并发布

---

[*] （2022）沪0109刑初95号案。

自己的转账记录。4月2日，有一个微信昵称为"罗欣"的人添加钱某为好友，其微信显示的地区为上海。"罗欣"在和钱某聊天的过程中说通过群里提供的软件进行股票投资赚了很多钱。4月28日，又有一个微信昵称为"诗雨"的人添加钱某的微信，向钱某发送了一个二维码下载App，钱某随后在"诗雨"的指导下完成了账号的注册。注册完以后，微信群里那个名叫"扬帆"的人也加了钱某的微信，指导其操作。"扬帆"先让钱某向其提供的中国银行账户转账1000元测试账号是否能够正常使用。钱某汇款后，对方告知账号正常。次日这笔1000元又退还到了钱某的银行账户。于是钱某完全相信了对方，开始操作投资股票。当日，对方让钱某将投资款转到奇台县KC商贸有限公司的账户上，钱某分3次转账共计27万元至该账户。4月30日上午10时12分，钱某根据对方要求将投资款5万元转至MR公司的浙江泰隆商业银行账户（本案案涉对公账户）。在后来的一个月内，对方以公司被罚款、投资人也需要共同赔付等各种理由向钱某提供了不同的银行账户，要求其汇款。钱某按照对方提供的不同账户分笔多次汇款共计97万元。后来对方不回复钱某消息，钱也要不回来，钱某就意识到自己被骗了。

被害人张某陈述称，2021年4月底，其在"小红书"App上看到有人发布可以带教"投资股票"的信息，张某就通过这条消息与发布人私聊。对方向其推荐了一个昵称为"扬帆"的微信号。张某添加该微信号后，对方让其加入一个QQ群。后来群里有一名叫"诗雨"的助理向张某发送了二维码，张某通过这个二维码下载了名为"创业"的投资理财App，并在"诗雨"的指导下注册了账号。注册后，"扬帆"把张某拉进一个企业微信群，群里有很多人聊天并且不断发布自己的转账记录，显示他们在"创业"App上赚了很多钱，张某就相信了。之后张某通过"创业"App上的"专门渠道"进行汇款。这个"专门渠道"每次会显示不同的公司名称以及对应的银行账户信息。2021年4月21日、22日，张某向奇台县TS商贸有限公司的账户分别转账1.2万元和3万元。23日，张某想试一下转入的资金能否转出，同时也想测试这个"创业"App的真实性。于是其在这个App里申请转出1万元。26日上午9时17分许，张某的银行账户收到了1万元，张某就此便彻底相信了。同日，张某又向奇台县KC商贸有限公司的银行账户转账2万元。27日，张某向山东省 HL 网络信息服务公司的银行账户转账 7.5 万元，5 月 6 日向 MR 公司的银行账户（本案案涉对公账户）转账 10 万元，5 月 7 日向沧州 TC 商贸有限公司的银行账户转账 2 万元，5 月 10 日和 11 日分别向山东 QL 科技有限公司转账 2 万元和 8500 元，最后一次是 5 月 18 日向佳木斯 HL 科技有限公司的银行账户转账 30 万元和 28 万元。在这期间，张某向"专门渠道"显示的对公账户汇款累计 85.55 万元。2021 年 5 月 21 日，张某通过微信联系"扬帆"称家里的亲戚有急事需要资金周转，询问能否把 App 上的股票平仓抛售，"扬帆"回答可以。张某便通过 App 点击申请提款。过了一会，"扬帆"联系张某称商会要按照其盈利的 50 万元，收取 20% 的费用，即收取 10 万元。接着他就向张某发送了一个个人银行账户，要求最迟次日 17 时之前将 10 万元汇过去。张某说自己没有钱了，让对方从提现的钱里面直接扣除，但是对方没有回复，并将张某踢出企业微信群，张某至此再无法联系对方，85.55 万元也取不出来了。

公安机关经过立案侦查，于 2021 年 9 月 23 日将被告人邱某某抓捕归案，并查获作案工具手机 1 部及其相关公司资料等。到案后，被告人邱某某供述称，其与宋某是相识三年的同行，从事代理记账、注册公司等业务。2020 年，宋某称他有渠道可以收购公司的对公账户，并且价格比较高，建议邱某某在办理公司变更时有对公账户可以卖给他。2021 年 1 月，张某某找到邱某某，说其名下有一个叫 MR 的公司不想做了，询问是否有渠道可以转让出去。邱某某答应张某某承办此事并取得公司资料和委托手续后，找到朋友陆某，让陆某暂时去作这家公司的法人，几个月后会将这家公司再过户给别人，并承诺给陆某 3500 元作为好处费。过户手续办理完毕后，邱某某就将公司的银行账户信息、U 盾和密码卖给了宋某，获得好处费 1.5 万元。邱某某曾告诫宋某不要将对公账户用于电信诈骗，宋某表示只是用于网络赌博走账洗钱而已。

经公安机关侦查讯问后，发现邱某某与宋某一共交易过两次买卖公司对公账户，邱某某从中获利 2 万余元。

经公安机关侦查发现 MR 公司的对公账户被他人用于支付结算涉及的金额共计 1100 余万元。其中包括被害人钱某、张某被电信网络诈骗的钱款共计

15万元。案件审理过程中，被告人邱某某表示自愿认罪认罚，且在家属的帮助下退赔了违法所得2万元，并预缴了罚金1万元。

三、量刑情节

（1）被告人邱某某被抓获到案后，如实供述自己的罪行，系坦白，依法可以从轻处罚。

（2）被告人邱某某自愿认罪认罚，并依法签署了《认罪认罚具结书》，可以依法从宽处理。

（3）被告人邱某某退缴了违法所得2万元，依法可以从轻处罚。

（4）案件审理过程中，被告人邱某某在其家属的帮助下已预缴罚金1万元，可以酌情从轻处罚。

（5）被告人邱某某有犯罪前科，酌情从重处罚。

四、证据认定

本案中，公诉机关提交了相应证据，法院审理后作出如下认定：

（1）证人钱某、张某的证言及其提供的微信聊天记录截图、转账记录、银行账户明细和上海市奉贤区人民法院移送的民事诉讼材料等，证实钱某、张某在网上投资过程中被骗的情况和被骗金额。

（2）公安机关调取的银行转账记录和支付业务回单，证实MR公司对公账户被用于结算钱某、张某被骗钱款的时间、金额及该账户其他涉及支付结算资金明细。

（3）证人张某某、陆某、郭某某的证言，公安机关调取的营业执照、工商资料、微信聊天记录、转账记录等，证实被告人邱某某将MR公司对公账户出售给他人的事实。

（4）公安机关出具的搜查笔录、扣押笔录、扣押清单及扣押材料，证实涉案手机、公司资料等被扣押的情况。

（5）证人戴某的证言，公安机关出具的受案登记表、案发经过、情况说明等，证实本案的案发及被告人邱某某的到案经过。

（6）上海市金山区人民法院刑事判决书，证实被告人邱某某的前科情况。

（7）被告人邱某某的供述，证实其对本案犯罪事实供认不讳。

上述证据收集程序合法，内容客观真实，足以认定指控事实。被告人邱某某对指控的犯罪事实和证据没有异议，并自愿认罪认罚。

五、争议焦点

本案被告人邱某某对指控的犯罪事实及定性均无异议，并自愿认罪认罚，该案事实清楚，控辩双方没有明显争议。

六、辩护意见

（1）被告人邱某某到案后对于侦查机关、检察机关的讯问均如实供述自己的罪行，系坦白，依法可以从轻处罚。

（2）被告人邱某某在侦查阶段即表示自愿认罪认罚，在审查起诉阶段签署《认罪认罚具结书》，庭审认罪态度良好，按照《刑事诉讼法》第15条的规定，可以依法从宽处理。

（3）被告人邱某某退缴违法所得2万元，可见其悔罪态度诚恳，且被告人邱某某一直积极配合办案机关侦查，依法可以从轻处罚。

（4）案件审理过程中，被告人邱某某在家属的帮助下预缴了罚金1万元，可酌情从轻处罚。

（5）被告人邱某某的家中上有年迈母亲、下有年幼子女需要抚养和照顾，其作为家庭的主要经济来源，长期羁押对其家庭生活势必会产生极大的影响，望法庭考虑其家庭情况对其酌情从轻处罚。

请求法庭对被告人邱某某在审查起诉阶段签署的《认罪认罚具结书》量刑建议幅度以内判处较轻的刑罚。

七、法院判决

法院认为，被告人邱某某明知他人利用信息网络实施犯罪，为其提供帮助，情节严重，其行为已构成帮助信息网络犯罪活动罪。上海市虹口区人民检察院指控被告人邱某某犯帮助信息网络犯罪活动罪罪名成立。被告人邱某某到案后能如实供述自己的罪行，且能自愿认罪认罚，依法可从轻处罚。本院审理期间，邱某某在家属帮助下退出违法所得，且能预缴罚金，可酌情从轻处罚。辩护人关于对被告人从轻处罚的辩护意见及检察机关的量刑建议，法院予以采纳。为维护社会秩序，保护公私财产所有权不受侵犯，依照《中华人民共和国刑法》第二百八十七条之二第一款、第六十七条第三款、第六十四条及《中华人民共和国刑事诉讼法》第十五条之规定，判决如下：

一、被告人邱某某犯帮助信息网络犯罪活动罪，判处有期徒刑八个月，并处罚金人民币一万元。

二、追缴犯罪工具连同查获的犯罪工具、退出的违法所得一并予以没收。

八、律师感悟

这是一起典型的帮助信息网络犯罪活动罪案件，笔者作为主办律师，对于法律的尊崇和人性的理解均有了更加深刻的体会。作为一名辩护律师，我们的职责不仅是代理和辩护，同时也需要关注被告人的人权和尊严，为他们在法律框架内争取最大限度的权利和利益。

本案中，被告人邱某某虽然明知其行为的违法性，但在利益的驱使下，仍然选择了错误的路径。他在帮助张某某将公司过户给陆某的过程中，把公司的对公账户信息出售给他人，从而为电信网络诈骗提供了便利，最终导致多名被害人遭受经济损失。到案后，被告人邱某某能够如实供述自己的犯罪行为，并且在笔者的每一次会见中，均表现出悔改之意，以及自愿认罪认罚的态度。在案件审查起诉时，邱某某自愿签署《认罪认罚具结书》，并积极退缴全部违法所得。在案件审理过程中，邱某某在其家属的帮助下预缴了罚金。这一系列行为均表明他有改过自新的决心，认罪悔罪态度良好，也是法院判决所要考量的重要因素，为法院的量刑提供了从宽和从轻处罚的依据。最终法院在综合各方面的考量下，判处被告人邱某某有期徒刑八个月。

笔者认为，本案中被告人邱某某的悔罪态度和积极的改正行为是笔者在法庭上应当为其努力展现的焦点，目的是争取到一个公正的判决，一个能够体现法律公正精神和人道主义的判决。因此，在案件审理过程，笔者作为其辩护律师，不仅是在进行法律专业的辩护，更是在展示一名被告人的悔改和希望。笔者在法庭上不断强调被告人邱某某的积极改过行为，他在认识到自己的错误后，不仅积极配合调查，还主动退缴了违法所得，并预缴了罚金。这些行为展现了他的悔改诚意和对法律的尊重。笔者认为，法律的目的不仅是惩罚，更重要的是引导迷失的人回归正途，帮助他们重新融入社会，成为守法的公民。

最终法院的判决结果，也体现了法院人性化的考量。在量刑时，法院考虑到被告人邱某某的家庭状况、认罪认罚的态度和积极退缴以及预缴罚金等，在刑罚的确定上给予了从轻处罚，显示出法律的慈悲与人文的关怀，这是法律人性化的体现。然而，法律的宽容绝非放任，它旨在激励犯罪人改过自新，而非纵容犯罪行为。

此外，本案中还涉及上游的网络电信诈骗行为，这是一个值得关注的问题。虽然被告人邱某某只是售卖对公账户，并没有参与实际的诈骗活动，但是他的行为为犯罪分子实施犯罪行为提供了便利，也利用了互联网的便利性和匿名性，使得犯罪分子和诈骗活动变得更加隐蔽。经几人转手的银行账户，普通百姓根本不知道账号的背后到底是什么人在用。每一个看似无足轻重的环节，都是实施网络诈骗的帮凶。

网络诈骗的危害不容小觑。轻则损失钱财，重则倾家荡产，许多受害者因一时贪念，在犯罪分子抛出一点鱼饵之后迅速咬钩，沉迷于不劳而获的快感，听信犯罪分子伪装成的投资专家洗脑，不断投入大笔钱财，在多次投入之后还不肯面对被骗的事实，不断加码，最终犯罪分子收网跑路，受害人才幡然醒悟。对家庭来说，网络诈骗会让家庭陷入财务危机，破坏家庭关系，甚至导致家庭解体。对社会而言，网络诈骗破坏了社会秩序，挑战了法律的底线，侵蚀了社会的道德基础。

被告人邱某某的案件是一个警钟，提醒我们必须从多方面入手，综合运用法律、技术、教育和社会治理等手段，共同应对网络犯罪这一社会问题。只有这样，我们才能有效地减少网络犯罪的发生，保护公民的财产安全和心理健康，维护社会的和谐稳定。同时也希望被告人邱某某经历这次教训以后，可以改过自新，回馈社会。

案例6　董某某提供支付宝账号帮信案*

一、公诉机关指控

2020年8月27日，被告人董某某明知资金来路不正，提供自己的手机、支付宝等协助他人接收并转移资金，上游犯罪被害人李某1、吴某某、张某某、魏某某、李某2、祝某某、崔某、陈某某被骗资金共计20余万元转入被告人董某某支付宝账户内，并被转出。被告人董某某从中获利900元。

2020年9月25日，被告人董某某接公安机关电话通知后主动至派出所投案，到案后如实供述了上述犯罪事实。

二、案情拓展

2020年8月27日，李某1报案称其于当日晚19时许在位于金山区的暂住地内接到一个自称是淘宝客服的来电，对方声称工作人员操作失误将其支付宝的某项权限开通，因会有费用产生，需将该权限取消。其按照对方的指示进行了操作，通过农业银行手机App将银行卡内的3291.63元转账至对方提供的账户，转账成功后，其意识到上当受骗，遂报案。

经民警侦查发现，被害人资金于2020年8月27日转入作案一级银行账号（尾号：9777）中，后与他案被害人吴某某的19 100元混合后一起转入二级银行账户（尾号：4370），并通过该卡绑定支付宝转出（已解绑），经流水号查询，下级收款支付宝账户为董某某的账户，后又转至其名下另外一个支付宝，再转出至不同下级账户。

2020年9月25日，民警电话告知董某某至派出所接受调查。次日下午，

---

* （2022）沪0116刑初59号案件。

董某某至该派出所接受调查。经审讯，其交代了2020年8月27日在明知对方会使用其支付宝转入转出来路不正的钱的情况下仍将支付宝账户提供他人使用并从中获利900元的犯罪事实。

被告人董某某供述称，2020年8月底，其在之前添加的一个微信群中看到一个微信昵称为"张强"的人发布了一条招募兼职的信息，大致意思是有个不需要实际干活的兼职，每天工资300元。董某某挺感兴趣，就添加了"张强"的微信询问兼职情况，对方说这个兼职需要注册一个支付宝账户或者使用本人现有的支付宝账户，并让董某某第二天到指定地点找他。董某某第二天到达后，先有一个人拿过董某某的手机查看了他的支付宝账户并询问支付宝有无欠款等情况，董某某称没有后，对方就把手机交还并让董某某排队等候，说待会要用董某某的支付宝转账。但董某某等到晚上10时也没轮到，就先离开了。第二天早上，"张强"通过微信给董某某发了一个定位让其过去，当天早上8时左右董某某到了指定小区，联系"张强"后按照电话指示找到具体房号。屋子里连董某某在内一共有5个人。上午9时过后，对方让董某某在一张纸上写下名字、身份证号码和手机号码后把其手机拿走了。其中3个人在隔壁房间操作董某某的手机进行转账。其间，董某某因为太无聊要求他们返还手机，但对方一直让董某某等着，直到凌晨0时多才将手机交还。董某某拿回手机后，对方一名男子通过微信向董某某转账900元（其中200元作为这两天的打车费，700元是使用董某某支付宝的费用）。董某某收到钱后就离开了，到家查看发现支付宝的转账记录都已经被删除。

经查，相关电信网络诈骗犯罪被害人李某1、吴某某、张某某、魏某某、李某2、祝某某、崔某、陈某某被骗资金共计20余万元经其他银行账户转入董某某的支付宝账户后转出；该8名被害人被骗时间均在2020年8月27日午后。当日，董某某的支付宝账户中，单向流入资金流水达400余万元。

本案审理过程中，董某某退赃900元。

三、量刑情节

（1）被告人董某某犯罪后主动投案，如实供述自己的罪行，系自首，可以从轻或减轻处罚。

（2）被告人董某某积极退赃，有悔罪表现，可以酌情从轻处罚并适用缓刑。

四、证据认定

本案中，公诉机关提交了相应证据，有下列经庭审举证、质证的证据予以证实：

（1）上游犯罪被害人李某1、吴某某、张某某、魏某某、李某2、祝某某、崔某、陈某某的陈述、公安机关接收证据材料清单、提供的转账记录等，证实2020年8月，他们被网络诈骗钱款的事实。

（2）支付宝及银行账户主体信息查询、交易明细查询、转账记录、情况说明及光盘，证实涉案资金的流转情况。

（3）公安机关出具的侦破经过，证实本案案发及被告人到案情况。

（4）被告人董某某供述及辨认的微信聊天记录，证实其对上述犯罪事实供认不讳。

（5）公安机关调取的人口信息表，证实被告人董某某年龄等身份情况。

上述证据收集程序合法，内容客观真实，足以认定指控事实。

五、争议焦点

公诉机关认为被告人董某某伙同他人，明知是犯罪所得而予以转移，情节严重，其行为构成掩饰、隐瞒犯罪所得罪。

被告人董某某及辩护人对于公诉机关指控的基本事实无异议，但认为董某某的行为不符合掩饰、隐瞒犯罪所得罪提供事后帮助的行为特征，应认定为帮助信息网络犯罪活动罪。

六、辩护意见

（1）辩护人对于公诉机关指控的董某某涉嫌掩饰、隐瞒犯罪所得罪的罪名不予认可，认为董某某构成帮助信息网络犯罪活动罪。刑法规定的掩饰、隐瞒犯罪所得罪系明知是犯罪所得及其产生的收益而予以转移，也就是说，掩饰隐瞒犯罪所得罪是上游犯罪完成（既遂）之后的资金转移行为，行为对象是犯罪所得及其产生的收益，属于事后帮助行为。本案中，被告人董某某于相关网络犯罪活动之前实施了提供手机、支付宝账户的帮助行为，不符合掩饰、隐瞒犯罪所得罪的构成要件。从行为模式上，被告人董某某仅是提供支付宝账户及密码，并未参与转账、套现或取现，其行为本质上是为他人利用信息网络犯罪活动进行资金支付结算提供帮助，主观认识上是要将支付宝账户给他人使用，客观实施的行为也仅是提供支付宝账户及密码，符合帮助信息网络犯罪活动罪的构成要件。

（2）被告人董某某具有自首情节，可以从轻或者减轻处罚。董某某接到上海警方电话后，向北京市公安局昌平分局辖区某派出所投案，构成自首，可以从轻或减轻处罚。

（3）被告人董某某到案后能够如实供述自己的犯罪事实，依法构成坦白，且在发现"张强"的微信号仍在发布信息或活动时，及时告知检察院等司法部门。到案后，董某某无论是在北京市公安局昌平分局还是上海市公安局金山分局均如实回答公安机关提出的问题，在审查起诉阶段也积极配合办案机关调查，如实供述案件经过及个人情节，可以对其从轻处罚。

（4）被告人董某某真诚认罪、悔罪，董某某对于自己本身的行为构成犯罪没有异议，仅对公诉人起诉的罪名有异议，但并不影响其认罪的态度。董某某愿意将自己的非法获利全部退还，并愿意提前缴纳罚金以表示自己真诚认罪、悔罪的决心。辩护人希望法院给予董某某退赃的机会，并基于董某某的认罪态度、退赃态度、悔罪表现对其从轻处罚。

（5）被告人董某某无前科劣迹，系初犯、偶犯，社会危害性较小。本次案发系因其法律意识淡薄才误入歧途，在此之前从未有过犯罪行为，本次犯罪的社会危害性较小，没有再犯罪的危险，可对其从轻处罚，且符合适用缓刑的条件。

综上，希望法院在量刑时综合考虑董某某上述情况，结合其日常表现，对其从轻处罚，并适用缓刑。

七、法院判决

法院认为，被告人董某某明知他人利用信息网络实施犯罪，为他人提供手机及支付宝账户用于收取、转移款项，达到情节严重程度，但在提供手机及支付宝后，并未实施其他行为，其行为应认定为帮助信息网络犯罪活动罪，被告人及辩护人关于罪名的异议成立，法院予以采纳。被告人董某某犯罪后主动投案，如实供述自己的罪行，系自首，可以从轻处罚。被告人董某某积极退赃，有悔罪表现，可以酌情从轻处罚并适用缓刑，辩护人提出的适用缓刑的辩护意见，法院予以采纳。依据《中华人民共和国刑法》第二百八十七条之二第一款、第六十七条第一款、第七十二条第一款和第三款、第七十三条第二款和第三款、第六十四条之规定，判决如下：

一、被告人董某某犯帮助信息网络犯罪活动罪，判处有期徒刑九个月，缓刑一年，并处罚金人民币三千元。

二、退缴的违法所得予以没收。

董某某回到社区后，应当遵守法律、法规，服从监督管理，接受教育，完成公益劳动，做一名有益社会的公民。

八、律师感悟

本案是典型的提供支付结算工具类帮信罪案例，被告人董某某因经济困顿，盲目轻信微信群中的兼职广告，根据对方指示到达指定地点，将自己的支付宝账户、密码及手机一并交付给对方使用，获得报酬。

本案董某某因急于筹钱交纳房租而寻找兼职，但未能审慎对待对方提出的要求。其为了履行按时缴纳房租的义务，却触犯了刑法的底线，这不失为一种荒诞，同时对我们也有一定的警示，人们对于法律法规选择性地遵守也是法律意识缺失的表现。好在被告人及时意识到自己提供支付账号给他人的行为有不当之处，主动投案自首，如实供述自己的罪行，积极配合警方调查。

笔者在详细了解案情后，对本案进行法律分析，并制定初步的辩护策略。案件审查起诉后，笔者经过阅卷，分析认为董某某的行为构成帮助信息网络犯罪活动罪，而非掩饰、隐瞒犯罪所得罪。乍看之下，两个罪名的行为模式非常相似，但其实二者在行为对象、实施时间、侵犯的法益、定罪门槛等细节上有诸多区别。而对于被告人来说，对其影响最大的莫过于两个罪名的量刑轻重。掩饰、隐瞒犯罪所得罪的法定刑期有两档：起刑为三年以下有期徒刑、拘役或者管制；情节严重的，处三年以上七年以下有期徒刑。帮助信息网络犯罪活动罪的法定刑期为三年以下有期徒刑或者拘役。

　　本案中查证的董某某账户中的涉诈资金为20余万元，如认定为掩饰、隐瞒犯罪所得罪，已达到该罪第二档的量刑标准，即法定刑期在三年以上七年以下，以笔者的经验来看，是极难争取缓刑的。笔者经过阅卷，关注到董某某实施犯罪行为的具体时间和行为方式，并在辩护意见中着重列明董某某犯罪时间与各被害人受骗时间的先后，分析构罪的行为特征。法院最终采纳笔者的意见，对董某某的行为定性为帮助信息网络犯罪活动罪，并结合董某某自首、主动退赔的量刑情节，最终争取到缓刑的处罚结果。

【类案摘录】

案例 7　刘某某提供银行卡走账帮信案*

2023 年 11 月，被告人刘某某为牟利，将其名下的北京农商银行卡和建设银行卡各一张、相应密码、身份证、手机等提供给他人使用，并收取好处费 1.8 万余元。经查，上述银行卡被用于接收他人转入的资金共计 44 万余元，其中包含张某、刘某某、邵某、蒋某、甘某、李某某等人因被电信网络诈骗而交付的钱款，合计 23 万余元。

同年 12 月 15 日，被告人刘某某被公安人员抓获，其到案之初未如实供述，后基本如实供述了上述事实。

法院认为，被告人刘某某明知他人利用信息网络实施犯罪，为其犯罪提供帮助，情节严重，其行为已构成帮助信息网络犯罪活动罪，依法应予惩处。公诉机关指控被告人的犯罪事实清楚，证据确实、充分，指控罪名成立，量刑情节及建议适当，应予采纳。辩护人提出的相关辩护意见，法院予以采纳。据此，依照《刑法》第 287 条之二第 1 款，第 52 条，第 53 条，第 67 条第 3 款，第 71 条第 1 款、第 3 款，第 73 条第 1 款、第 3 款，第 64 条和《刑事诉讼法》第 15 条之规定，判决被告人刘某某犯帮助信息网络犯罪活动罪，判处拘役五个月，缓刑五个月，并处罚金 5000 元；违法所得予以追缴。

---

* （2024）沪 0106 刑初 281 号案。

第三章

提供支付结算服务帮助类帮信典型案例解析

《刑法》第287条之二规定的帮助信息网络犯罪活动罪概括了几种帮助行为，其中之一是提供支付结算帮助。本书第二章收录的案例均是提供支付结算的工具，本章收录的案例则是提供支付结算的服务，二者是有明显区别的。笔者认为，相对于提供支付结算工具而言，提供支付结算服务行为的危害性更大，行为人参与犯罪的程度也更深。以"两卡"为例，提供支付结算服务的行为人，利用自己或他人的"两卡"进行收转款操作。正是由于行为人参与了转款，即实行了通常所说的"跑分"洗钱行为，那么根据"跑分"具体情况可能构成帮信罪，也有可能构成掩隐罪。

本章收录了5个真实案例：

案例8，陈某某办理多张银行卡参与"跑分"工作，并介绍他人使用各自名下银行卡"跑分"，其间身份转变为管理人员，团队总流水约1亿元。

案例9，程某某等人收集大量银行卡用于接收他人诈骗款项，再通过POS机或网银多次流转后归集到某账户，再将款项兑换成虚拟货币交付给上家。

案例10、案例11，均是利用电商平台"拼多多"商城店铺进行刷单，为网络赌博平台收取赌资并转账。两则案例的区别在于：顾某等人为牟利注册大量"拼多多"店铺，先向不特定银行卡汇出资金，再通过"拼多多"店铺以虚假交易的方式回笼资金；王某甲等人则是先以虚假交易收取"购物款"，再以退款的形式将资金转移至上家指定的特定账户。

案例12，范某某等人提供自己的多张银行卡参与"跑分"，收到网络赌博平台的赌资后按指示转账。

案例 8　陈某某提供本人银行卡并介绍他人"跑分"帮信案[*]

一、公诉机关指控

2021年9月至2023年3月，被告人刘甲、陈某某受他人指使，在明知他人可能利用信息网络实施犯罪的情况下，介绍叶某某（另案处理）、陈某（另案处理）、黄某某（另案处理）等人使用各自名下银行卡进行转账，并发放上述转账人员工资，为他人犯罪提供支付结算帮助。经查，上述转账人员相关银行账户支付结算共计300余万元，其中包含上游被骗人员谢某某等人钱款共计2万余元。

2023年3月18日，被告人刘甲被公安机关抓获到案，被告人陈某某主动投案。被告人刘甲、陈某某到案后均如实供述了上述事实。

二、案情拓展

被告人陈某某到案后供述称，2021年8月23日，其在朋友聚会中认识了王某，当时陈某某刚辞职，王某向其介绍了"跑分"的工作，还提到可以分"跑分"流水的两个点作为报酬，陈某某急于赚钱便接受了这份工作。陈某某加入后共有七八个人一起"跑分"，王某是老板，给他们安排住处作为员工宿舍，但大部分时间几人都在电竞酒店内"跑分"。参与"跑分"后，陈某某一共办理了16张不同地方、不同银行的银行卡。报酬的发放一开始是日结，之后统一变成每三天发放一次。2021年9月至2022年10月，陈某某通过参与"跑分"获利20余万元，团伙的总流水约1亿元。2022年10月至

---

[*]（2023）沪0112刑初1521号案件。

案发期间，因为陈某某办理的银行卡基本都被冻结了，也没有其他银行可以办理新卡，所以王某让其担任主管和财务，给下面"跑分"的人员发放工资。王某每隔一周都会向陈某某转账他们"跑分"得来的收益（约11万~15万元）。王某在"飞机"App上建立了工资群，群里有所有"跑分"人员的工资明细。王某下面还有另外三个主管，分别是刘甲、刘乙和李某某。陈某某除了发放、结算自己手下的"跑分"人员的工资外，还会将王某转账给其的钱分发给团伙内的另外三个主管，这三个主管会自己分发给各自管理的"跑分"人员。陈某某担任财务后每月有6000元的工资，至案发共拿到3万元的财务工资。

被告人刘甲到案后供述称，2022年3月左右，老家有一个亲戚王某让其帮忙转账了两三万元。后来，王某询问刘甲是否愿意用银行卡帮别人刷流水赚钱，每天可以赚几百元。刘甲同意后被拉入一个"跑分"群，开始工作。刘甲当时有两张银行卡（现都已注销），刚开始每天一张卡进出约几万元，刘甲再把钱汇到群负责人指定的账户。到同年6月底，刘甲一共办理了八张银行卡，都用于"跑分"，后来因为办理新卡要到上海去，刘甲就不再做了。其间，刘甲每天赚取200~400元不等，每三天结算一次报酬，每月大概获利七八千元，由陈某某发放。同年9月，刘甲和同学叶某某等人聚会时提到自己在做"跑分"的事情，叶某某等人听后也想参与，刘甲就把他们介绍给了王某，随后他们也开始参与"跑分"，刘甲再从叶某某等人的工资中抽成0.5%或1%，这样刘甲每月也有两三千元的提成收入。

陈某供述称，2021年12月，其经老家同村的哥哥陈某某介绍参与"跑分"，陈某某还带着陈某去办理了一张银行卡。"跑分"团伙的大老板是王某，刘甲和陈某某都是王某的下级。王某将陈某拉进"跑分"群，陈某就将办理的银行账户信息发送给管理员，很快陈某的银行账户就能收到钱款，陈某再将账户内的钱汇入管理员指定的账户。报酬是每天300元，按月结算，现金发放。陈某称王某说跑分的款项来源于网络赌博、博彩，但陈某觉得钱款肯定是来路不明的。

叶某某供述称，2022年10月左右，他的老同学刘甲问他是否愿意参与"跑分"，提成千分之二，叶某某同意后就辞掉工作参与"跑分"。刘甲让叶某某下载了一个叫"飞机"的聊天软件，将其拉到一个群中，并让其到上海办理了四张银行卡，办好后叶某某将银行卡信息都发到了群里。随后，就有钱转到叶某某的银行卡中，金额在几千到几万元不等，每达到一定金额后，刘甲就会让叶某某转到指定的账户。如果银行 App 提示叶某某，其银行卡被冻结，叶某某就会去其他银行办理新的银行卡用于"跑分"。叶某某的工资由刘甲发放，每三天发一次，共计3.3万余元。

黄某某供述称，2022年10月中旬左右，其经朋友介绍参与"跑分"，前后办理了七张银行卡，约定报酬是每5万元抽成100元，都是由陈某某或刘甲以现金的形式发放。黄某某一共赚了6000余元。根据黄某某了解，"跑分"团伙的老板是王某，王某的下级有刘甲和陈某某，黄某某称"跑分"的钱肯定来路不明，估计是赌博或者电信诈骗的钱。

2023年3月2日，上海市公安局闵行分局接到举报称有人非法提供银行账户，该局根据线索研判审查后，于次日立案侦查，并于同年3月18日在湖北省孝感市汉川市某出租屋内将被告人刘甲、刘乙、陈某等人抓获；被告人陈某某在收到陈某让其逃走的短信后返回该出租屋，主动投案。被告人刘甲、陈某某到案后均如实供述自己的犯罪行为。

案件审查起诉期间，被告人刘甲、陈某某自愿认罪认罚，并在律师的见证下签署了《认罪认罚具结书》。

三、量刑情节

（1）被告人陈某某主动到案后如实供述自己的罪行，系自首，依法可以从轻或减轻处罚。

（2）被告人陈某某自愿认罪认罚，并签字具结，可以依法从宽处理。

四、证据认定

本案中，公诉机关提交了相应证据，法院审理后作出如下认定：

（1）公安机关出具的《扣押决定书》、《扣押清单》、扣押笔录、《受案登记表》、《立案决定书》、涉案银行账户明细等，证实公安机关对涉案手机、银行卡进行依法扣押，涉案手机中有跑分软件、银行卡流水中涉及被害人资金的事实。

（2）公安机关出具的到案经过、工作情况，证实刘甲、陈某某到案情况。

（3）同案犯黄某某的供述，涉案人员叶某某、陈某等人的证言及相关辨认笔录，证实被告人刘甲、陈某某参与跑分、招募跑分人员，为跑分人员发放结算工资的犯罪事实。

（4）上游被骗人员谢某某等人的陈述，证明被害人被诈骗钱款的事实。

（5）被告人刘甲、陈某某的供述，证实该二人参与上述指控的犯罪行为，以及对犯罪事实供认不讳。

上述证据收集程序合法，内容客观真实，足以认定指控事实。

五、争议焦点

本案被告人对指控的犯罪事实及定性均无异议，并自愿认罪认罚，该案事实清楚，控辩双方没有明显争议。

六、辩护意见

（1）被告人陈某某被刑事拘留前社会表现良好，无前科劣迹，属于初犯，主观恶性不大，依法可以从轻处罚。

（2）被告人陈某某在接到同案犯让其逃跑的信息后，反而主动投案，并在到案后如实供述自己的罪行，依法构成自首，可以从轻或减轻处罚。

（3）被告人陈某某在王某的指使下组织、管理其他同案犯为他人非法转账并牟取利益，由王某给陈某某发放工资，陈某某系受雇于王某，故在本案中起次要或辅助作用，应该认定为从犯，依法应当从轻、减轻处罚。

（4）被告人陈某某到案后，一直很后悔自己犯下的罪行，多次向辩护律师表示对不起受害人，愿意认罪伏法。在审查起诉阶段自愿签署认罪认罚具结书，说明其认罪悔罪态度真诚，请法院依法从宽处理。

综上，恳请法院结合本案实际情况，本着宽严相济的原则，对被告人陈某某适用缓刑，给其一个改过自新的机会。

七、法院判决

法院认为，被告人刘甲、陈某某明知他人利用信息网络实施犯罪，仍为他人犯罪提供帮助，情节严重，其行为均已构成帮助信息网络犯罪活动罪，且属共同犯罪。公诉机关指控成立，法院予以确认。被告人刘甲到案后如实供述自己的罪行，系坦白；被告人陈某某主动到案后如实供述自己的罪行，系自首，且二名被告人均自愿认罪认罚，依法可以从轻处罚。公诉机关的量刑建议适当。二名辩护人分别以被告人刘某、陈某某认罪认罚，具有坦白、自首情节等，请求对刘、陈从轻处罚的辩护意见，于法有据，予以采纳。据此，依照《中华人民共和国刑法》第二百八十七条之二第一款、第二十五条第一款、第六十七条第一款和第三款、第五十二条、第五十三条、第六十四条及《中华人民共和国刑事诉讼法》第十五条、第二百零一条之规定，判决如下：

一、被告人刘甲犯帮助信息网络犯罪活动罪，判处有期徒刑一年二个月，并处罚金人民币二万元。

二、被告人陈某某犯帮助信息网络犯罪活动罪，判处有期徒刑十一个月，并处罚金人民币二万元。

三、被告人的违法所得予以追缴，扣押在案的作案工具手机、银行卡予以没收。

八、律师感悟

本案是典型的以"跑分"方式帮助上游犯罪活动进行走账的案件。"跑分"是指在网络支付领域通过银行卡、网络支付平台等，为跨境网络赌博、电信诈骗等违法犯罪行为提供非法资金转移的渠道。在金融犯罪中，"跑分"是指让钱流动起来，即通过"跑分"平台，让赃款在多个银行账户之间不断转移，以此达到"洗白"及逃避追查的目的。通常情况下，该行为模式可能符合帮助信息网络犯罪活动罪，或者掩饰、隐瞒犯罪所得罪的特征。

通过其他同案犯的供述，不难发现本案中的两名被告人都是在明知提供银行卡"跑分"洗钱是一种违法行为的情况下，仍然为了利益而跨过了法律这条底线，本质上还是由于对法律轻视以及企图通过捷径获取利益的欲望而导致的。被告人陈某某原本有一份正当的工作，但由于种种原因陈某某选择了辞职，又在机缘巧合之下结识了王某。虽然意识到"跑分"行为具有违法性，但出于对赚快钱的渴望，陈某某还是听从王某的安排参与"跑分"活动，触及法律的红线，甚至在后期逐步成为团队内的一名主管。陈某某从一开始的基层跑分人员，在银行卡陆续被冻结之后转为团队内的财务，笔者完全有理由相信，如果不是因为陈某某银行卡冻结，他还会继续进行"跑分"行为，从中获取更大的利益，贪念和侥幸心理使得陈某某一步一步放任自己跌入违法犯罪的深渊。

本案事实清楚，证据确凿，被告人陈某某在案发后，多次向笔者表示出极度的后悔，且因其主动投案，如实供述，并向公安机关提供其他同案犯的住址、电话等情节，笔者代表其向办案机关申请取保候审。所谓取保候审，通俗地讲，就是在刑事诉讼过程中，办案机关对符合条件的犯罪嫌疑人、被告人，责令其提出保证人或者交纳保证金，保证遵守取保候审的相关规定，可对其不予羁押的一种刑事强制措施。但是，办案机关准予取保候审并不意味着刑事案件到此为止；同样地，不予取保候审也并不代表着犯罪嫌疑人、被告人将被处以严刑。笔者在该案的审查起诉阶段积极与公诉机关沟通，为陈某某争取从轻、减轻处罚的机会，后陈某某在审查起诉阶段自愿签署《认罪认罚具结书》，并且表示日后一定会改过自新，踏实工作。

刘甲的上级王某组织的"跑分"人员众多，而且组织架构分工明确，王某下设的四名主管或多或少都有介绍身边人入伙的行为，因此笔者在此呼吁读者在平时交友时一定要谨慎，切不可盲目相信他人，而丧失自己的价值判断，绝不能因为所谓的"好友"拉拢而放任自己也成为犯罪分子。在日常生活中，很多犯罪分子会以高额回报作为诱饵来想方设法套用他人的银行卡或支付账户用于违法犯罪活动，因此在面对金钱的诱惑时，一定要提高警惕，认真思考"天上是否真的会掉馅饼"。

案例9　程某某提供银行卡收款并兑换虚拟货币帮信案[*]

一、公诉机关指控

2021年4月，被告人程某某、蔡某某（另案处理）提供银行卡并以帮助养卡返利为名收集他人银行卡供其他人用于犯罪活动。被告人程某某在其中国建设银行、招商银行转入资金后将1052万元以购买虚拟货币形式帮助他人进行资金转移并获取好处费。经查，上述资金中有20.9万元系被害单位上海JX材料有限公司及被害人余某、陈某被骗后流入款项。被告人程某某获取好处费5万余元。

被告人邹某提供信用卡、POS机并介绍陈某某、朱某等人提供信用卡、POS机供程某某、蔡某某使用。经查，被害人余某被网络诈骗款项4000元流经邹某银行卡后转入程某某银行卡。邹某银行卡另有260余万元资金转入程某某、蔡某某银行卡。被告人邹某获取好处费2.6万余元。

被告人陈某某收集他人银行卡，并提供POS机供被告人程某某、蔡某某使用。经查，陈某某银行卡共有308万余元资金转入程某某、蔡某某银行卡。被告人陈某某获取好处费3万余元。

2021年4月22—26日，被告人程某某、陈某某先后在武汉市被公安机关抓获，邹某主动投案。

二、案情拓展

同案关系人蔡某某供述称，2020年年底，其在深圳与程某某见面，程某

---

[*]（2021）沪0120刑初909号案。

某称自己正在做推广矿机挖矿的业务,就是挖比特币的矿机。因为双方认识有一段时间,蔡某某当时没事情做,就让程某某带着他做项目赚钱。蔡某某通过支付宝给程某某转了10万元,其中6万元买了两个矿机开始挖比特币,剩下的4万元暂存于程某某处。接下来,二人一直研究买币卖币的事情,直到2021年2月,程某某说他在江西有团队可以帮忙买币,于是二人一起去了江西,在江西认识了王某某。程某某和王某某说只要多找一些银行卡来,就有钱可以大量买币。王某某说他可以找很多卡,大家商定一起合作。春节过后,蔡某某又去江西与程某某会合,程某某已经找了一个据说是福建的上家,几个人组建了一个聊天群。平时,上家会在群里找程某某要银行卡号,然后转钱至这些银行卡内,程某某再把钱通过POS机或者网银,转好几手后,再转到王某某的银行卡,让王某某用这些钱去买比特币和泰达币,再把买好的币转到上家指定的地址账户上,这样就完成了一整套买币洗钱的流程。整个团队从上家处获取4%的报酬,扣除团队日常生活开销、POS机的手续费、承担被冻结资金损失,以及王某某买卡的费用,剩下的钱由程某某、蔡某某和王某某三人平分,正常来讲每个人可以分到千分之五左右。

证人庞某某陈述称,其在上海JX材料有限公司任职出纳,2021年4月7日中午,其收到老板发来的邮件,内容是法人授权委托书,让其去银行对账,并加QQ群讨论细节,群里有四人,分别是老板、老板儿子、庞某某和另一个人。老板在群里让庞某某下周去对账,先把货款汇出。庞某某于是按照要求告知财务,让财务转账45万元货款。因为转完钱要签付款单,庞某某就去找了老板儿子,但老板儿子否认上述情况,庞某某意识到自己被骗了。

被害人余某陈述称,2021年4月12日中午,有一个陌生人添加其微信,并把他拉进一个微信群,说可以在手机上刷单赚取佣金。该陌生人随后发了一个链接让余某在上面购买衣服进行刷单,同时发了一个银行卡号,余某随即用网银支付105元购买了衣服,不久对方将本金归还给余某,又支付了8.5元佣金。接着对方又发了一个链接让余某刷第二单,这次是一条标价1790元的银项链。余某某通过网银付款后对方一直没有退钱,并称需要一次性刷四单才能退钱。余某又按照要求刷了一件标价1599元的衣服、一套标价4500元的桌椅、一条标价15 000元的宝石项链。但对方说余某结算失败需要重新刷两单宝石项链,余某随即意识到被骗了。

本案审查起诉阶段,被告人程某某自愿认罪认罚,并在律师的见证下签署了《认罪认罚具结书》。

案件审理过程中,被告人邹某主动退出违法所得2.6万元。

三、量刑情节

(1)被告人程某某到案后如实供述自己的罪行,系坦白,可以从轻处罚。

(2)被告人程某某自愿认罪认罚,可以依法从宽处理。

四、证据认定

本案中,公诉机关提交了相应证据,法院审理后作出如下认定:

(1)被害人余某、张某兰的陈述,证人庞某某的证言等,证实被害人及被害单位于2021年4月被诈骗并将款项转至特定银行卡的事实。

(2)证人张某师、张某帆等人的证言,证实被告人陈某某以养卡为由向其等人收集信用卡的情况。

(3)证人胡某某的证言及辨认笔录,证实被告人程某某、陈某某、邹某等人使用POS机刷信用卡的情况。

(4)上海市公安局奉贤分局调取的视频监控资料等,证实陈某某使用胡某、肖某、刘某某、张某娇等人信用卡的情况。

(5)上海市公安局奉贤分局的扣押笔录、扣押决定书、扣押清单,调取的微信转账记录等,证实各被告人使用的银行卡、POS机及分配好处费的情况。

(6)上海市公安局奉贤分局调取的中国建设银行、招商银行、中信银行等各银行交易明细,证实被害人庞某某、余某波被骗资金流转情况以及各被告人银行卡内资金转账情况。

(7)上海市公安局奉贤分局调取的同案关系人蔡某某供述,证实程某某与他人联络后提供信用卡供他人使用并通过买卖虚拟货币收取好处费的情况。

(8)上海市公安局奉贤分局出具的受案登记表、案发经过等,证实本案案发及各被告人的到案过程。

（9）上海市公安局奉贤分局出具的户籍资料，证实各被告人的犯罪主体身份情况。

（10）被告人程某某、陈某某、邹某供述及辨认笔录，证实各被告人对犯罪事实供认不讳。

上述证据收集程序合法，内容客观真实，足以认定指控的事实。

五、争议焦点

本案被告人程某某对指控的犯罪事实及定性均无异议，并自愿认罪认罚，该案事实清楚，控辩双方没有明显争议。

六、辩护意见

（1）被告人程某某被抓获到案，到案后如实供述了全部犯罪行为，是坦白，依据《刑法》第67条第3款之规定，可以从轻处罚。

（2）被告人程某某于审查起诉阶段签署了具结书，依据《刑事诉讼法》第15条之规定，可以依法从宽处理。在本案庭审过程中，被告人程某某态度良好、认罪悔罪明显，可对其从轻处罚。

（3）被告人程某某此前一贯表现良好，没有任何违法犯罪前科，此次犯罪系初犯、偶犯，可改造程度高。

（4）被告人程某某因本案的获利较小，其于案发后一直委托律师与家属沟通争取全额退缴违法所得，无奈其家庭经济状况堪忧，程某某是家里的唯一经济来源，父母年迈，妻子独立照顾孩子没有工作，家庭缺乏收入来源，故而未能退缴违法所得，但被告人程某某表示回归社会后积极退缴违法所得及缴纳罚金，尽快弥补自己罪行给被害人带来的经济损失，希望法庭能看在其家庭特殊情况下对其从轻处罚。

七、法院判决

法院认为，被告人程某某、陈某某、邹某为牟取非法利益，明知他人利用信息网络实施犯罪而提供帮助，情节严重，其行为已触犯刑律，构成帮助信息网络犯罪活动罪，且属共同犯罪。公诉机关指控的罪名成立。被告人邹某有自首情节，被告人程某某、陈某某到案后能如实供述自己的罪行，依法均可以从轻处罚。三名被告人能自愿认罪认罚，均可以依法从宽处理。审理中，被告人邹某退出违法所得人民币二万六千元，可以酌情从轻处罚。综上，公诉机关提出的量刑建议适当，本院予以采纳。依照《中华人民共和国刑法》第二百八十七条之二、第二十五条第一款、第六十七条第一款和第三款、第五十二条、第五十三条、第六十四条及《中华人民共和国刑事诉讼法》第十五条之规定，判决如下：

一、被告人程某某犯帮助信息网络犯罪活动罪，判处有期徒刑一年四个月，并处罚金人民币五千元。

二、被告人陈某某犯帮助信息网络犯罪活动罪，判处有期徒刑一年一个月，并处罚金人民币三千元。

三、被告人邹某犯帮助信息网络犯罪活动罪，判处有期徒刑八个月，并处罚金人民币三千元。

四、在案款违法所得人民币二万六千发还被害人，不足部分继续予以追缴并发还被害人。

五、随案移送的作案工具 POS 机、银行卡等予以没收。

八、律师感悟

本案与其他利用银行卡进行支付结算帮助有所不同，又增加了一个买入虚拟币，将虚拟币转移交付的环节，使得资金链条的追溯更加困难，可见犯罪分子在国家严厉打击下不断更新资金转移手段，加大了破案挽损工作的难度。

从本案的上游犯罪行为以及赃款流转过程来看，诈骗犯罪分子通过各种形式的诈骗行为骗得被害人或被害单位的款项，利用搜罗的大量银行卡完成收款后，立即将资金转移至二级账户，这些二级账户大多由程某某等人控制使用，程某某等人再将收到的款项通过 POS 机刷取到新的卡内或转入王某某提供的银行卡，甚至再经过多层转移后将卡内资金统一购入虚拟货币，最终将虚拟货币转移至诈骗分子手中，仅通过程某某等人转移赃款就达到千万，而且时间跨度不大，试想诈骗行为的危害有多大，这些赃款背后是多少个受害人。

程某某等人为了牟利从事本案行为，客观上给诈骗犯罪分子提供了资金支付结算的帮助，使得涉案赃款得以快速转移，主观上或明知或应知他人利用信息网络实施犯罪行为而提供帮助，符合帮助信息网络犯罪活动罪的构成要件，以此追究其刑事责任于法有据。

程某某虽无自首情节，但到案后如实供述，系坦白，可以从轻处罚；于审查起诉阶段认罪认罚并签署具结书，可依法从宽处理，这些均是法定可从轻处罚的情节。在酌定从轻处罚情节方面，程某某未能争取到，主要是由于家庭情况十分特殊，家属无力帮助退缴违法所得，如将违法所得5万余元全数退缴，其判决结果定能有所从轻。身为辩护人，笔者在提供退缴违法所得的建议后，了解到程某某家属的实际情况，尊重其决定，并努力向法庭阐述其家庭的困难，以及程某某的认罪悔罪态度，希望法庭能对其从轻处罚。程某某在羁押期间，对于自己的犯罪行为十分后悔，也深知家庭的实际困难，身陷囹圄无法分担家庭重担，妻儿老小举步维艰，经过这次教训后他会踏实努力、通过自己的合法收入好好经营自己的家庭，也履行法院判决的退缴义务。

案例10 顾某注册"拼多多"店铺以虚假交易方式"刷单"帮信案[*]

一、公诉机关指控

2019年12月至2020年3月底,被告人裘某明知他人利用信息网络实施违法犯罪,为获利仍纠集被告人闫某、于某某、顾某、孙某四人向不特定银行卡汇出资金,再通过"拼多多"店铺以虚假交易的方式回笼资金为违法平台结算资金,根据资金量从中赚取每日1.6%的高额好处费。具体行为如下:被告人裘某指使闫某、于某某、顾某、孙某先以本人或亲友的名义注册公司,将注册公司的材料、银行卡交由被告人裘某在"拼多多"网站上每人注册30~50家店铺,并关联各被告人银行卡。裘某每日在QQ群内发布一个不固定的银行收款账号,四名被告人以垫资的方式向收款账号内预付几万元至几十万元不等的"押金"。在裘某确认收款后,四名被告人各自的店铺当日收到以交易订单名义入账的资金,累计金额与各自预付的"押金"金额相当。四名被告人再登录"拼多多"店铺点击"提现"将上述资金收回,至此完成一天的资金走账。裘某根据每人每天的资金走账量,以约1.6%的比例向四名被告人支付提成费用并按日结算。

上述四名被告人注册的"拼多多"店铺均无实际经营活动。经审计,被告人闫某以本人及李某某(另案处理)名义成立川雄等64家店铺,结算资金达716万余元;被告人于某某以本人名义成立智拓等37家店铺,结算资金达568万余元;被告人顾某成立蝶陌等42家店铺,结算资金达282万余元;被告人孙某以本人名义成立纳沃等19家店铺,结算资金达194万余元。

---

[*] (2020)沪0112刑初1998号案。

2020年5月22日,被告人孙某、顾某、于某某先后被公安机关抓获归案;同年7月22日,被告人裘某、闫某至公安机关投案,上述五名被告人到案后对上述主要事实均供认不讳。

2020年8月,被告人于某某退缴违法所得5万元。

二、案情拓展

被告人顾某供述称,2019年11月的一天,其与闫某、于某某、孙某一起吃饭,公司的房东说有个叫裘某的租客有一个项目,让每个人注册公司然后申请"拼多多"商铺用来走账,每走账1万元分成160元。顾某等人听说后觉得这个钱挺好赚的,利润比放高利贷还高,所以当场就答应了。第二天,顾某等人和裘某碰头,裘某说这个生意就是和赌博平台对接,帮赌客充值走账,需要每人准备10万元,每天会有1600元的收益。他会帮顾某等人每人开设一个"拼多多"店铺,需要收取150元,另外"拼多多"还要支付1000元的押金。顾某等人担心这个本金不能保证安全,裘某就说如果钱有损失,由他来赔偿,顾某等人便答应了。之后,顾某等人按照裘某的要求注册了公司,把银行卡及身份证交给裘某注册"拼多多"店铺。顾某总共申请了33家店铺,但他并不管理店铺,只是等裘某通知何时打款走账。裘某将顾某几人拉到一个QQ群,他会在群里发银行卡信息,顾某等人看到后就开始打钱。顾某第一天打了5万元押金,其账户走账6万元,当天顾某又再补了1万元。裘某通过银行卡转账向顾某支付了当天的盈利960元。顾某一共有33个店铺,每个商铺一天只能提现5000元,所以其每天平均打15万元押金,一直做到案发。

证人孙某某陈述称,2019年7月,其在送外卖的时候,有同事向其介绍了一个赌博网站,并且发送了一个二维码。孙某某扫码安装了一个叫作"万利游戏2"的App,并用手机注册后登录了该App,开始在网站上赌博。充值的时候就点击"充值"按键,会直接跳转到支付宝或者微信的付款界面,然后进入"拼多多"代付,但孙某某从来没有在"拼多多"上购物,手机中的"拼多多"转账流水均是用于赌博网站的充值。

本案审查起诉阶段,被告人顾某自愿认罪认罚,并在律师的见证下签署了《认罪认罚具结书》。

案件审理过程中，被告人裘某、闫某的亲属分别代为退缴 5 万元、4.5 万元。

三、量刑情节

（1）被告人顾某在共同犯罪中起次要作用，系从犯，依法应当减轻处罚。

（2）被告人顾某到案后如实供述自己的主要罪行，系坦白，可以从轻处罚。

（3）被告人顾某自愿认罪认罚，可以依法从宽处理。

四、证据认定

本案中，公诉机关提交了相应证据，法院审理后作出如下认定：

（1）证人沈某的证言，证实其所在公司运营的"拼多多"电商平台发现有多个账户交易异常，有人利用店铺进行非法资金结算的事实。

（2）证人孙某某、王某的证言，证实其二人在"万利游戏2"App 赌博平台进行充值时，平台自动链接到"拼多多"店铺进行代付充值。

（3）证人李某某的证言及辨认笔录，证实2019年12月至2020年3月，被告人闫某借用其名义注册"拼多多"店铺进行资金走账的事实。

（4）上海市公安局闵行分局出具的《办案说明》《抓获经过》，证实本案案发及五名被告人先后到案经过。

（5）上海市公安局闵行分局出具的《扣押清单》，证实公安机关从各被告人处扣押手机、银行卡、笔记本电脑的情况。

（6）江苏省连云港市赣榆区人民法院的《刑事判决书》，证实被告人闫某的前科情况。

（7）上海沪港金茂会计师事务所有限公司出具的《审计报告》，证实各被告人名下"拼多多"店铺的具体情况及资金结算数额。

（8）被告人裘某、闫某、于某某、顾某、孙某的供述相互印证，证实被告人裘某纠集被告人闫某等四人，注册大量"拼多多"店铺，每日向不特定银行卡汇出资金，再通过店铺虚假交易的方式回笼资金，从中收取高额好处费的事实。

上述证据收集程序合法，内容客观真实，足以认定指控事实。

五、争议焦点

本案被告人顾某对指控的犯罪事实及定性均无异议，并自愿认罪认罚，该案事实清楚，控辩双方没有明显争议。

六、辩护意见

（1）本案系共同犯罪，在共同犯罪中，被告人顾某仅是听从被告人裘某的安排，起次要作用或者辅助作用，是从犯，依据《刑法》第27条之规定，应当减轻处罚。

（2）被告人顾某被抓获到案，到案后如实供述了全部犯罪行为，是坦白，依据《刑法》第67条第3款之规定，可以从轻处罚。

（3）被告人顾某到案后即表示愿意认罪认罚，并于审查起诉阶段签署了具结书，依据《刑事诉讼法》第15条之规定，可以依法从宽处理。在本案庭审过程中，被告人顾某态度良好、认罪悔罪明显，可对其从轻处罚。

（4）被告人顾某此前一贯表现良好，没有任何违法犯罪前科，此次犯罪系初犯、偶犯，经过本案的羁押其已经深刻地认识到犯罪行为的后果，并积极悔罪，今后定能杜绝违法犯罪行为的发生，可酌情对其从轻处罚。

（5）被告人顾某因本案的获利较小，现确因经济困难无法退缴，但其表示回归社会后积极筹措资金将违法所得全额退缴，并履行罚金的缴纳义务。

七、法院判决

法院认为，公诉机关指控被告人裘某、闫某、于某某、顾某、孙某犯帮助信息网络犯罪活动罪的事实清楚，证据确实、充分，指控罪名成立，量刑建议适当，应予采纳。辩护人分别提出被告人裘某、闫某、于某某、顾某、孙某认罪认罚，被告人闫某、于某某、顾某、孙某系从犯，被告人裘某、闫某具有自首情节，被告人于某某、顾某、孙某均属坦白及被告人裘某、闫某、于某某主动退缴违法所得等,请求对被告人从宽处理的辩护意见,本院予以采纳。据此,本院依照《中华人民共和国刑法》第二百八十七条之二第一款、第二十五条第一款、第二十六条第一款和第四款、第二十七条、第六十七条第一款和第三款、第七十二条第一款和第三款、第七十三条第二款和第三款、第五十二条、第五十三条、第六十四条及《中华人民共和国刑事诉讼法》第十五条之规定,判决如下:

一、被告人裘某犯帮助信息网络犯罪活动罪,判处有期徒刑十一个月,并处罚金人民币一万五千元。

二、被告人闫某犯帮助信息网络犯罪活动罪,判处有期徒刑七个月,并处罚金人民币一万元。

三、被告人于某某犯帮助信息网络犯罪活动罪,判处有期徒刑八个月,缓刑一年,并处罚金人民币一万元。

四、被告人顾某犯帮助信息网络犯罪活动罪,判处有期徒刑七个月,并处罚金人民币八千元。

五、被告人孙某犯帮助信息网络犯罪活动罪,判处有期徒刑六个月,并处罚金人民币八千元。

六、退缴在案的人民币十六万五千元予以没收;继续追缴被告人顾某、孙某的违法所得。

八、律师感悟

本案各被告人通过电商平台"刷单"的形式,将收取的资金充值到赌博平台上供参赌人员下注使用,其行为实际上是为赌博平台进行资金结算,属于典型的帮助信息网络犯罪活动行为。参赌人员通过下载赌博平台 App,在平台上扫码充值赌资,但并不是直接由平台收取,而是通过微信或支付宝付款的方式,跳转到购物商城,在商城进行虚拟下单,支付一定的金额款项,该款项进入顾某等人的账户中,顾某等人再根据指示将收取的款项转移支付至指定的银行卡中,相应金额的资金便出现在赌博平台上赌客的账号中,顾某等人再获得收取款项 1.6% 的佣金报酬,用顾某等人的话说这比高利贷的利润还高,每笔资金的占用时间仅一天,每天都在循环使用,带来的利润是相当可观的。正是有了贪婪的想法，顾某等人听到裘某介绍该模式时便同意加入，未曾想将面临身陷囹圄的后果，五人之中仅有于某某因患有严重的疾病不适宜羁押而未失去自由，他们均懊悔不已，吸取教训，决心遵纪守法。

  网络赌博作为帮助信息网络犯罪活动罪上游犯罪的形式之一，具有严重的社会危害性，一直受到国家的严厉打击，打击其资金流转链条便是重中之重。本案即是一次非常成功的打击为网络赌博犯罪提供资金结算帮助的案件，将赌博犯罪分子的狡猾暴露无遗，他们的手段可谓无孔不入，但终究逃脱不了法律的制裁。在此也提醒读者君子爱财，取之有道，对于本案这种"刷单"牟利的行为应提高警惕，更不能主动为之。

案例 11　王某甲使用"拼多多"店铺"刷单"帮信案[*]

一、公诉机关指控

2019年11月至2020年2月，被告人王某甲指使周某某（另案处理）购买30余家"拼多多"店铺进行"刷单"，并让周某某将店铺钱款经店铺绑定的平安银行卡转至由申某乙、申某丙（均另案处理）及被告人申某甲、张某等提供的多个银行账户。待上述钱款直接或经周转进入上述几人账户后，王某甲随即指示上述人员将钱款转至上家提供的银行账户。

2020年1—2月，黄某某、李某某、魏某在网络赌博App上多次充值，充值钱款自动生成"拼多多"订单记录，其中部分订单对应周某某"RD潮品"（化名）店铺。周某某名下使用的"拼多多"店铺及平安银行卡被用于为网络赌博平台收取赌资并转账。

经查，周某某上述平安银行卡向王某甲提供的账户转账共计3500余万元。其中，50万元经周转后进入张某尾号为0454的浦发银行账户；约20万元经周转后进入申某甲尾号为2484的浦发银行账户，申某甲该账户支付结算金额共计200余万元。

2020年12月22日，被告人王某甲、申某甲、张某被公安机关抓获。

二、案情拓展

2020年6月，"拼多多"平台运营公司向公安机关提供线索称，公司员工在工作中发现有人利用公司的电商平台为赌博平台提供支付结算服务，涉

[*] （2021）沪0105刑初424号案。

及十余家该平台商铺。公安机关于同年6月12日立案侦查。

被告人王某甲到案后供述称，2019年12月左右，其看到某QQ好友在空间发消息说有一个赚钱的项目，因为当时自己没有收入，就联系对方说想参与。对方称项目内容就是在"拼多多"上面"刷单"，具体的"刷单"方式是：对方帮王某甲申请"拼多多"平台的店铺，王某甲需要支付每个店铺1000元的保证金。对方在店铺中挂上各种商品，将购物款转账到王某甲的支付宝，王某甲再按照对方的指示购买一定数量的某件商品，支付货款后第二天，王某甲申请退款，对方再把货款提现转给王某甲，并让王某甲把钱转到对方提供的银行账户，这样就完成一个"刷单"。之后对方就让王某甲独立操作，留意店铺后台信息，只要有其他单子刷出来，店铺账户里有钱，王某甲就可以自己操作购买商品然后退款，将店铺账户里的款项转到自己账户，再转到对方指定账户。后面对方一直指挥王某甲"刷单"，因为对方说尽量不要把钱集中在一张卡上转入转出，要分散开，这样账户就不容易被冻结，所以王某甲让王某乙、申某乙、申某丙、张某提供他们的账户帮其转账。王某甲会把钱转到王某乙、申某乙、申某丙的银行卡上，再让他们把钱转到指定账户；王某甲还让张某提供过一张银行卡用于"刷单"走账，王某甲先把申某丙、吴某某、王某乙卡上的钱转到张某卡上，再让张某将钱转到王某甲的支付宝上，王某甲再根据QQ好友的指示，将钱转到对方指定的账户。事后王某甲不记得王某乙等四人帮其走了多少流水。其在QQ好友的指示下"刷单"走账三四百万元流水，对方按照千分之二的比例给王某甲提成。此外，王某甲还让申某丙用他的身份证帮他注册过两个店铺刷单走账，后来这两个店铺没怎么使用，于是王某甲又让申某丙注销了。王某甲和申某甲也一起合作"刷单"，2020年2月左右，王某甲向申某甲说了"刷单"的方式，两人一起操作，申某甲投入了约50万元本金。没多久，二人的店铺就被"拼多多"封了。

被告人申某甲到案后供述称，2019年11月左右，王某乙告诉其一个赚钱的方法，说用自己的身份信息注册"拼多多"店铺，然后每在店铺内购买价值1万元的商品，就能返现70~80元。申某甲同意后，就按照王某乙的要求开设了一家"拼多多"店铺，然后出资两三万元本金，将店铺交给王某乙打理"刷单"。两人约定流水每到1万元，王某乙就给申某甲提成70～80元。没多久，申某甲注册的"拼多多"店铺就被封了，资金也被冻结。申某甲觉得应该是做了违法的事情，就干脆不做了。2020年2月左右，王某甲也找申某甲做"刷单"的事情，说他那边不会被冻结，申某甲法律意识淡薄，同时为了赚钱，就同意跟他合作。王某甲说不用申某甲操作，钱直接给他，他来操作，每完成一笔他会按照每1万元提成70～80元向申某甲支付佣金。其间，申某甲也提供了2张自己的银行卡给王某甲用来转账，一般都是王某甲控制的几个账户转款到申某甲的卡上，这些账户有王某甲自己的，也有其他人的。钱转到申某甲的卡上后，申某甲再转到王某甲的银行卡或者支付宝上。申某甲参与上述"刷单"转账的流水大概是200万元，共获利约1万元。

被告人张某到案后供述称，2019年10月，王某乙利用张某的身份证在"拼多多"平台上注册开设了2家店铺，还绑定了其浦发银行的银行卡。店铺都是由王某乙管理，他就让张某留意店铺资金，如果有浦发银行卡上的资金进来，他就指挥张某将钱转给别人。这样持续一个月左右，其间张某意识到王某乙是利用其身份信息注册店铺进行虚构订单制造流水"刷单"，但因为王某乙向其按照每1万元流水提成20元支付好处费，所以张某就一直帮他操作，直到2020年春节前结束。王某乙用张某的银行卡"刷单"流水有100多万元。除了帮王某乙转账外，张某还帮王某甲用支付宝转过账。张某还将自己的浦发银行卡借给王某甲用来转账，再按照王某甲的指示将钱汇到他指定的账户。对于王某甲和王某乙的"刷单"走账，张某也投资过2万元，这笔钱是直接转到申某甲的银行账户中，作为店铺"刷单"的垫资。张某没有计算过一共获利多少，也记不清楚，其投资的2万元最后也被平台冻结了。

三、量刑情节

（1）被告人王某甲到案后如实供述自己的罪行，系坦白，可以从轻处罚。

（2）本案系共同犯罪，被告人王某甲在共同犯罪中起主要作用，系主犯。

（3）被告人王某甲自愿认罪认罚，可以依法从宽处理。

四、证据认定

（1）证人黄某某、李某某、魏某的证言、赌博 App 充值订单截图、调取证据通知书、"拼多多"平台运营公司提供的周某某"拼多多"店铺相关信息、东莞市某速递服务有限公司查询结果等证据，证实周某某"拼多多"店铺订单均系虚假订单，订单中可见几名赌客网络赌博充值记录。

（2）电子数据检查笔录、电子数据提取固定清单、周某某与王某甲 QQ 聊天记录、证人周某某的证言等，证实 2019 年 11 月至 2020 年 2 月，被告人王某甲指示周某某购买"拼多多"店铺进行"刷单"并转账的过程。

（3）证人申某乙、申某丙、王某乙、吴某某等人的证言以及被告人王某甲、申某甲、张某的供述等证据，证实被告人申某甲、张某等人在王某甲指示下提供银行卡并转账的事实。

（4）周某某平安银行流水明细、张某和申某甲浦发银行流水明细等，证实周某某向王某甲提供的多个银行账户转账共计 3500 余万元，其中部分钱款进入张某、申某甲浦发银行账户。

（5）扣押决定书、扣押笔录、扣押清单等证据，证实公安机关扣押各被告人手机情况。

（6）案发经过表格、抓获情况说明、被告人基本信息资料、十指指纹信息卡等证据，证实三名被告人到案情况及身份情况。

上述证据收集程序合法，内容客观真实，足以认定指控事实。

五、争议焦点

本案各被告人对指控的犯罪事实及定性均无异议，并自愿认罪认罚，该案事实清楚，控辩双方没有明显争议。

六、辩护意见

（1）被告人王某甲到案以后没有隐瞒真相，均如实供述自己的罪行，以及其他同案人员的犯罪行为，系坦白，依据《刑法》第 67 条第 3 款规定，可以从轻处罚。

(2) 被告人王某甲系初犯、偶犯，他本人没有任何前科劣迹，一直是合格守法的好公民，此次犯罪是由于法律意识淡薄，出于一时的贪念，其本人已经在羁押期间深刻反思，充分认识到自己行为的危害性，真诚悔过，并表示以后一定会遵守法律法规，不再做任何危害社会和人民的行为，希望法庭能念其过往表现以及本次深刻认识对其酌情从轻处罚。

(3) 被告人王某甲在审查起诉阶段自愿认罪认罚，并签署具结书，依据《刑事诉讼法》第15条之规定，可以依法从宽处理。

综上，恳请法庭考虑本案的具体情况及其本人的一贯表现，给其改过自新的机会，依法对其从轻处罚。

七、法院判决

法院认为，被告人王某甲伙同被告人申某甲、张某等人，明知他人可能实施信息网络犯罪，仍为其犯罪提供支付结算帮助，情节严重，其行为均已构成帮助信息网络犯罪活动罪，依法应予惩处。公诉机关的指控，事实清楚，定性正确。本案系共同犯罪。被告人王某甲在共同犯罪中起主要作用，系主犯。被告人申某甲、张某在共同犯罪中起次要作用，系从犯，依法予以从轻处罚。被告人王某甲、申某甲、张某到案后均如实供述自己的罪行，依法予以从轻处罚。被告人王某甲、申某甲、张某均认罪认罚，依法从宽处理。辩护人与此相关的辩护意见，法院予以采纳。为维护社会管理秩序，依照《中华人民共和国刑法》第二百八十七条之二第一款、第二十五条第一款、第二十六条第一款及第四款、第二十七条、第六十七条第三款、第五十二条、第五十三条，《中华人民共和国刑事诉讼法》第十五条之规定，判决如下：

一、被告人王某甲犯帮助信息网络犯罪活动罪，判处有期徒刑二年三个月，并处罚金人民币十万元。

二、被告人申某甲犯帮助信息网络犯罪活动罪，判处有期徒刑一年，并处罚金人民币二万元。

三、被告人张某犯帮助信息网络犯罪活动罪，判处有期徒刑一年，并处罚金人民币二万元。

八、律师感悟

从帮信罪的犯罪主体来看，大部分都是现在熟悉网络的年轻人。这些年轻人对未来充满好奇，金钱对他们充满诱惑，他们对于法律知识的了解，以及对犯罪行为产生的后果却所知甚少。正是基于这些特性，上游各种利用信息网络实施犯罪的犯罪分子才会利用这些法律意识淡薄的年轻人，许以小利，就能让涉世未深的年轻人甘愿提供自己的各类私人账户为犯罪分子转移非法资金，而大多数年轻人可能并不知晓这个过程其实已经触犯了法律的规定，即使少数年轻人已知此行为是犯罪，也可能抱着侥幸心理妄图逃脱法律制裁。

本案被告人王某甲偶然了解到"拼多多"刷单赚钱技巧，并在明知是犯罪的情况下，拉拢亲友共同犯罪，通过亲友的多张银行卡帮助转账。而王某甲的几名亲友则同样出于赚快钱的目的，又缺乏法律底线意识，爽快提供银行卡、支付宝账户，甚至主动投资，将为上游犯罪提供支付结算帮助的违法犯罪行为视作一门赚钱的营生，可见社会大众应该对帮助信息网络犯罪活动罪所涉及的具体犯罪行为提高认识。笔者认为当下对年轻人的普法教育刻不容缓，年轻人更应该树立正确的价值观、金钱观，清楚认识各类社会规范的指引，把握自己的人生方向，穷且益坚，不坠青云之志。

回到本案，被告人王某甲在"刷单"获利后，发展下家将自己的"刷单"方法传播下去，被告人申某甲、张某为其提供银行卡、支付宝账户等支付结算工具，帮助实施转账行为，三人犯罪事实清楚，证据确实、充分。好在被告人到案后对事实如实供述并自愿认罪认罚，认罪态度较好且有悔罪表现，积极配合公安机关后续侦办案件，王某作为共同犯罪中的主犯，也取得了适当的从轻处罚。应当指出，从判决的结果来看，如果各被告人能在案件审理过程中退缴违法所得，则还能得到进一步从轻处罚，本案中被告人王某甲有此打算，但家庭状况堪忧，无法帮助其退缴该部分款项。希望通过此次教训，几名被告人及涉案人员可以认识到自己的错误，严格自我约束。

笔者作为法律工作者，也希望更多不懂法的人，可以了解到帮助信息网络犯罪活动罪的危害性，避免因"法律意识淡薄"而招致法律的惩处。

【类案摘录】

案例12　范某某提供银行卡走账帮信案[*]

被告人吕某某经他人介绍搭识上家"ns"（具体身份不明），明知其在实施网络违法犯罪活动的情况下，仍同意为其联系信用卡持卡人，提供转账帮助。2022年10月起，吕某某、吴某某结伙，先后招揽被告人邱某某、夏某某、桂某某、王某某、范某某等人，由邱某某、夏某某、桂某某、王某某、范某某提供成套信用卡，经验卡通过后，吕某某、吴某某通过"telegram"通信软件与上家联系，在聊天群组内提交收款卡信息并根据上家指令将转入的资金操作转出。吕某某、吴某某等人与上家约定，"跑分"人员可按照转账金额的万分之五收取好处费，供卡人可按照转账金额的千分之二或千分之三收取好处费。

经查，截至案发，涉案信用卡中交易流水共计3亿余元，其中，被告人吴某某提供5张银行卡，交易流水共计9200余万元；被告人邱某某提供4张银行卡，交易流水共计3900余万元；被告人夏某某提供2张银行卡，交易流水共计2500余万元；被告人桂某某提供2张银行卡，交易流水共计3400余万元；被告人王某某提供2张银行卡，交易流水共计4800余万元；被告人范某某提供3张银行卡，交易流水共计660余万元；各被告人违法所得均已达万元。另查明，汪某、龙某某、马某某、赵某某、邵某某等人分别通过"6686""大发国际"等网络赌博平台，向涉案信用卡转账数百元至数千元不等的赌资。

2023年4月26日，公安机关经侦查抓获七名被告人，七名被告人到案后均如实供述了上述主要犯罪事实。审理过程中，被告人邱某某、夏某某、

[*]（2024）沪0114刑初22号案。

王某某、范某某分别向法院退出违法所得4万元、2.5万元、3万元、1.98万元。

　　法院认为，公诉机关指控被告人吕某某、吴某某、邱某某、夏某某、桂某某、王某某、范某某明知他人利用信息网络实施犯罪，仍提供帮助，情节严重，其行为已触犯刑律，构成帮助信息网络犯罪活动罪的事实清楚，证据确实、充分，所控罪名成立。本案系共同犯罪。控辩双方关于七名被告人到案后如实供述自己的罪行，可以从轻处罚；自愿认罪认罚，可以从宽处理的意见，均合法有据，法院予以支持。综合本案事实、情节、部分被告人有前科劣迹以及退赃情况等，法院在量刑时一并予以体现。据此，依照《中华人民共和国刑法》第287条之二第1款、第25条第1款、第67条第3款、第52条、第53条、第64条、《中华人民共和国刑事诉讼法》第15条及《最高人民法院、最高人民检察院关于办理非法利用信息网络、帮助信息网络犯罪活动等刑事案件适用法律若干问题的解释》第12条第1款之规定，判决被告人范某某犯帮助信息网络犯罪活动罪，判处有期徒刑十个月，并处罚金1万元。

第四章

提供广告推广帮助类帮信典型案例解析

互联网时代的今天,网络上充斥着庞大且丰富的信息,各种商品或服务都包含其中。生活中,当人们有某种商品或服务的需求时,在手机或电脑上动动手指进行搜索,便能看到各种选择。商品经济与网络结合之后,广告推广便开始大显身手,也使得更多的商品或服务拓宽了销路,吸引了更多的顾客。同样,作为犯罪分子,也有逐利的目标追求,以诈骗分子为例,如何找寻更多的被害人上钩便是亟须解决的问题,他们便将目光投向了广告推广方式上,即我们通常所说的"引流"。诈骗分子招募大量"引流"人员,让他们帮助打电话、加微信、拉QQ群等,诱骗被害人落入诈骗分子的圈套,"引流"人员为诈骗分子提供的即是广告推广帮助。

本章收录了1个真实案例:

案例13,覃某等人明知他人利用微信群实施诈骗犯罪,为牟利冒充证券公司客服人员拨打电话对诈骗分子的"股友交流群"进行广告推广,为诈骗分子的犯罪行为提供了帮助。

案例13　覃某冒充证券公司客服引流帮信案[*]

一、公诉机关指控

2020年7月至2021年2月，被告人覃某明知他人利用微信群实施犯罪，而经他人组织，冒充不同证券公司的客服通过拨打电话的方式对所谓"股友交流群"进行广告推广，邀请不特定人员进入上述微信群，并以成功邀请人数获取报酬。2020年12月，被告人覃某冒充HT证券客服以上述方式将被害人荣某某介绍进入相关"股票推广"群，致被害人荣某某被群内人员骗走263万元。

2021年2月25日，被告人覃某被公安机关抓获，公安人员缴获其犯罪手机2部。

二、案情拓展

2021年1月21日，被害人荣某某至上海市公安局浦东分局辖区某派出所报案称，2020年12月24日，有陌生人添加其微信，自称是HT证券的客服，邀请他加入股票交流群。荣某某加入后，看到群内一开始推荐的股票，觉得有点道理，后来交流群中的讲师带着群友在某网页上进行所谓的数字货币投资操作，说是短期能获得很大的盈利。荣某某相信后在网站上注册了账户，根据对方提示操作。2021年1月18—20日，荣某某一共陆续转账263万元，账户显示盈利共有600余万元。2021年1月20日，账户无法提现，荣某某发觉自己被骗。

公安机关接到荣某某报案后，经研判予以立案侦查。同年2月25日，被

---

[*]（2021）沪0115刑初2993号案。

告人覃某被抓获到案。

被告人覃某到案后供述称，2020年7月底，其经朋友介绍找了一份邀请陌生人进炒股群的工作，其上家提供了几十个陌生联系号码和对应的证券公司名称，以及一串话术用于邀请这些人加入上家指定的炒股群。邀请成功后上家就会支付提成，并让其退出炒股群。覃某从7月底开始做这份邀人进炒股群的工作，直至被公安机关抓获。开始做这份工作后，覃某时不时会在这些炒股微信群中看到有一些成员发"不要信这个群""这个群是骗人的"，以及"某某通过客服电话进入股票交易群，通过加上助理微信分析股票，然后被骗十几万"等诸如此类的文字，可是一旦有人在群里发这些内容后，就会有其他群成员刷屏，然后发上述文字的成员会被踢出群。覃某觉得那些被踢的人说的话是真的，所谓的炒股群就是骗人的。覃某起初也害怕被骗子利用，就找到上家核实这些群到底是不是真的在骗人。上家称只是在帮各家证券公司做推广，提高这些证券公司的知名度，其他的与他们没有任何关系。于是覃某就没再多想继续做了。从2020年7月底起，覃某一共邀请了300多人加入炒股群，共收到工资1.8万余元。

案件审理过程中，被告人覃某在家属的帮助下退缴违法所得18 267元。

三、量刑情节

（1）被告人覃某到案后如实供述自己的罪行，系坦白，可从轻处罚。

（2）案件审理过程中，被告人覃某由家属帮助退缴违法所得，可酌情从轻处罚。

四、证据认定

本案中，公诉机关提交了相应证据，法院审理后作出如下认定：

被害人荣某某的陈述笔录及其提供的微信聊天记录、微信账户信息及银行转账记录，公安机关调取、出具的相关银行交易明细单、《扣押决定书》《扣押清单》《扣押笔录》、相关微信账户信息、微信聊天信息、微信转账记录、相关话术单图片、《案发及抓获经过》、户籍信息及被告人覃某的供述笔录等证据证实，足以认定指控事实。

上述证据收集程序合法，内容客观真实，足以认定指控事实。

五、争议焦点

本案被告人覃某对指控的犯罪事实及定性均无异议，该案事实清楚，控辩双方没有明显争议。

六、辩护意见

被告人和辩护人对公诉机关指控被告人覃某帮助信息网络犯罪活动罪事实及罪名无异议，仅为其作罪轻辩护，其存在如下可从轻处罚的量刑情节：

（1）被告人覃某到案后，能如实供述自己的犯罪事实，系坦白，依据《刑法》第67条第3款之规定，可以从轻处罚。

（2）被告人覃某系初犯，此前无任何违法犯罪前科，可改造程度高，可酌情从轻处罚。

（3）被告人覃某在其家属帮助下退赔了全部违法所得，表明其认罪悔罪的态度，可酌情从轻处罚。

综上，请求对被告人覃某从轻处罚，让其早日回归社会，开始新的生活。

七、法院判决

法院认为，被告人覃某明知他人利用信息网络实施犯罪，仍为其提供帮助，情节严重，其行为已构成帮助信息网络犯罪活动罪。公诉机关指控被告人覃某犯帮助信息网络犯罪活动罪的事实清楚，证据确实、充分，罪名成立。被告人覃某到案后能如实供述自己的罪行，依法可从轻处罚。法院审理期间，被告人覃某由家属帮助退缴违法所得，可酌情从轻处罚。辩护人的相关辩护意见，与事实及法律相符，法院依法予以采纳。为维护正常的信息网络管理秩序，保护公私合法的财产权利不受侵犯，依照《中华人民共和国刑法》第二百八十七条之二第一款、第六十七条第三款、第五十二条、第五十三条及第六十四条之规定，判决如下：

一、被告人覃某犯帮助信息网络犯罪活动罪，判处有期徒刑九个月，并处罚金人民币三千元。

二、违法所得责令被告人覃某退赔（已退缴），缴获的犯罪工具予以没收。

八、律师感悟

帮助信息网络犯罪活动罪一般是指为利用信息网络实施犯罪的上游犯罪活动提供帮助的行为。由于信息网络技术的盛行，网络诈骗行为愈演愈烈，导致类似帮信罪之类的下游犯罪也越来越频繁出现。在司法实践中，帮信罪的通常行为手段就是将银行卡、手机卡等出借、出售给他人，即为上游犯罪提供支付结算的帮助行为。除此之外，帮信罪的行为还包含多种，如为犯罪提供互联网接入、服务器托管、网络存储、通讯传输等技术支持，或者提供广告推广等帮助的行为。本案被告人覃某的行为就是较为典型的提供广告推广的帮助行为，覃某根据上家提供的客户信息、联系方式、话术等，拨打电话邀请陌生人加入炒股群，邀请成功即可以向上家结算报酬，相应的也就代表其完成了帮助的行为。

从本案上游犯罪的角度来看，在整个诈骗犯罪的环节中，覃某所从事的广告推广行为帮助诈骗犯罪分子增加了受害者的人数、扩大了受害者的范围，也增加了诈骗成功的概率，这种帮助行为是立竿见影的，那么社会危害性也就不言而喻了。

可能有读者会疑惑，认为覃某的行为与诈骗无异，属于和诈骗分子分工协作，应当定性为诈骗罪。实则不然，覃某的广告推广行为跟诈骗罪有明显的区别。诈骗罪是以非法占有为目的虚构事实骗取他人财物，而帮信罪则是为他人利用信息网络实施犯罪提供帮助行为，本身并不直接参与诈骗，主观上也没有骗取他人钱财的目的，只要求明知自己正在提供帮助的一方是利用信息网络实施犯罪。本案中，覃某知道在所谓的炒股群中，一旦有人说这是诈骗群，该信息就会被刷屏，发言人也会被踢出群内，那么他开始应当是知道该群有可能是诈骗群，即使他不是抱着犯罪的故意去实施该行为，但是在实施过程中，其有足够多的时间发现或审查该行为是否涉嫌犯罪，其实慢慢地他也认识到炒股群的违法性，但是选择放任或不关心而继续实施自己的帮助行为，他使用特定话术，谎称自己是某证券公司员工，邀请陌生客户加入微信群，为上游的电信网络诈骗犯罪提供了推广帮助，因此覃某的行为构成帮助信息网络犯罪活动罪是没有疑义的。

笔者认为所幸覃某属于初犯、偶犯，主观上的恶性不大，而且他的初衷只是寻求一份稳定的工作，由于本人的法律意识欠缺，抱有侥幸心理，才泥足深陷，通过教育改造是可以迷途知返的。在案件审理过程中，覃某认罪态度诚恳，家属也在能力范围内积极退缴违法所得，为他争取了从轻处罚的结果。基于既要打击惩治信息网络类犯罪行为，又本着教育挽救的目的，最终法院判决覃某有期徒刑九个月，对于覃某也算一个比较理想的结果。在法院判决后，笔者前去会见覃某，可以明显地感受到他对本案以及自己行为的反思，相信他会谨记本次教训，对未来的人生选择也会更为谨慎。

第五章

提供技术支持类帮信典型案例解析

　　帮助信息网络犯罪活动罪的具体行为包含两大类：一是为上游信息网络犯罪提供技术支持；二是为上游信息网络犯罪提供广告推广、支付结算等帮助。具体到技术支持，《刑法》条文中列举了"提供互联网接入、服务器托管、网络存储、通讯传输等"。在司法实践中，为上游犯罪提供通讯传输或互联网接入、网站搭建等技术支持的行为较为常见。

　　本章收录了4个真实案例：

　　案例14，肖某购买大量手机卡，使用信号发射器及电脑在网络平台挂机，向不特定人员提供有偿服务，致使多人遭受电信网络诈骗或敲诈勒索，其行为属于明知他人利用信息网络实施犯罪，为其犯罪提供通讯传输技术支持。

　　案例15，也是为犯罪提供通讯传输技术支持的典型案例。谢某等人架设"GIOP"设备，使得上家可以通过该设备上接入的境内手机卡将境外电信诈骗电话转接为该境内手机号码呼出，从而逃避运营商监管并误导电话呼叫对象。

　　案例16，广州HB公司组织吴某某等员工成立"欢乐JS"项目开发组，为"欢乐JS"平台提供技术开发、项目运营及管理支持。"欢乐JS"是一款"彩票"类赌博平台，通过控制开奖和修改设置赔率诈骗他人钱款。

　　案例17，公安机关指控孙某某伙同汪某搭建网站开发金融程序，并在网上贩卖该金融程序，该程序涉及名为"欧易OKEX"的数字货币投资平台。

案例 14　肖某利用手机卡提供通讯传输技术支持帮信案[*]

一、公诉机关指控

2020年10月，被告人肖某以牟利为目的收购他人手机卡，并使用信号发射器及电脑在网络平台挂机，向不特定人员提供有偿服务，其中尾号为3610、4179的手机号被用于电信网络犯罪，致使张某某、杨某分别被骗取1.7万余元、0.3万余元。

另查，2021年1月，被告人肖某将其妻子翁某某名下尾号为5164的手机卡有偿提供给他人租用腾讯云服务器，用于构建某App软件，后该软件被用于敲诈勒索犯罪活动。2021年1月18日，冒某某在安装该App软件后被盗取通讯录，因进行网上裸聊被敲诈勒索23万余元。

2021年2月22日，公安人员在被告人肖某住处将其抓获，并当场查扣手机卡300余张。

案件审查起诉期间，被告人肖某退出违法所得8000元，并被扣押在案。

二、案情拓展

2021年1月28日，被害人杨某至广州市公安局白云区分局辖区某派出所报案称，2021年1月17日13时53分许，其接到一个尾号3610的号码打来的电话称其购买的商品有质量问题，要对其进行补偿，需要打开支付宝的理赔进行申请。于是杨某添加了对方的QQ，对方通过QQ语音电话教杨某操作：对方先让杨某在支付宝备用金提现500元到支付宝余额中，之后又称实

---

[*] （2022）沪0105刑初202号案。

际赔偿额是 330 元，所以需要杨某将 170 元转账给对方。杨某转账后对方称其操作超时，需要将花呗余额清空，让杨某将花呗余额转到支付宝余额，之后再转入对方提供的个人账户，并称 24 小时后会归还。杨某经过对方再三催促，将花呗余额 3702.36 元转入对方指定账户。转完之后杨某觉得自己可能被骗了。

2021 年 2 月 18 日，被害人张某某至重庆市长寿区公安局辖区某派出所报案称，2021 年 2 月 18 日下午 5 时 30 分许，其接到一个尾号 4179 的号码的电话，对方自称是蚂蚁金服的客服，说张某某之前购买的商品有质量问题，要向其赔偿 300 元。但对方说张某某的芝麻信用额度不够，让其在支付宝的生活缴费里缴费 2000 元来提高信用分，并称这笔钱随后就会返还。张某某缴费后，对方又要求其在某 App 上开户，之后又以各种理由让张某某借款、转账，张某某向对方指定账户转账 1.5 万元后，对方又让其下载其他借款软件。张某某怀疑自己被诈骗后将事情告诉家人，家人陪同张某某一起报案，张某某一共被诈骗了 1.72 万元。

2021 年 1 月 19 日，被害人冒某某至上海市公安局长宁分局辖区某派出所报案称，2021 年 1 月 18 日 0 时许，其在网上看到一个交友广告，点击后下载了一个聊天软件，并随便添加了一个好友，该好友向冒某某发送了 QQ 号 1，冒某某添加该 QQ 号 1 为好友。当天 22 时 24 分许，该号主动联系冒某某称其在兼职做色情直播，让冒某某关注，并给冒某某发送了一个二维码，冒某某通过该二维码下载了一个软件，登录后对方称要和冒某某 QQ 视频裸聊，冒某某随即和对方视频了 2 分钟左右。对方又让冒某某添加 QQ 号 2，添加后对方将冒某某的通讯录信息和双方裸聊视频发给冒某某，让冒某某转账给他们，否则就将裸聊视频发送给冒某某的朋友和家人，冒某某害怕他们真的会给自己通讯录里的朋友和家人发这些东西，就按照对方的要求分多次向对方账户转账共计 239 904.07 元。

公安机关接到被害人冒某某的报案后，依法立案侦查，并于同年 2 月 22 日、23 日将被告人肖某及林某某（另案处理）抓获到案。

林某某供述称，其在 2020 年 6 月左右注册某社交 App，想了解上面的黑色产业获利。因为林某某的客户大都不会搭建网站，他们会在上述社交 App

上联系林某某，让其帮他们搭建 App 或者平台。林某某搭建过一款聊天软件（被害人冒某某点击下载的软件），主要功能就是抓取手机号的对应通讯录，一般上游犯罪分子使用该软件获取被害人的通讯录后实施裸聊诈骗和敲诈勒索。林某某先在 QQ 上直接找卖家购买腾讯云服务器，通常卖家已经在服务器上注册账户。林某某为搭建涉案聊天软件购买的服务器的账户预留了尾号为 5164 的手机号（被告人肖某的妻子翁某某名下的手机号），林某某称其对于服务器注册账户的信息不知情，其用支付宝向卖家支付费用后就可以使用该服务器，随后就搭建了涉案的聊天软件。

被告人肖某到案后供述称，2020 年 9 月前后，其在某社交软件群中了解到"跑卡"业务，之后陆续购买了信号发射器、手机 SIM 卡、内存卡等设备，慢慢开始调试如何进行网上手机卡挂机的业务。肖某"跑卡"用的装备都是从二手商品交易平台上找人购买的，前后一共花了 5000 多元，电话卡是在当地市场找人购买的，现金交易，一张电话卡 20 元，肖某购买了 400 多张电话卡。肖某正式开始"跑卡"的时间是 2020 年 12 月，其使用信号发射器装载手机 SIM 卡、辅助内存卡等在平台挂机，挂机的作用是网络上的人可以通过肖某的手机 SIM 卡接收短信。肖某一共在平台上挂机大约两个月，平台向其支付了六七千元，但是因为之前购买装备、电话卡也有支出，所以截至案发，肖某都未有盈利。据肖某某了解，其挂机的手机卡有些被别人拿去点外卖获得新用户专享福利，有些到"拼多多"等电商平台"薅羊毛"获利，有一些卡可能被平台偷拿去用于实施敲诈勒索等犯罪行为。

三、量刑情节

（1）被告人肖某到案后能够如实供述自己的犯罪事实，系坦白，可从轻处罚。

（2）被告人肖某自愿认罪认罚，可以依法从宽处理。

（3）被告人肖某主动退出违法所得，可酌情从轻处罚。

四、证据认定

本案中，公诉机关提交了相应证据，法院审理后作出如下认定：

（1）被告人肖某的供述、公安机关搜查笔录、扣押清单等证实，公安机关在被告人肖某住处查扣的手机卡等设备系为牟利购买，其使用信号发射器及电脑在网络平台挂机，向不特定人员提供有偿服务，获利共计 8000 余元。其妻子翁某某名下的尾号为 5164 的手机号由其实际控制使用。

（2）证人张某某的证言、重庆市长寿区公安局受案登记表等证实，其于 2021 年 2 月 18 日在重庆市长寿区家中接到手机尾号为 4179 的来电，被对方骗取钱款 1.7 万余元。

（3）证人杨某的证言、广东省广州市公安局白云区分局受案登记表等证实，其于 2021 年 1 月 17 日在广东省广州市白云区家中接到手机尾号为 3610 的来电，被对方骗取钱款 3000 余元。

（4）证人冒某某的证言、上海白虹软件科技股份有限公司出具的溯源分析报告、公安机关出具的工作情况等证实，2021 年 1 月 19 日冒某某在本市长宁区家中安装某 App 软件被盗取通讯录，在进行网上裸聊后被敲诈勒索 23 万余元。该软件系林某某（另行处理）在租用的腾讯云服务器上构建，该服务器的租用登记联系手机号码系注册在翁某某名下。

（5）证人翁某某证言、公安机关调取证据清单等证实，案涉尾号为 5164 的手机号登记在被告人肖某妻子翁某某名下，由被告人肖某实际控制使用。

（6）支付宝交易记录、法院扣押清单等证实，被告人肖某的获利及其在案发后退出钱款 8000 元的情况。

（7）公安机关出具的案发经过表格、案发经过等证实，被告人肖某的到案情况。

上述证据收集程序合法，内容客观真实，足以认定指控事实。

五、争议焦点

本案被告人肖某对指控的犯罪事实及定性均无异议，并自愿认罪认罚，该案事实清楚，控辩双方没有明显争议。

六、辩护意见

（1）被告人肖某到案后，如实交代了自己的涉案犯罪行为，积极配合侦查机关的工作，对所知悉的同案犯情况也均如实供述，系坦白，依据《刑法》第67条第3款之规定，可以从轻处罚。

（2）被告人肖某在侦查阶段即表示愿意认罪认罚，在审查起诉阶段也自愿签署《认罪认罚具结书》，依据《刑事诉讼法》第15条之规定，可以依法从宽处理。

（3）被告人肖某在家属的帮助下，主动退缴违法所得8000元，可见其认罪悔罪态度明显，可对其酌情从轻处罚。

（4）被告人肖某此前无任何违法犯罪记录，此次犯罪属初犯、偶犯，其本人已深刻认识到犯罪行为的严重性，并决心改正，刑法惩罚与教育目的均已达成，对其从轻处罚于法不悖。

（5）被告人肖某家有幼子需要抚养，其本人有正当工作，系家庭主要经济来源，望法院考虑其家庭情况，能够对肖某从轻处罚，并对其宣告缓刑。

七、法院判决

法院认为，被告人肖某明知他人利用信息网络实施犯罪，为其犯罪提供帮助，其行为已构成帮助信息网络犯罪活动罪，依法应予惩处。公诉机关指控的罪名成立。被告人肖某到案后能够如实供述自己的犯罪事实，且自愿认罪认罚，予以从轻处罚。辩护人与此相关的辩护意见，法院予以采纳。为维护社会管理秩序，依照《中华人民共和国刑法》第二百八十七条之二第一款、第六十七条第三款、第七十二条第一款及第三款、第七十三条第二款及第三款、第五十二条、第五十三条、第六十四条，以及《中华人民共和国刑事诉讼法》第十五条之规定，判决如下：

一、被告人肖某犯帮助信息网络犯罪活动罪，判处有期徒刑一年三个月，缓刑一年三个月，并处罚金人民币二千元。

二、违法所得予以追缴；扣押在案的犯罪工具电话卡、信号发射器等予以没收。

肖某回到社区后，应当遵守法律、法规，服从监督管理，接受教育，完成公益劳动，做一名有益社会的公民。

八、律师感悟

本案是一起典型的为他人利用信息网络实施犯罪提供帮助行为的案例，即通过手机卡、信号发射器及电脑在网络平台挂机，向他人提供有偿使用服务，虽然这种帮助行为比较少见，但所造成的危害后果是比较严重的。本案被告人肖某在某社交软件群中了解到"跑卡"业务，出于牟利的目的，便自己购买了"跑卡"设备，自行研究挂机功能，同时大量收购手机卡，并且通过第三方平台出借给他人使用并从中获利，至于借用手机卡的人会用于何种途径，会带来怎样的后果，肖某实则并未认真思考过，或虽有思考但并不关心。结合本案的卷宗材料，笔者从被告人肖某历次讯问笔录中，可以明显感受到肖某对自己行为性质的认知是越来越清晰的，最开始，他认为自己只是出借手机卡，这些手机卡的具体用途和自己无关，之后逐渐意识到自己实际上成了上游犯罪分子的帮凶，因此而牟利便带有违法性，在此认知的基础上肖某便坦白认罪，争取从轻处罚的机会。

值得注意的是，本案中几位被害人的经历也值得深思。被害人张某某和杨某为了获取所谓的"理赔"款，不幸被诈骗。在旁人眼里，这些犯罪分子的话术是很容易识破的，但为何张某某和杨某还是会走入犯罪分子的圈套呢？无外乎是因为贪小便宜，而导致因小失大，为了从天而降的300元理赔款，被骗少则数千元，多则数万元的钱款，着实可惜。现在电信网络诈骗的方式层出不穷，手段也愈发狡猾，而我们能做的只有提高警惕，增强防骗意识，不贪图小利，保护好自己的个人财产，防止落入诈骗分子的圈套。而被害人冒某某则不同，他为了追求刺激，在网络上参与裸聊，以至于让犯罪分子有了可乘之机，便利用冒某某担心视频外传的心理，以实施敲诈勒索行为，使得冒某某将钱财悉数交出。笔者认为，日常生活中每个人都要约束自己的行为，即使在网络上也不可为所欲为，正如本案中的被害人冒某某，如若他没有参与裸聊，对犯罪分子何来惧怕？究其根本还是没有严格要求自己，为追求刺激，让犯罪分子抓住了自己的"软肋"，从而被敲诈勒索得逞，损失钱财，后悔晚矣。

经历了本案，被告人肖某如梦初醒，原来当下的生活是如此真实，心中的贪念是如此缥缈。在案发时他初为人父，作为家中的顶梁柱，本应努力工作，给自己的孩子树立一个好的榜样，过着哪怕平凡但至少安稳的生活。如果肖某多为自己的家人想一想，踏踏实实靠工作赚钱而不是投机取巧，或许他的家庭会更幸福美满。通过自学就能掌握自己从未接触过的事情，肖某的头脑应该说是很灵活聪明的，那这种聪明为何不用于正道？

本案的结果是彰显司法公正及法律柔情的。被告人肖某在自愿认罪认罚的基础上，又退出了全部违法所得，真心悔罪，让法官看到了他改过自新的决心，得到了缓刑的处理结果，终于可以获得自由。

知错能改，善莫大焉。笔者希望肖某日后可以努力、踏实地工作，和自己的家人好好生活，重新开始。

案例 15　谢某架设 GOIP 设备提供通讯传输技术支持帮信案[*]

一、公诉机关指控

被告人谢某明知他人利用信息网络实施犯罪，仍为其提供通讯传输技术支持，在与上家联络后指使被告人仇某某招揽下家被告人徐某某等人架设 GOIP 设备，并提供相关软件及登录账号密码，使得上家可以通过该设备上接入的境内手机卡将境外电信诈骗电话转接为该境内手机号码呼出，从而逃避运营商监管并误导电话呼叫对象。被告人徐某某买下该组设备后，使用田某某（另案处理）等人提供的手机卡用于架设 GOIP 设备，其中田某某尾号 4208 的手机号码转接的诈骗电话致使陈某被骗 5000 元。

至案发，被告人谢某、仇某某、徐某某从上家处以 USDT 虚拟货币形式及内部分赃获利，谢某获利折合 14 万余元（部分与仇某某分赃及共同花用），仇某某获利折合 5.6 万余元，徐某某获利折合 3.5 万余元。

2023 年 7 月 11 日，上海市公安局黄浦分局民警在上海市嘉定区某酒店将被告人徐某某抓获，于 7 月 12 日在上海市奉贤区某小区住宅将被告人谢某、仇某某抓获，并查获谢某作案用手机 2 部、田某某尾号 4208 的手机卡 1 枚。到案后，被告人谢某、仇某某、徐某某对上述犯罪事实供认不讳。

二、案情拓展

2023 年 7 月 12 日，公安机关以掩饰、隐瞒犯罪所得罪对谢某采取刑事拘留的强制措施。

---

[*]（2023）沪 0101 刑初 777 号案。

被告人谢某供述称，其在 2023 年 4 月通过网络认识一个陌生人，对方称有一个赚钱的业务，只需要使用两部手机以及电话卡，再架设一根线（GOIP 设备）保证可以正常通话，就能赚取佣金。对方可以向谢某提供 GOIP 设备及资金用于采购手机。对方还建议谢某可以雇佣别人一起做，发展更多下家。谢某于是按照对方的指示，找了自己多年的好友仇某某一起参与，谢某负责招聘下家和联系上家，采购了 6 部手机提供给下家；仇某某负责招聘和维护下家。谢某向仇某某承诺将自己一半的获利分给他。其间，谢某和仇某某招聘了徐某某等三人作为下家负责操作。徐某某自行办理或者收集手机卡，再将 GOIP 设备插在手机上，另外在手机中下载云听、杨桃、阳光等 App。App 的账号和密码由上家提供给谢某，只要 App 登录成功，上家就可以通过该设备上接入的手机卡将境外电话转接为该手机号码呼出，从而逃避运营商监管，并误导电话呼出对象。上家以 USDT 虚拟货币形式按照每个小时 80U 计费结算给谢某和下家，谢某和下家各自分取 40U。谢某称只要确保手机开机，各个 App 不掉线，每天都可以赚取佣金。截至案发，谢某总共获利约 14 万元，包含分给仇某某的钱款。

2023 年 7 月，被害人陈某至上海市公安局黄浦分局某派出所报案称自己被电信诈骗了 5000 元，并提供诈骗电话号码（尾号 4208）。派出所民警随即开展立案侦查，调查到该号码由田某某实名登记，再根据田某某供述该手机卡交予被告人徐某某使用，最终锁定收购电话卡人员谢某、仇某某、徐某某三人，并将三人抓获到案，查获作案用手机、手机卡等。

在审查起诉时，被告人谢某、仇某某、徐某某对犯罪事实供认不讳，且自愿认罪认罚，并签署了《认罪认罚具结书》。检察院以涉嫌帮助信息网络犯罪活动罪提起公诉。

三、量刑情节

（1）被告人谢某被抓获归案，到案后如实供述自己的罪行，系坦白，可以从轻处罚。

（2）被告人谢某自愿认罪认罚，并签署具结书，可以依法从宽处理。

（3）被告人谢某在共同犯罪中起到主要作用，系主犯，按照其所组织或者参与的全部犯罪处罚。

四、证据认定

本案中，公诉机关提交了相应证据，法院审理后作出如下认定：

(1) 陈某的报案笔录及受案登记表、立案决定书，关系人田某某的供述，证实被害人陈某被骗的情况。

(2) 案涉聊天软件账号截图、微信截图等，证实被告人的上下家之间联系情况。

(3) 欧易软件资金账单截图及相关微信支付交易明细记录等，证实被告人谢某等的获利情况。

(4) 侦查机关扣押决定书、扣押笔录、扣押清单等，证实扣押谢某涉案手机及田某某手机卡。

(5) 公安机关出具的抓获经过。

(6) 被告人谢某、仇某某、徐某某的多次供述均供认不讳。

上述证据收集程序合法，内容客观真实，足以认定指控事实。被告人谢某对指控的犯罪事实和证据没有异议，并自愿认罪认罚。

五、争议焦点

本案被告人谢某对指控的犯罪事实及定性均无异议，并自愿认罪认罚，该案事实清楚，控辩双方没有明显争议。

六、辩护意见

辩护人对于公诉人起诉的罪名和事实均无异议，就量刑部分发表如下辩护意见：

(1) 被告人谢某到案后能如实供述自己的犯罪事实，对所知悉的同案犯情况也能如实供述，供述稳定，依法构成坦白，依法可以从轻处罚。

(2) 被告人谢某自愿认罪认罚，认罪态度良好，悔过意愿明显，具有强烈改过自新的良好愿景，可以依法从宽处理，请法院综合考虑予以从轻处罚。

(3) 被告人谢某属初犯、偶犯，此前一贯遵纪守法、表现良好，且无任何前科劣迹，本次犯罪是由于法律意识淡薄，对于自己的行为可能引起的后果没有充分认识，其主观恶性较小，社会危害性不大。现经过教育，被告人谢某已经深刻认识到自己的错误，悔罪态度诚恳，可对其从轻处罚。

综上，辩护人请求法院考虑被告人谢某以上情节对其从轻处罚。

七、法院判决

法院认为，被告人谢某、仇某某、徐某某明知他人实施信息网络犯罪活动，结伙为其犯罪提供通讯传输技术支持，情节严重，各名被告人的行为均已构成帮助信息网络犯罪活动罪，应依法予以刑事处罚。上海市黄浦区人民检察院指控被告人谢某、仇某某、徐某某犯帮助信息网络犯罪活动罪罪名均成立。本案系共同犯罪，被告人谢某、徐某某系主犯，按照其所组织或参与的全部犯罪处罚；被告人仇某某系从犯，应当从轻处罚。被告人谢某、仇某某、徐某某到案后如实供述自己的犯罪事实，自愿认罪认罚，均可以从轻、从宽处罚。公诉机关的量刑建议符合法律规定，法院予以采纳。辩护人据此提出的对被告人谢某从轻处罚相关辩护意见，法院亦予以采纳。根据各名被告人的犯罪事实、情节、性质及对社会的危害程度，依照《中华人民共和国刑法》第二百八十七条之二第一款、第二十五条第一款、第二十六条第一款和第四款、第二十七条、第六十七条第三款、第五十二条、第五十三条、第六十四条及《中华人民共和国刑事诉讼法》第十五条之规定，判决如下：

一、被告人谢某犯帮助信息网络犯罪活动罪，判处有期徒刑十个月，并处罚金人民币一万元。

二、被告人仇某某犯帮助信息网络犯罪活动罪，判处有期徒刑六个月，并处罚金人民币五千元。

三、被告人徐某某犯帮助信息网络犯罪活动罪，判处有期徒刑六个月，并处罚金人民币五千元。

四、违法所得予以追缴；缴获的手机、手机卡予以没收。

八、律师感悟

本案是一起通过架设虚拟拨号设备，为境外诈骗团伙提供通讯传输技术支持的帮信案。三名被告人分工合作，获取他人的电话卡，通过 GOIP 设备，帮助境外的诈骗分子将境外手机号码转接成境内号码，从而使多名被害人受骗，遭受巨大的经济损失。通过本案，可以看出上游诈骗犯罪和下游帮信犯罪呈现出的高度组织性和计划性，每一个环节都被精心设计，以确保他们的非法活动能够顺利进行。

案发之初，谢某是以涉嫌掩饰、隐瞒犯罪所得罪被公安机关刑事拘留的。通过会见谢某，笔者了解了其参与实施的具体行为，经过分析研究后，发现其所实施的犯罪行为更倾向于构成帮助信息网络犯罪活动罪。这两个罪名在犯罪行为上颇为相似，但又有明显的区别。第一，二者的"明知"程度不同，掩隐罪对于上游犯罪的明知既可以是概括性的明知，也可以包括明确的知道。而帮信罪的明知是概括性的明知，明知的程度无须具体到上游犯罪具体实施的行为，只要意识到上游行为极有可能是犯罪行为即可。第二，二者的发生时间不同，掩隐罪发生在上游犯罪既遂以后，而帮信罪既可以发生在上游犯罪的实施过程中，也可以发生在上游犯罪既遂以后。第三，二者的行为对象不同，掩隐罪针对的是上游犯罪所获得的赃款、赃物或犯罪收益，而帮信罪提供帮助的对象是上游犯罪的犯罪行为本身。此外，二者的量刑不同，掩隐罪的法定刑为三年以下有期徒刑、拘役或者管制，情节严重的，判处三年以上七年以下有期徒刑；而帮信罪的法定刑为三年以下有期徒刑或者拘役。在案件办理过程中，笔者与公安机关、检察机关数次沟通，并向检察机关递交了书面的律师意见，最终被检察机关采纳，以帮助信息网络犯罪活动罪对谢某提起公诉。

三名被告人到案后，均如实供述了犯罪事实，且三人的口供可相互印证，均对指控的犯罪事实及定性无异议，自愿认罪认罚。因此，本案是一起事实清楚、证据确凿的案件。笔者作为被告人谢某的辩护律师，辩护策略受限于事实和法律的双重约束，在罪名和犯罪行为上并无太多辩护空间。即使如此，辩护律师在法庭上也并非无用武之地。在实际的法律实践中，当犯罪事实清楚、证据确实、充分时，辩护律师的职责即着重于在量刑阶段为被告人争取罪轻的处罚结果。这同样需要律师深入了解法律规定，同时把握司法实践中的各种因素，比如被告人在犯罪事实中所起的作用、认罪态度、退赃退赔情况以及其个人和家庭的相关情况等。本案三名被告人最终被判处的刑罚就是来自这些量刑因素综合考量的结果。

通过本案，我们可以清楚地看到，不论犯罪者的策略多么高明，计划多么缜密，法律都会找到打击犯罪、保护人民利益的方式方法。

案例 16　吴某某提供"欢乐 JS"平台技术支持帮信案[*]

一、公诉机关指控

2019 年至 2020 年 11 月，被告人邱某某、黄某、容某某、吴某某、柯某某等人在广州市 HB 信息科技有限公司（另案处理，以下简称"HB 公司"）工作期间，经公司负责人陈某某（另案处理）等人安排，组成"欢乐 JS"项目开发组，明知他人利用"欢乐 JS"平台实施犯罪，仍分别负责前端技术开发、后端技术开发、项目运营及管理等，为犯罪提供技术支持。HB 公司收取开发、维护费用共计 60 余万元。

2021 年 1 月 20 日，被告人邱某某、黄某、容某某、吴某某、柯某某均被公安机关抓获，到案后如实供述涉案事实。

案件审理过程中，被告人邱某某、黄某、容某某、吴某某、柯某某在家属帮助下分别退缴违法所得 3.4 万元、2.8 万元、3 万元、2.4 万元、1.6 万元。

二、案情拓展

被告人邱某某供述称，其老板陈某某于 2020 年 4 月左右让其开发一款类似于"欢乐 J"（某彩票博彩网站）的系统，并成立了一个 7 人小组，成员包括邱某某、黄某、容某某、武某、吴某某、柯某某、艾某。邱某某等人先下载了"欢乐 J"的源代码，再用 JAVA 语言编程。一个月后，邱某某等人把

---

[*] （2021）沪 0115 刑初 2902 号案。

系统做好交由其他人员在服务器上内测并运营。为此，他们专门建立了微信群和纸飞机App联系群，对接系统的运行情况，随时解决出现的问题。"欢乐JS"经过最大压力测试可以在20000用户、500并发的情况下运转正常。"欢乐JS"界面上有多项博彩项目，每个项目有不同的赔率，客户根据相应的赔率来押注赌钱。之后，邱某某等人按照"欢乐JS"实际运营方的要求增加了一个修改后台数据的功能，通过后台将"杀数"（赌客通过"欢乐JS"赢钱的概率）调整为0，所有通过"欢乐JS"购买"彩票"的赌客就都不会赢钱，运营者可以通过这种方式牟利。据邱某某所知，公司从运营方处收取每月5万元的系统维护费。

被告人吴某某供述称，其在HB公司担任技术开发人员，公司老板陈某某让他们以"欢乐J"作为参照，做了一个和它相同的程序，就是相同的押注赌博形式，里面的每个项目都有相应的赔率，赌客可以在上面购买项目，并根据赔率赚钱。开发完成以后，吴某某被拉进一个技术支持群，群内的客户询问技术问题时，吴某某等人负责答疑和解决。吴某某平时做"欢乐JS"的后台程序开发，有时还会修复存在的漏洞。陈某某让他们开发"欢乐JS"平台的时候留了一个后台入口，可以通过这个入口修改数据，比如控制开奖结果和设置赔率等，程序开发人员黄某、邱某某、容某某和陈某某都知道这个后台入口。吴某某没有参与操作过篡改数据。2020年11月，陈某某让吴某某把和运营方联系的相关信息删除并卸载聊天软件，吴某某猜想可能是开发的这个程序出了问题。

本案各被告人组成的"欢乐JS"项目开发组，开发了可人为修改后台数据的"欢乐JS"软件，该软件被用于诈骗犯罪。经查，被害人陈某丙被骗259 970元，被害人李某被骗311 200元，被害人陈某丁被骗44 200元，被害人龙某某被骗92 252元，被害人员某被骗70 000元，被害人杨某某被骗211 198元，被害人余某被骗208 672元，被害人刘某被骗63 819元，被害人宋某某被骗20 000余元，涉案金额达128万余元。

三、量刑情节

（1）被告人吴某某到案后能如实供述罪行，系坦白，依法可以从轻处罚。

（2）被告人吴某某自愿认罪认罚，可以依法从宽处理。

（3）被告人吴某某在家属帮助下退缴违法所得，可以对其酌情从轻处罚。

四、证据认定

本案中，公诉机关提交了相应证据，法院审理后做出如下认定：

（1）被害人余某、刘某、陈某丙等人的陈述、转账记录、聊天记录等材料，证明多名被害人在"欢乐JS"平台被骗的事实。

（2）同案关系人成某、刘某某、陈某某、黄某某等人的供述，证明HB公司开发"欢乐JS"平台及获利的事实经过。

（3）公安机关出具的扣押决定书、扣押清单、扣押笔录，证明公安机关依法扣押邱某某等5名被告人的涉案物品的情况。

（4）公安机关出具的抓获经过、户籍资料，证明本案案发及邱某某等5名被告人的到案经过和基本身份情况。

（5）被告人邱某某、黄某、容某某、吴某某、柯某某的相关供述及辩解，证明上述犯罪事实。

上述证据收集程序合法，内容客观真实，足以认定指控事实。

五、争议焦点

本案被告人对指控的犯罪事实及定性均无异议，并自愿认罪认罚，该案事实清楚，控辩双方没有明显争议。

六、辩护意见

（1）被告人吴某某被抓获到案后，在审讯笔录中如实供述了其所知道的所有事实，对于HB公司涉嫌犯罪的相关事实没有任何隐瞒，依法构成坦白，依据《刑法》第67条第3款之规定，可以从轻处罚。

（2）被告人吴某某在公安机关便表示愿意认罪认罚，并在审查起诉阶段自愿签署《认罪认罚具结书》，依据《刑事诉讼法》第15条之规定，可以依法从宽处理。

（3）被告人吴某某之前从未有过任何犯罪前科，本次犯罪亦是缺乏法律知识且服从公司安排而涉案，系初犯、偶犯，社会危害性较小，主观恶性较小，可对其从轻处罚。

（4）被告人吴某某于案件审理过程中，在家属的帮助下积极退缴违法所得，可见其认罪悔罪态度明显，可对其酌情从轻处罚。

（5）被告人吴某某系家里的经济支柱，其有两个年幼的子女，均在幼儿园读书，因其被羁押，现孩子上学的费用无法保障，其父母没有固定收入，还需要抚养残疾的哥哥，家庭条件极其困难，希望法院考虑吴某某的家庭情况，在量刑时酌情对其从轻处罚，使其尽快回归家庭。

七、法院判决

法院认为，被告人邱某某、黄某、容某某、吴某某、柯某某作为HB公司的直接责任人员，明知他人利用信息网络实施犯罪，为他人犯罪提供技术支持，情节严重，其行为已构成（单位）帮助信息网络犯罪活动罪。公诉机关的指控成立，法院予以支持。被告人邱某某、黄某、容某某、吴某某、柯某某到案后能如实供述罪行，对其依法从轻处罚。被告人邱某某、黄某、容某某、吴某某、柯某某自愿认罪认罚，根据《中华人民共和国刑事诉讼法》第十五条的规定从宽处理。被告人邱某某、黄某、容某某、吴某某、柯某某在家属帮助下退缴违法所得，对其酌情从轻处罚。依照《中华人民共和国刑法》第二百八十七条之二第一款及第二款、第三十条、第三十一条、第六十七条第三款、第五十二条、第五十三条、第六十四条之规定，判决如下：

一、被告人邱某某犯（单位）帮助信息网络犯罪活动罪，判处有期徒刑九个月，罚金人民币一万元。

二、被告人黄某犯（单位）帮助信息网络犯罪活动罪，判处有期徒刑九个月，罚金人民币一万元。

三、被告人容某某犯（单位）帮助信息网络犯罪活动罪，判处有期徒刑九个月，罚金人民币一万元。

四、被告人吴某某犯（单位）帮助信息网络犯罪活动罪，判处有期徒刑九个月，罚金人民币一万元。

五、被告人柯某某犯（单位）帮助信息网络犯罪活动罪，判处有期徒刑九个月，罚金人民币一万元。

六、退缴的违法所得予以没收；作案工具移动电话予以没收。

八、律师感悟

本案是一起单位犯帮助信息网络犯罪活动罪的案例，在实务中比较少见，单位犯罪的，对单位判处罚金，并对其直接负责的主管人员和其他直接责任人员，依照自然人犯罪的规定处罚。HB 公司本是一家专门从事合法业务的公司，招聘各被告人入职时也没有任何从事非法业务的目的，在经营过程中单位负责人陈某某决定按照"欢乐J"软件的模式仿建一款相似的押注赌博程序，自行命名为"欢乐JS"，并交由犯罪分子使用，根据犯罪分子的要求，通过开发后台技术操控赔率，以达到诈骗他人钱财的目的。在整个过程中，HB 公司及各被告人虽未直接参与诈骗他人钱财，但无论是开发"欢乐JS"平台，还是维护该平台，均对他人的犯罪提供了技术支持，收取服务费，其行为构成帮助信息网络犯罪活动罪。

本案被告人吴某某通过正规渠道应聘入职 HB 公司，后根据公司领导的要求开发案涉软件，并提供维护服务，仅获得固定的工资报酬，并未因开发维护案涉软件而获得奖励或提成收入。据吴某某供述，其在前期对自己参与开发的程序具有违法性并没有清晰的认知，但他明知案涉软件的运营模式，也知晓软件留有后台入口可以调整数据以实现非法牟利，虽未实际操作篡改数据，但作为软件的开发人员，对于软件的运行程序、方式是明知的，仅辩解没有参与全部环节也只是徒劳。然而，吴某某等人都是听从领导的安排，被动完成工作任务，协助公司软件开发、对软件进行维护，并未与上游"客户"共同谋划并实施诈骗行为，也并未操作篡改系统后台数据为自身牟利，对应的"报酬"也是公司按照劳动关系正常发放的固定工资，可见吴某某等人虽然主观上有实施犯罪的故意，但主观恶性较小，并且到案后能够如实供述，主动退出违法所得，最终也获得了法院的从轻处罚。

通过本案，我们必须要认识到企业的合规是至关重要的，这种合规是自上而下的，不仅企业的负责人要有合规意识，员工也要起到监督的作用，如负责人要从事非法业务,员工提出反对意见或向有关部门举报,则本案的悲剧就不会发生,更不会被电信网络诈骗分子利用而使得社会大众遭受经济损失。对于广大求职者而言,在求职时不要忽略留意公司的运营是否规范合法,更不要因为工作中的上下级关系而无条件接受工作指示,对于触碰法律底线的指示行为应坚决拒绝,避免使自己陷入无法挽回的境地,如遇到公司业务涉嫌犯罪的,非但自己不能参与,还要向有关部门进行检举揭发,这样才能有效筑起杜绝单位犯罪的铜墙铁壁。

案例17　汪某涉嫌搭建虚拟投资平台帮信案*

一、公安侦查查明

2020年起，孙某某伙同汪某搭建网站开发金融程序，并在网上贩卖该金融程序，该程序涉及名为"欧易OKEX"的数字货币投资平台。其间，朱某某、成某两人进行网站的管理、维护和开发客服系统，进行非法获利。经查，被害人尹某某于2021年5月6日，在名为"欧易OKEX"的数字货币投资平台被骗902 714.1元。

2021年7月12日，汪某被刑事拘留，8月16日被取保候审。

二、案情拓展

同案关系人孙某某供述称，其2015年大专毕业后从事过两年金融探盘工作，其间自己投资农产品亏损，之后就辞职做了一年销售。2018年年底，孙某某想做一套商城类软件，但商城小程序效益不好。2019年，孙某某又接触到买卖源码的市场，并出售过几套，感觉好的源码比较赚钱。2020年孙某某接触到各行各业的源代码，包括金融类软件。2020年年中时孙某某通过网络认识汪某，并让对方帮忙做行情数据采集系统，汪某帮孙某某做了一套产品价格实时行情数据采集接口后，孙某某就在QQ群、论坛上发布广告，找客户做系统搭建的生意赚钱。客户看到孙某某发布的广告后会添加其QQ提出需求，孙某某就准备演示站推荐给客户，客户决定需要哪一套软件后，孙某某再报价。待客户付款后，孙某某就会给客户在服务器上搭建一套和演示站一模一样的软件。孙某某和汪某在线下见过面，让他做行情数据实时采集接

---

* 沪金检刑不诉【2021】414号案。

口,二人没有约定分成。孙某某销售的源代码可能涉及违法,但行情数据采集不违法,因此孙某某认为汪某应该不知道违法的事情。孙某某称其接触过"欧易OKEX"炒数字货币的投资平台软件,注册过投资者账户,但没有向客户出售过该软件。对于孙某某出售给客户的软件,其听客户和同行说可能因为没有注册备案而涉及灰产,但是对于客户具体使用软件的用途其是不清楚的,其只是想通过出售软件赚钱。

被不起诉人汪某供述称,孙某某需要做一个采集程序,于是其帮孙某某制作了一个金融财经数据以及数字货币行情数据的程序,做好后孙某某给了他5000元好处费。后来,孙某某每隔一段时间就会找汪某帮他修改客户的网站程序,汪某也会得到好处费。2020年5月左右,孙某某联系汪某称有人想使用汪某制作的金融财经行情数据程序,并让汪某把这个系统改成多网站使用。汪某按照孙某某的要求把程序升级后,孙某某又让汪某将客户的IP添加到程序内,孙某某再使用权限开通,这样客户就能使用这些数据了,每添加一个客户IP,孙某某给汪某每月500元的好处费。汪某之后通过后台数据查询自己大概添加了10个客户IP,一共获利3.5万元左右。另外,孙某某还让汪某帮客户解决网站问题,让汪某做普通商城网站,这与帮他制作程序没有关系,为此孙某某给了汪某8000元左右的好处费。金融财经行情数据程序是采集新浪财经和数字货币的行情数据,由源码、数据库和服务器组成。源码是孙某某提供的,数据来源主要是HB网、XL网,服务器一共有三个,全部由孙某某提供。后来孙某某提供的某个服务器出现故障,汪某就将行情数据临时存放在自己购买的两个服务器上,放了大概三个月。汪某称其间没有向他人出售过服务器。数据库的内容可以通过客户的网页或者汪某的后台随意更改,汪某自己没有更改过,但不清楚孙某某是否更改过。孙某某找汪某制作采集数据的程序时说是用来制作金融类网站的。此外,汪某称其帮孙某某制作的程序与"欧易OKEX"投资平台无关,其也没有使用过该平台。

三、证据认定

本案中,公安机关移送相应证据如下:

犯罪嫌疑人孙某某、成某、朱某某、汪某、卫某某五人供述与辩解,证实其开发、维护金融类软件程序并贩卖、租赁服务器，获利的时间、过程。

被害人尹某某等人的陈述、接收证据清单，证实了其被诈骗的事实。

搜查笔录、扣押笔录、扣押的工具，证实犯罪嫌疑人孙某某、成某、朱某某、汪某、卫某某等人实施犯罪行为的作案工具。

司法鉴定意见书，证实犯罪嫌疑人成某、朱某某、汪某、卫某某等人手机中的电子数据恢复提取内容。

上海市公安局金山分局辖区派出所出具的抓获、侦破经过，证实本案的案发、侦破过程和犯罪嫌疑人孙某某、成某、朱某某、汪某、卫某某五人的到案情况。

犯罪嫌疑人孙某某、汪某、卫某某三人户籍，证明犯罪嫌疑人孙某某、汪某、卫某某三人的身份信息。

四、争议焦点

（1）"欧易OKEX" App是否使用了汪某提供的行情数据收集系统？
（2）汪某对他人可能利用行情数据收集系统从事犯罪行为是否明知？

五、辩护意见

（1）从在案证据来看，同案关系人孙某某对外出售金融类软件，使用汪某提供的行情数据收集系统，但孙某某供述没有向客户出售过"欧易OKEX" App软件，而汪某并不与客户对接，也仅提供行情数据收集系统，也不可能对外出售"欧易OKEX" App软件，且无其他证据证明孙某某或汪某曾开发"欧易OKEX" App软件并对外销售。

（2）汪某提供的行情数据收集系统包含的源码是由孙某某提供的，且据孙某某介绍是用于制作金融类网站，该系统也并不包含任何投资交易功能，汪某不可能想象到该系统会被用于违法犯罪，或帮助他人实施网络犯罪，其主观方面并未达到"明知"，不构成帮助信息网络犯罪活动罪。

（3）本案的情况符合证据不足不起诉的情形，应当作出不起诉决定。

六、检察院决定

检察院经审查并退回补充侦查，仍然认为现有证据不足以证明涉案"欧易OKEX"App使用了被不起诉人汪某提供的行情数据收集系统，不足以证明被不起诉人汪某为他人实施信息网络犯罪活动提供了帮助，本案经过一次退回补充侦查，没有再次退回补充侦查的必要，上海市公安局金山分局认定的犯罪事实不清、证据不足，不符合起诉条件。依照《中华人民共和国刑事诉讼法》第一百七十五条第四款的规定，决定对汪某不起诉。

被不起诉人被扣押的手机、电脑等物品退回上海市公安局金山分局依法处理。

七、律师感悟

不起诉是人民检察院对公安机关侦查终结移送审查起诉的案件或自行侦查终结的案件进行审查后，认为犯罪嫌疑人的行为不符合起诉条件或没有必要起诉的，依法不将犯罪嫌疑人提交人民法院进行审判、追究刑事责任的一种处理决定。根据《刑事诉讼法》的规定，刑事案件不起诉分为法定不起诉、酌定不起诉、证据不足不起诉、附条件不起诉及特殊不起诉五种情形。

法定不起诉又称绝对不起诉，即在一定条件下，案件存在法律规定的情形的，检察院便应作出不起诉决定，例如情节显著轻微、危害不大，不认为是犯罪的案件；犯罪已过追诉时效期限的案件；经特赦令免除刑罚的案件等。酌定不起诉又称为相对不起诉，指对于犯罪情节轻微，依照刑法规定不需要判处刑罚或者免除刑罚的，检察院可作出不起诉决定。需要注意的是，该不起诉情形，犯罪嫌疑人的行为其实是构成犯罪的，只是依法不需要判处刑罚。附条件不起诉的适用前提是犯罪嫌疑人是未成年人。特殊不起诉是指犯罪嫌疑人自愿如实供述涉嫌犯罪的事实，有重大立功或者案件涉及国家重大利益的，经最高人民检察院核准，公安机关可以撤销案件，人民检察院可以作出不起诉决定，也可以对涉嫌数罪中的一项或者多项不起诉。

本案的不起诉是证据不足不起诉，又称为存疑不起诉。《刑事诉讼法》第175条第4款规定，对于补充侦查的案件，人民检察院仍然认为证据不足的，不符合起诉条件的，可以作出不起诉的决定。这种不起诉的适用前提是案件必须经过补充侦查。在此基础上，具有下列情形之一的，属于证据不足：（1）据以定罪的证据存在疑问，无法查证属实的；（2）犯罪构成要件事实缺乏必要的证据予以证明的；（3）据以定罪的证据之间的矛盾不能合理排除的；（4）根据证据得出的结论具有其他可能性的。

本案中，笔者在汪某被拘留之初就接受其家属委托及时介入案件，汪某一开始是以诈骗罪被刑事拘留，通过第一次会见，笔者了解到汪某给孙某某提供的工作内容从主观客观两方面来看，均不构成诈骗罪，如确因汪某的行为使得受害人遭受财产损失，其行为即使构成犯罪，也应是帮助信息网络犯罪活动罪。笔者在会见汪某时也曾多次询问其对孙某某及其客户的行为是否清楚，其回答都是"不清楚"，并表示如上家有违法犯罪行为的话，其不会向他们提供技术帮助。其实，汪某的情况看起来更像是做了一份兼职工作，兼职的内容是否涉及帮助他人利用信息网络实施犯罪，很难推定其明知。

本案在审查起诉阶段退回补充侦查一次，笔者阅卷后积极与办案机关沟通，对于受害人在"欧易OKEX"的数字货币投资平台被诈骗产生财产损失，公安机关侦查收集的相关证据材料，尚不足以证明该投资平台使用了汪某提供的行情数据收集系统，即在案证据不足以证明汪某为他人实施信息网络犯罪提供了帮助，且公诉机关亦认为不需要再次补充侦查，基于此，对汪某作出不起诉的决定。对汪某来说，本案算是有了一个较为圆满的结果。相信经过本案，汪某也能深刻体会到，无论是自己今后的择业，还是生活的各个方面，一旦意识到可能涉及触碰法律底线的灰色地带，就不要抱有侥幸心理，敦促自己和周围人应当遵纪守法。

第六章

倒卖社交账号类帮信典型案例解析

2021年6月17日，为进一步依法严厉惩治电信网络诈骗犯罪，对其上下游关联犯罪实行全链条、全方位打击，最高人民法院、最高人民检察院、公安部联合发布《关于办理电信网络诈骗等刑事案件适用法律若干问题的意见（二）》，第7条规定：为他人利用信息网络实施犯罪而实施收购、出售、出租信用卡、银行账户、非银行支付账户、具有支付结算功能的互联网账号密码、网络支付接口、网上银行数字证书，以及收购、出售、出租他人手机卡、流量卡、物联网卡的行为，可以认定为《刑法》第287条之二规定的"帮助"行为。如此看来，微信号或企业微信号是具有支付结算功能的互联网账号，可为信息网络犯罪提供帮助，而微信号和QQ号作为通信工具也同样可为信息网络犯罪提供帮助。

本章收录了3个真实案例：

案例18，杨某等人注册企业QQ号，再倒卖给他人使用，部分账号被用于帮助诈骗犯罪分子引流，导致多人被骗。

案例19，张某等人大量注册QQ号通过网络进行出售，QQ号被他人用来实施网络敲诈勒索，给被害人造成重大经济损失。

案例20，覃某、赵某某等人收购微信号并加价转售给他人，导致被害人遭受838万元诈骗损失。

案例 18　杨某倒卖企业 QQ 号帮信案[*]

一、公诉机关指控

2023年6—9月，被告人赵某某伙同被告人杨某，在明知他人向其购买的企业QQ号可能被用于网络犯罪活动的情况下，为非法牟利，仍以虚假企业资料申请注册企业QQ号并出售。经查，其出售的企业QQ号（含子账号）超过1700个，其中35个企业QQ号涉及被害人夏某某等人的被骗案。被告人赵某某、杨某等人非法销售金额达240余万元，违法获利超过40万元。

2023年9月25日，被告人赵某某、杨某被公安机关依法抓获，后如实供述上述犯罪事实。

二、案情拓展

被告人杨某供述称，2023年4月，赵某某召集公司几个组长开会宣布开展企业QQ号售卖业务，当时有组长提出法律风险太大，最终赵某某还是决定开展该项业务。谢某、陈某、张某三个组长具体负责帮赵某某去企点的官网下号，下号时需要提交一系列的资料，包括公司营业执照、法人信息、法人授权委托书等，这些资料均是由赵某某找物料商买来的，这些资料提交上去后，审核通过就会下来一个主账号。每个主账号在申请时可以选择三工号还是十工号，三工号的成本一般在4000~5000元，十工号的成本一般在9500元左右，区别在于官方的收费不同。他们的客户比较固定，一般分为两类：一类是中介，他们在买号时会直接说自己是中介，拿到号后再进行倒卖；还

---

[*]（2024）沪0112刑初306号案。

有一类是直客，买过去的号他们自己用。

被告人赵某某供述称，购买企业 QQ 号的客户都是"号商"，他们通过倒卖企业 QQ 账号赚取差价。但赵某某不知道"号商"之后会将企业 QQ 号卖给什么人。对于和"号商"关于企业 QQ 号的聊天中提到的"BC""菠菜"，赵某某没有具体印象，但其知道"BC""菠菜"在行内指的就是赌博，两者分别是博彩的缩写和谐音。

同案关系人陈某供述称，他们的客户基本都是中介，会将企业 QQ 号再次倒卖。陈某之前在公司自己使用注册的企业 QQ 号帮其他人发送引流信息，之后因为帮助赌博对象引流，老板赵某某、杨某和他被以开设赌场罪处理过，所以知道这些卖给中介的 QQ 号最后多数都是被诈骗、赌博等违法对象引流用了。

被害人夏某某陈述称，2023 年 8 月，其在上海市闵行区上班时，在小红书 App 上看到一个博主称买股票能赚钱，就加了对方小红书聊天，并且加了对方的 QQ，按照对方要求下载聊天软件和投资理财软件。后通过对方提供的卡号向其转账 2 万元，并陆续提现三次共计 1700 元。后对方持续让其投资，不过他都拒绝了。夏某某后来发现提现失败，损失共 1.83 万元，因此报案。

2020 年 8 月 7 日，被告人赵某某因犯开设赌场罪，被判处有期徒刑二年，缓刑三年，罚金 30 万元；被告人杨某因犯开设赌场罪，被判处有期徒刑一年六个月，缓刑二年，罚金 20 万元。

本案审查起诉阶段，被告人赵某某、杨某均自愿认罪认罚，并在律师的见证下签署了《认罪认罚具结书》。

案件审理过程中，被告人赵某某在家属的帮助下退缴违法所得 15 万元；被告人杨某退缴违法所得 2 万元。

三、量刑情节

（1）被告人杨某到案后如实供述自己的罪行，系坦白，可以从轻处罚。

（2）被告人杨某在共同犯罪中起次要、辅助作用，系从犯，应当从轻或者减轻处罚。

（3）被告人杨某自愿认罪认罚，可以依法从宽处理。

(4)被告人杨某主动退出违法所得,可酌情从轻处罚。

四、证据认定

本案中,公诉机关提交了相应证据,法院审理后作出如下认定:

(1)书证:各地公安机关出具的《受案登记表》《立案决定书》;聊天记录、转账记录截图、电脑屏幕截图;上海市公安局闵行分局出具的《搜查笔录》《扣押决定书》《扣押清单》《扣押笔录》《工作情况》《到案经过》;山东省庆云县人民法院的《刑事判决书》。

(2)被害人陈述:被害人夏某某等多名被害人的陈述。

(3)证人证言:同案关系人王某、陈某、张某、谢某、马某某、马某等人的证言。

(4)电子证据:公安机关提供的光盘。

(5)被告人供述:被告人赵某某、杨某的陈述。

上述证据来源及收集程序合法,内容客观真实,足以认定指控事实。

五、争议焦点

本案被告人杨某对指控的犯罪事实及定性均无异议,并自愿认罪认罚,该案事实清楚,控辩双方没有明显争议。

六、辩护意见

(1)被告人杨某到案后如实供述了全部犯罪行为,系坦白,依据《刑法》第67条第3款之规定,可以从轻处罚。

(2)被告人杨某虽是公司股东,但公司是经营其他业务,本案所涉售卖企业QQ号业务是由被告人赵某某决定开展的,针对此项业务并不占有股份,也不享受分红,从被告人赵某某的供述也可印证双方尚未提及此项业务的分成,况且被告人杨某在公司中有固定的工作内容,并不是专属为本项目服务,不应将其定性为主犯,在本次犯罪中杨某仅是提供对账、收付款等财务方面的协助,并不具体参与与客户对接,更没有涉及购买资料申请企业QQ号的业务操作中,在共同犯罪中起到次要、辅助作用,系从犯,依法应当从轻或者减轻处罚。

（3）被告人杨某自愿认罪、认罚，并于审查起诉阶段签署了具结书，依据《刑事诉讼法》第15条之规定，可以依法从宽处理。

（4）被告人杨某因本案的获利较小，其于审理过程中已全额退缴，可酌情对其从轻处罚。

（5）被告人杨某经刑事拘留变更强制措施为取保候审后，于取保候审期间遵守相关规定，表现良好，对其判处缓刑不具有社会危险性。

七、法院判决

法院认为，被告人赵某某、杨某构成帮助信息网络犯罪活动罪，且属共同犯罪。被告人赵某某在缓刑考验期限内犯新罪，应当撤销缓刑，实行数罪并罚。公诉机关的指控成立。在共同犯罪中，被告人赵某某起主要作用，系主犯；被告人杨某起次要作用，系从犯，依法应当从轻或者减轻处罚。被告人赵某某、杨某到案后能如实供述自己的罪行，愿意接受处罚，依法可以从轻处罚，且均具有退赃退赔表现，可以酌情从轻处罚。二名辩护人分别提出对被告人赵某某从轻处罚、对被告人杨某从轻处罚并适用缓刑的辩护意见，本院予以采纳。公诉机关的量刑建议适当。依照《中华人民共和国刑法》第二百八十七条之二第一款、第六十九条、第七十七条第一款、第二十五条第一款、第二十六条第一款和第四款、第二十七条、第六十七条第三款、第七十二条第一款和第三款、第七十三条第二款和第三款、第五十二条、第五十三条、第六十四条以及《中华人民共和国刑事诉讼法》第十五条、第二百零一条第一款之规定，判决如下：

一、撤销山东省庆云县人民法院（2020）鲁1423刑初130号刑事判决中对被告人赵某某宣告缓刑三年的执行部分。

二、被告人赵某某犯帮助信息网络犯罪活动罪，判处有期徒刑二年，并处罚金人民币二万元，与前罪所判有期徒刑二年，并处罚金人民币三十万元并罚，决定执行有期徒刑二年六个月，并处罚金人民币三十二万元（罚金已缴纳部分不再缴纳）。

三、被告人杨某犯帮助信息网络犯罪活动罪，判处有期徒刑二年，缓刑二年,并处罚金人民币二万元。

四、扣押在案的犯罪工具予以没收;违法所得予以追缴。

被告人杨某回到社区后,应当遵守法律、法规,服从监督管理,接受教育,完成公益劳动,做一名有益社会的公民。

八、律师感悟

重蹈覆辙,是对本案两名被告人行为最恰当的概括。此前,两名被告人因为通过企业QQ号为赌博网站提供广告投放服务,并收取服务费,作为开设赌场罪的共犯,均被判处有期徒刑,并宣告缓刑。此次,两名被告人明知他人可能利用信息网络实施犯罪,又对外售卖企业QQ号,为他人的犯罪提供帮助,构成帮助信息网络犯罪活动罪。两名被告人前后两次犯罪均是因为注册或售卖企业QQ号业务而引起,尤其是此次犯罪实属不应该,有了上次犯罪的教训,怎能再次存有侥幸心理?更为严重的是,被告人赵某某在缓刑考验期内又犯新罪,直接导致原判缓刑被撤销,悔之晚矣。

承接本案时,家属提出过两个疑问,并坦言咨询过多位律师,得到的答案各不相同,这两个疑问分别是:杨某是否构成累犯?赵某某缓刑考验期满后被发现于考验期内犯罪,是否应当撤销缓刑?这两个问题对于专业的刑辩律师来说应该不算是难题,鉴于家属说从多位律师处得到过各不相同的答案,笔者遂在此赘述一二。杨某和赵某某均于2020年8月7日被判处有期徒刑,并宣告缓刑,案件于当月生效。杨某于2022年8月缓刑考验期满,赵某某于2023年8月缓刑考验期满,本案的犯罪行为发生于2023年6—9月,公安机关接到报案并立案的时间是2023年9月11日。何为累犯?抛开特别累犯来讲,被判处有期徒刑以上刑罚的犯罪分子,刑罚执行完毕或者赦免以后,在五年以内再犯应当判处有期徒刑以上刑罚之罪的,是累犯。杨某在缓刑考验期内没有违反法律、法规以及监督管理规定,根据《刑法》第76条规定,缓刑考验期满,原判的刑罚就不再执行,这与"刑罚执行完毕"存在本质的区别,所以杨某并不构成累犯。赵某某于缓刑考验期满后,被公安机关发现犯新罪,但该新罪发生于缓刑考验期内,《刑法》第77条规定"被宣告缓刑的犯罪分子,在缓刑考验期内犯新罪……",何时发现不论,只要是在缓刑考验期内又犯新罪，就应当撤销缓刑，并依照《刑法》第 69 条规定，决定应执行的刑罚。以上这些法律规定或立法精神是非常明确的，杨某并不构成累犯，赵某某于缓刑考验期内犯新罪，即使于考验期满后才被公安机关发现，也应当撤销缓刑，数罪并罚，笔者不知为何会有律师给出不同的答案，可见刑辩律师的专业性多么重要。

　　被告人杨某虽然不构成累犯，但是于本案中能再次争取到缓刑的判决结果也实属难得。在与笔者的交流中，杨某非常后悔当初开展此项业务时没有坚决提出反对意见，更不应该参与其中，今后一定严格要求自己，不再从事任何有可能违法、犯罪的工作。

案例 19　张某倒卖 QQ 号帮信案[*]

一、公诉机关指控

2023 年 1—4 月，被告人胡某、张某、孙某某明知其注册的 QQ 号可能会被用于信息网络犯罪活动，仍受曹某某（已判决）招募，与他人结伙先后在不同地区，根据曹某某提供的接码平台、手机号码大量注册 QQ 号，并交由曹某某通过网络出售。经查，曹某某团伙出售的 QQ 号部分被用于信息网络犯罪活动。胡某参与工作期间该团伙违法所得共计 190 余万元，张某参与工作期间该团伙违法所得共计 200 余万元，孙某某参与工作期间该团伙违法所得共计 50 余万元。

2023 年 4 月 25 日，被告人张某、孙某某被公安机关抓获。6 月 12 日，被告人胡某经公安机关电话通知后主动投案。三名被告人到案后均能如实供述上述犯罪事实。

二、案情拓展

2023 年 1 月 18 日，被害人章某某至上海市公安局徐汇分局辖区某派出所报案称其在网上裸聊时被对方录下视频，后被对方威胁转账，否则就将视频传给其手机通讯录中的联系人。章某某于是向对方转账，共计损失 23 万余元。

公安机关接到章某某报案后，经过审查予以立案侦查。侦办过程中，公安机关发现，自 2023 年 1 月 10 日起，曹某某伙同刘某招募人员进行非法买

---

[*] （2024）沪 0104 刑初 458 号案。

卖电话卡、注册QQ号的活动，在明知上家将他人电话卡、QQ号用于网络敲诈勒索及电信诈骗的情况下，为对方提供他人电话卡及QQ号。其中曹某某负责组织、招募人员，刘某进行人员管理，招募了胡某、张某、孙某某等人进行非法买卖电话卡，注册、养号、换绑QQ号以达成出售QQ号的目的从中获利。该团伙出售的QQ号涉及全国多起网络犯罪案件，其中被害人章某某被骗23.3万元。

被告人张某到案后供述称，2023年1月，之前吃饭认识的一个好友刘某问其是否愿意去曹某某处上班，工资是每天300元，但没有说工作内容。张某因为当时没有工作和收入来源，就答应过完年去上班。2月中旬，张某根据刘某提供的地址到了约定地点，刘某告知张某工作内容是注册QQ号、修改密码等，每天工作6~8个小时。张某跟着刘某学了几天就开始自己操作。刚开始张某也做过注册QQ号的工作，但是刘某觉得他做得太慢，就让他去做修改QQ号密码的工作。张某根据刘某提供的文档，里面有每天要修改密码的QQ号及一个链接，通过这个链接打开的网页就可以直接修改QQ号的密码。修改好QQ号密码后再将QQ号与新密码对应起来编辑成文档发送给刘某，张某平均每天修改50~60个。直到2023年4月25日被抓，张某一共修改了2000多个QQ号的密码，一共收到工资大约6000元。

被告人胡某到案后供述称，2023年1月初，其待业在家，于是联系了表哥张某，问他有没有工作可以做，张某介绍其到曹某某处上班，每天工资300元。胡某答应后联系并约见了曹某某，曹某某见面后先让他回去等消息。直到2月初，曹某某再次约胡某见面，告知工作内容主要是注册QQ号，并让刘某现场教胡某如何操作。胡某跟着刘某学了几天后就开始自己操作。具体操作流程是：刘某每天将要注册QQ号的手机号通过一个文档发送给胡某，文档里还有两个网站链接，一个用来发送手机验证码，另一个用来接收验证码。胡某用收到的手机号在腾讯官网注册QQ号，通过两个网站收发验证码就可以注册一个新的QQ号。注册完成后再把QQ号和对应的手机号编辑成文档发送给刘某。胡某平均每天注册70~80个QQ号，一共工作了20多天，注册了近2000个QQ号，收到6000元左右的工资。

被告人孙某某到案后供述称，2023年3月底，同学张某说起他在曹某某处上班，主要工作是注册 QQ 号，每天工资 300 元。张某问孙某某是否愿意去曹某某处工作。随后孙某某主动联系了曹某某并获得其同意。孙某某的工作内容是注册 QQ 号，平均每天注册 70~80 个 QQ 号，直到被捕一共工作了 20 多天，注册了 1000 多个 QQ 号，收到工资 6100 元。

本案侦查阶段，被告人张某即表示认罪认罚，并在审查起诉阶段自愿签署《认罪认罚具结书》。

在法院审理期间，被告人张某退缴了全部违法所得 6000 元，并预缴罚金 9000 元。

三、量刑情节

（1）被告人张某到案后如实供述自己的罪行，系坦白，可以从轻处罚。

（2）被告人张某自愿认罪认罚，可以依法从宽处理。

（3）被告人张某退缴全部违法所得，并预缴罚金，可以酌情从轻处罚。

四、证据认定

本案中，公诉机关提交了相应证据，法院审理后作出如下认定：

（1）证人曹某某、刘某、曹某、王某等 9 人的证言及辨认笔录，相关诈骗案件受案登记表、立案决定书、搜查证、搜查笔录、扣押清单、聊天记录截图、QQ 账户截图、TELEGRAM 账户截图、微信转账记录、数字钱包账户明细、工作情况、物证鉴定所检验报告、房屋租赁合同等书证，司法鉴定意见书，证明被告人胡某、张某、孙某某伙同他人实施帮助信息网络犯罪活动的基本事实。

（2）受案登记表、立案决定书、抓获经过、工作情况等书证，证明本案案发经过及被告人胡某、张某、孙某某的到案经过。

（3）被告人胡某、张某、孙某某的供述，三名被告人均对犯罪事实供认不讳。

上述证据收集程序合法，内容客观真实，足以认定指控事实。

五、争议焦点

本案三名被告人均对指控的犯罪事实及定性无异议,并自愿认罪认罚,该案事实清楚,控辩双方没有明显争议。

六、辩护意见

(1) 被告人张某到案后如实供述,构成坦白,可以从轻处罚。

(2) 被告人张某此前没有前科劣迹,系初犯、偶犯,可以从轻处罚。

(3) 被告人张某认罪认罚态度良好,并依法签署《认罪认罚具结书》,可以对其从宽处理。

(4) 被告人张某在法院审理期间,积极退缴了全部违法所得6000元,并已经预缴罚金9000元,足以证明张某的悔罪态度良好,可酌情从轻处罚。

(5) 被告人张某父母年事已高,家里尚有年幼的女儿需要照顾、抚养,望法庭可以给被告人张某一个继续承担家庭责任的机会。

综上,恳请法庭结合实际情况,在检察院的量刑基础上,进一步对张某从轻处理,给张某一个改过自新的机会,对张某宣告缓刑。

七、法院判决

法院认为,被告人胡某、张某、孙某某明知他人利用信息网络实施犯罪,仍伙同他人为犯罪提供帮助,情节严重,其行为已构成帮助信息网络犯罪活动罪,依法应予惩处。公诉机关的指控事实清楚,证据确实充分,指控的罪名成立,量刑建议适当,法院予以支持。被告人胡某自动投案,如实供述自己的罪行,系自首,可以从轻处罚;被告人张某、孙某某到案后如实供述自己的罪行,可以从轻处罚;三被告人认罪认罚,可以从宽处理;三被告人退缴违法所得、预缴罚金,可以酌情从轻处罚。辩护人的相关从轻处罚的辩护意见予以采纳。综上,依据《中华人民共和国刑法》第二百八十七条之二第一款、第二十五条第一款、第六十七条第一款与第三款、第七十二条第一款与第三款、第七十三条、第五十二条、第五十三条、第六十四条及《中华人民共和国刑事诉讼法》第十五条之规定,判决如下:

一、被告人胡某犯帮助信息网络犯罪活动罪，判处有期徒刑一年四个月，缓刑二年，并处罚金人民币八千元。

二、被告人张某犯帮助信息网络犯罪活动罪，判处有期徒刑一年六个月，缓刑二年，并处罚金人民币九千元。

三、被告人孙某某犯帮助信息网络犯罪活动罪，判处拘役六个月，缓刑十个月，并处罚金人民币三千元。

四、违法所得应予追缴。

胡某、张某、孙某某在社区中，应当遵守法律、法规，服从社区矫正机构的监督管理，接受教育，完成公益劳动，做一名有益社会的公民。

八、律师感悟

本案三名被告人所实施的行为是根据他人提供的接码平台、手机号大量注册QQ号，并交由他人通过网络出售。经查，该团伙出售的QQ号部分被用于信息网络犯罪活动。各被告人的行为属于收购、出售、出租信用卡、银行账户、非银行支付账户、具有支付结算功能的互联网账号密码、网络支付接口、网上银行数字证书，符合《刑法》第287条之二规定的"帮助信息网络犯罪活动罪"的行为属性，但构成该罪，要求"情节严重"。对此，相关司法解释规定，明知他人利用信息网络实施犯罪，为其犯罪提供帮助，具有下列情形之一的，应当认定为《刑法》第287条之二第1款规定的"情节严重"：（1）为3个以上对象提供帮助的；（2）支付结算金额20万元以上的；（3）以投放广告等方式提供资金5万元以上的；（4）违法所得1万元以上的；（5）2年内曾因非法利用信息网络、帮助信息网络犯罪活动、危害计算机信息系统安全受过行政处罚，又帮助信息网络犯罪活动的；（6）被帮助对象实施的犯罪造成严重后果的；（7）其他情节严重的情形。根据依法查明的事实，本案被告人所实施的行为已经符合《刑法》第287条之二第1款规定的"情节严重"。

本案被告人张某在该犯罪团伙中主要负责根据刘某给的文档内容修改QQ密码，并将修改好的密码和QQ号对应编辑后发还刘某，此外并无其他工作内容。该犯罪团伙中其他三名同案人曹某某、刘某、曹某已另案判处，其中曹某某、刘某因是该团伙的主要人员，在整个犯罪中起主要作用，故二人判决结果都是实刑，未宣告缓刑。本案三名被告人均受雇于"老板"曹某某，由刘某管理，在整个犯罪团伙中，地位较低，作用较小，故在公安机关侦查阶段，三名被告人均得以取保候审，羁押时间较短。

  在本案的处理中，三名被告人在团队中的身份、地位相当，但入职时间不同，每个人在职期间的团队获利也各不相同，故在量刑时也有所体现。在审查起诉阶段，张某签署的《认罪认罚具结书》上并未建议适用缓刑，故在法院审理阶段，笔者作为辩护人的工作重点便在于如何争取缓刑。开庭审理前，笔者向法官表达了这一想法，为张某争取到了退赃退赔及预缴罚金的机会，张某也积极配合缴纳了违法所得与罚金，最终争取到了缓刑的判决结果。

  我们来剖析一下张某的主观认识，其实一开始他只是由于自己没有收入来源，听到刘某介绍的工作工资较高，就轻易答应加入，参与了售卖QQ号的团伙，主观上并没有意识到这是在犯罪，其间纵然其已经意识到每天大量注册、修改QQ号密码有问题，依旧被较高的工资蒙蔽了双眼，抱有侥幸心理，所以他的主观认识有一个变化过渡的过程，从一开始的不知，到后面怀疑，再到知道后的放任。同样，这件事也警示我们，网络并不是法外之地，随着互联网技术的飞速发展，网络空间已成为人们生活中不可或缺的一部分。然而，这并不意味着网络是法律的盲区或避风港。售卖QQ号等网络账号的行为，虽然发生在虚拟空间，但同样会受到法律的监管和制裁，甚至因该行为而被追究刑事责任。这提醒我们，在网络世界中也要遵守法律法规，更不能为了追求利益而枉顾后果，或预知后果而放任不管。法网恢恢，疏而不漏，欲得自由，便合法行事。

案例20　赵某某倒卖微信号帮信案[*]

一、公诉机关指控

2020年11月至2021年9月，被告人覃某为非法牟利，在明知他人向其收购微信号可能用于网络违法犯罪活动的情况下，仍向被告人谢某、赵某某、蒋某、周某某等人收购微信号并加价转售。其间，被告人谢某、赵某某通过向他人收购的方式获取微信号，后出售给被告人覃某；被告人蒋某、周某某结伙通过向他人收购、雇佣被告人唐某某等人骗取未成年人等方式获取微信号，后出售给被告人覃某；被告人孙某此间担任被告人覃某的客服，协助买卖微信号。经核实，被告人覃某共计买卖微信号827个，被告人蒋某、周某某共计买卖微信号223个，被告人谢某共计买卖微信号157个，被告人赵某某共计买卖微信号96个，被告人孙某共计买卖微信号445个，被告人唐某某共计买卖微信号88个。

2021年6—7月，被害人叶某某遭遇电信网络诈骗，共计被骗838万元。

2021年9月16日，被告人赵某某、孙某被公安机关抓获；9月17日，被告人覃某、蒋某、周某某、谢某、唐某某被公安机关抓获，上述七人到案后均如实供述上述犯罪事实。

案件审理期间，被告人覃某自愿预缴代管款25万元；被告人蒋某自愿预缴代管款4.5万元；被告人周某某自愿预缴代管款4.5万元；被告人谢某自愿预缴代管款6万元；被告人赵某某自愿预缴代管款30万元；被告人孙某自愿预缴代管款6万元；被告人唐某某自愿预缴代管款1.82万元。

---

[*]（2022）沪0112刑初188号案。

二、案情拓展

2021年7月12日，被害人叶某某至上海市公安局闵行分局辖区某派出所报案：2021年6月21日，其添加了一个自称是HA证券创始人的股票证券讲师微信，另外还添加了一个自称是证券讲师助理的微信，他们都是通过企业微信号介绍自己，企业微信名称为广州HG商贸有限公司。其添加这个证券讲师的微信后，经他推荐下载了两个App，一个用来听讲师讲课，另一个用于投资炒股（由讲师指导叶某某等在该App上炒股）。次日，其通过银行卡转账5万元到该炒股App，便开始在这个讲师的指导下操作炒股，前后分多次一共转入838万元。7月12日上午，其因为需要资金流转，于是想抛售部分股票，却发现App无法登录，便意识到自己被骗，就来报案了。公安机关接到叶某某报案，经过研判后予以立案。经侦查，涉案企业微信的贩卖人员为被告人赵某某、孙某、覃某等人。

被告人覃某到案后供述：2020年年底，他在做自媒体时加入了一些为社交平台点赞的群，有人在群里买卖各类社交账号，其将自己的微信号出售赚取了300元。其觉得这一行挺赚钱，就开始向他人收购微信号，再加价出售。覃某通过微信群、telegram群收购微信号。因为做的时间长了，别人会主动将社交账号提供给他，其就积累了一定的账号资源。其主要买卖的就是微信号、QQ号、企业微信号。微信号一般按照活跃程度买卖，分一年到五年，以账号账单的年限或者最早发朋友圈的时间来计算，年限越长，微信号的价格也就越高。有时候这些号会被原来的号主找回，这时候就需要补号。一个微信号的价格在600~1000元不等，他从号商处收购之后再转卖的话大概可以赚取50~100元的差价。微信号之所以那么贵，是因为年限长的微信号不容易被封，微信号注册后的使用者都不是注册者本人，这就为使用者规避了风险，所以一般收购者会拿去用于违法犯罪活动。企业微信号和微信号最大的区别就是企业微信号加了一个企业的认证，一共有三个认证标识："白标"（通过法人认证）、"绿标"（通过公司认证）、"红标"（不认证）。购买企业微信号的使用者也不是实际企业方，都是为了规避风险，但他不确定买方身份以及用途，只管赚取差价。

他和赵某某是2021年3月开始合作的，到案发向他收了100多个企业微信号。开始，其以每个600元的价格向赵某某收购企业微信号，再以约每个900元的价格倒卖出。后来就涨价了，赵某某卖给其的价格是900元，其卖出去的价格是1200～1500元。如果有上家向其买企业微信号，其就让赵某某提供，其会去收集一些企业资料，然后用这些资料去注册企业微信号，再将微信号交给上家。如果上家在使用过程中遇到异地IP报警、无法登录等问题，赵某某和女朋友孙某会负责通过人脸解锁的方式解锁微信号，让客户正常登录。

被告人孙某供述：她不清楚赵某某是帮什么人认证企业微信，也不知道赵某某的收益，也没有和赵某某一起帮他人认证企业微信，只是帮赵某某的企业微信做过人脸解封。

被告人赵某某供述：2020年10月，其当时在做企业微信业务，后来有个客户给其推送了覃某的微信号，说这个人有很多企业微信号的需求，其就和覃某达成了长期合作。覃某上家也有需求方，需要的时候会联系其，其制作完成后就把相关信息发送给覃某，客户确认后打款给覃某，覃某再把相应的收益给其。刚开始的时候覃某只是偶尔找其收一两个企业微信号主体账号，从2021年2月开始，覃某向其大量收购企业微信号主体账号。一开始定的是一个企业微信账号600元，同年6月以后就以每个900元来结算了。其给向其提供注册信息的人的费用分为两档，个体的企业微信号每个300元，公司的企业微信号是每个580元，其大概算了一下，其和覃某合作期间一共获利约30万元。其间，其问过覃某这些企业微信号的用途，覃某说是用于境外的博彩赌博，但其觉得除了博彩赌博以外，应该还有别的内幕，因为上家提出这些企业微信号需要带"投资公司"或者"投资教育平台"等字样。

三、量刑情节

（1）被告人赵某某自愿认罪认罚并签字具结，可以依法从宽处理。

（2）被告人赵某某到案后如实供述自己的罪行，系坦白，可以从轻处罚。

（3）被告人赵某某主动退赃，可酌情从轻处罚。

四、证据认定

本案中,公诉机关提交了相应证据,法院审理后作出如下认定:

(1)被害人叶某某的陈述及相关的立案决定书、受案登记表证实,其遭遇电信网络诈骗的事实。

(2)公安机关出具的《搜查笔录》、《扣押决定书》、《扣押笔录》、相关转账记录、聊天记录、上海市公安局闵行分局物证鉴定所出具的鉴定文书等书证证实,本案被告人获取、买卖微信号的经过及资金往来情况。

(3)公安机关出具的《工作情况》、《抓获经过》等书证主要证实,本案案发及各被告人的到案经过;相关的户籍信息证实,各被告人的身份情况。

(4)七名被告人的供述与辩解,对上述犯罪事实均予以供认。

上述证据来源及收集程序合法,内容客观真实,足以认定指控事实。

五、争议焦点

本案各被告人对指控的犯罪事实及定性均无异议,并自愿认罪认罚,该案事实清楚,控辩双方没有明显争议。

六、辩护意见

(1)被告人赵某某到案后对犯罪事实如实供述,系坦白,依据《刑法》第 67 条第 3 款之规定,可以从轻处罚。

(2)被告人赵某某系初犯、偶犯,此前没有任何的前科劣迹,一直是遵纪守法的好公民,可对其从轻处罚。

(3)被告人赵某某自愿认罪认罚,认罪态度较好,具有悔罪表现,可依法从宽处理。

(4)被告人赵某某法律意识淡薄涉案,其主观恶性和社会危害性较小,在羁押期间,他进行了深刻的反思,已经意识到自己行为的危害性,真诚悔过,并且表示以后一定会遵守法律法规,决不再犯。

(5)被告人赵某某已经自愿退缴了全部违法所得,表明其认罪悔罪的态度,可对其酌情从轻处罚。

（6）被告人赵某某的母亲于 2020 年 11 月确诊口腔癌，做了两次切除手术，而后于 2021 年 5 月转移至淋巴，现已确诊为中晚期，一直在医院治疗维持生命，需要赵某某照顾，尽最后一份孝心。

综上，恳请法院考虑本案具体情况及赵某某一贯表现，对其从轻处罚并适用缓刑，给其一个改过自新的机会。

七、法院判决

法院认为，被告人覃某、蒋某、周某某、谢某、赵某某、孙某、唐某某明知他人可能利用信息网络实施犯罪，单独或结伙向他人销售具有支付结算功能的互联网账号、密码，情节严重，均应当以帮助信息网络犯罪活动罪追究刑事责任，且部分属共同犯罪。被告人覃某及被告人蒋某、周某某在各自的共同犯罪中起主要作用，系主犯；被告人孙某、唐某某在各自的共同犯罪中起辅助作用，系从犯，应当从轻处罚。被告人覃某、蒋某、周某某、谢某、赵某某、孙某、唐某某均具有坦白情节且认罪认罚，可依法从轻处罚。被告人覃某、蒋某、周某某自愿退缴代管款，可酌情从轻处罚。关于被告人覃某、周某某是否可适用缓刑。法院认为，被告人覃某买卖微信号造成被害人经济损失 800 余万元的严重后果，不宜适用缓刑，但可根据被告人的退赃情节从轻处罚；被告人周某某伙同蒋某采用欺骗手段获取未成年人的微信号，其行为的社会危害性较大，不宜适用缓刑，但可根据被告人的退赃情节从轻处罚。被告人谢某、赵某某、孙某、唐某某均自愿退缴代管款，符合缓刑的适用条件，可依法适用缓刑。据此，依照《中华人民共和国刑法》第二百八十七条之二第一款、第二十五条第一款、第二十六条第一款与第四款、第二十七条、第六十七条第三款、第七十二条第一款与第三款、第七十三条第二款与第三款、第五十二条、第五十三条、第六十四条及《中华人民共和国刑事诉讼法》第十五条、第二百零一条第一款之规定，判决如下：

一、被告人覃某犯帮助信息网络犯罪活动罪，判处有期徒刑一年二个月，并处罚金人民币八万元。

二、被告人蒋某犯帮助信息网络犯罪活动罪，判处有期徒刑十个月，并处罚金人民币三万元。

三、被告人周某某犯帮助信息网络犯罪活动罪，判处有期徒刑十个月，并处罚金人民币三万元。

四、被告人谢某犯帮助信息网络犯罪活动罪，判处有期徒刑十一个月，缓刑一年，并处罚金人民币五万元。

五、被告人赵某某犯帮助信息网络犯罪活动罪，判处有期徒刑十个月，缓刑一年，并处罚金人民币五万元。

六、被告人孙某犯帮助信息网络犯罪活动罪，判处有期徒刑九个月，缓刑一年，并处罚金人民币三万元。

七、被告人唐某某犯帮助信息网络犯罪活动罪，判处有期徒刑八个月，缓刑一年，并处罚金人民币一万元。

八、追缴各被告人违法所得（已追缴），扣押在案的犯罪工具予以没收。

谢某、赵某某、孙某、唐某某回到社区后，应当遵守法律、法规，服从监督管理，接受教育，完成公益劳动，做一名有益社会的公民。

八、律师感悟

本案的各名被告人以倒卖微信号、企业微信号等社交软件账号、密码的方式为他人利用信息网络实施犯罪提供了帮助，依法构成帮助信息网络犯罪活动罪。笔者注意到，无论是在公安机关的侦查讯问笔录中，还是笔者会见时，赵某某均称自己曾经特意询问过覃某所购社交账号的用处，同时自己也意识到这些账号不是仅仅如覃某所说，只是用于境外博彩赌博，应该还有其他不法用途，这恰恰说明他对于自己给犯罪分子提供帮助这一点应该是明知的，仅仅是因为其中的利润可观，他也就没有在意或者放任了自己行为可能给社会带来的危害，这就是通常所说的心存侥幸，最终导致自己犯罪而被追责。

到案之后，赵某某便摒弃了这种侥幸心理，在经过公安民警的政策教育以及辩护律师的法律分析后，对自己的所作所为进行了深刻的反思，并积极主动交代全部案情，认罪态度良好。在审查起诉阶段，赵某某自愿认罪认罚，并签署具结书，在案件审理期间又主动退缴所有的违法所得，积极补偿受害者一定程度的经济损失，表达了他认罪悔罪的态度，最后获得从轻处理，并适用缓刑。这个判决结果是比较理想的。赵某某的母亲罹患重病，需要家人的照顾，案件完结后，他就担负起了照顾母亲的责任，不再让母亲担心。

现如今，互联网技术蓬勃发展，形形色色的人出现在网络上，各种社交软件充斥网络，丰富了我们的生活，对于我们来说或许只是用于社交的平台，而在犯罪分子眼中则可能是用于实施违法犯罪行为的工具。犯罪分子看穿了人们愿意相信有企业认证的企业微信号的心理，大量收购企业微信号，用于诈骗他人钱财。正如本案，被害人叶某某为求获取大额利益，轻信微信上的证券投资讲师，致使自己遭受巨额损失，可见电信网络诈骗的危害之大。因此，笔者在此呼吁大家遇事多思考，提高自己的警惕性，绝对不要被一时的利欲蒙蔽心智，让犯罪分子的花言巧语有可乘之机。

'02

下篇

掩隐罪典型案例解析

第七章

提供支付结算工具类掩隐典型案例解析

"断卡"行动开展以来,有关部门针对涉"两卡"犯罪的打击取得了良好效果,以"两卡"作为主要工具构成掩饰、隐瞒犯罪所得罪的犯罪分子,也已逐步成为检察机关审查逮捕和审查起诉的主要对象之一。"两卡"作为支付结算的工具,为上游犯罪所得及其产生的收益提供了窝藏、转移的帮助,使上游犯罪分子顺利获得赃款,且能有效妨碍公安机关的侦查,为逃避法律的追究提高了可能性。作为"两卡"的持有者,如明知是犯罪所得及其产生的收益,而将"两卡"提供给他人,用于窝藏、转移该所得及其产生的收益,就构成《刑法》第312条规定的掩饰、隐瞒犯罪所得、犯罪所得收益罪。

与本书上篇"帮信罪"比较,"掩隐罪"的行为人虽也提供"两卡",但行为内容本身具有明显区别:"帮信罪"行为人提供"两卡"的时间节点为上游犯罪实施终了之前,即所帮助犯罪既遂前实施。而"掩隐罪"行为人提供"两卡"的时间节点是上游犯罪既遂后,针对犯罪既遂所得而实施掩饰、隐瞒行为。

本章共收录5个真实案例:

案例21,钟某某系在校大学生,将自己的银行卡提供给他人用于收取来源不明的钱款,并将钱款转移至指定账户。

案例22，吴某某等人办理多张银行卡交给他人使用，由他人将犯罪所得款项转入卡内，吴某某等人再通过扫描不同微信二维码的方式予以转移。

案例23，李某某提供自己的多张银行卡及手机卡、支付宝账号等给他人使用，帮助诈骗犯罪分子以转账、取现、充值等方式快速转移赃款。

案例24，邓某明知账户接收的钱款来路不明，仍向他人提供本人的银行账户、微信账户作为收款工具，将收到的钱款转入指定账户。同时，邓某还介绍他人参与上述行为。

案例25，杨某某提供自己的银行卡给上家使用，收到诈骗款项后，将卡内款项取现后交付上家，完成赃款的转移。

案例 21　钟某某提供银行卡收取、转移赃款掩隐案[*]

一、公诉机关指控

2020 年 12 月，被告人钟某某为牟利，将其中国银行和中信银行账号提供给乔森（尼日利亚籍，已判决）用于收取来源不明的钱款，并将钱款转移至其他账户。

2020 年 12 月 28 日至 2021 年 1 月 7 日，钟某某提供的上述两个银行账号内收到被网络诈骗人员梁某转来的共计 25.9 万余元后，钟某某在乔森的指挥下将上述钱款再转移至数个指定的支付宝、微信和银行账户内，造成赃款无法追回。

2021 年 3 月 3 日，被告人钟某某自动投案，如实供述了上述犯罪事实。

二、案情拓展

2021 年 2 月 25 日，被害人梁某至上海市公安局徐汇分局辖区某派出所报案：2020 年 10 月初，梁某在"世纪佳缘"网站结识一名为"Vincent"的外籍男子，二人添加微信后便开始以普通朋友的关系在网上相处。2020 年 11 月 23 日，"Vincent"称收到一个合作伙伴要求他支付货物款项的邮件，因自己资金紧张便向梁某借款，承诺 11 月 27 日收到客户的项目款后就还款，并给梁某发送了自己的护照信息和项目合同。梁某相信"Vincent"并同意借款。因梁某不想透露自己的个人信息，便准备通过哥哥的银行账户向"Vincent"指定的国内银行账户转账。"Vincent"称这些国内账户是他在委内

---

[*]（2022）沪 0104 刑初 328 号案。

瑞拉的金融顾问"Petro"通过在中国的合作公司提供的。梁某信以为真，同时要求对方出具内容是"Vincent"向梁某哥哥借款的借条，并将该借条通过微信和邮件发给梁某。"Vincent"同意后，梁某于11月24日8时59分第一次向"Vincent"提供的账户转账人民币72 782元。

两天后，"Vincent"以项目货物在委内瑞拉海关清关需要支付税费为由，向梁某借款人民币143 350元。12月3日，"Vincent"又以委内瑞拉税务机关收取税费为由，继续向梁某借款，后梁某向"Vincent"提供的多个账户转账共计人民币337 847元。12月17日，"Vincent"以账户被冻结需要向基金组织IMF缴纳税费解冻账户为由向梁某借款，梁某当日便通过其哥哥向"Vincent"转账人民币360 039元，19日，再次转账共计人民币301 890元。

12月28日，"Vincent"告诉梁某，其将以向委内瑞拉联合国儿童基金会组织捐赠并指定梁某为受益人的方式来还款，但需要向给该组织下属的安保公司预付服务费用653 898元，并以此为由再次向梁某借款。因"Vincent"多次声称除此之外没有其他办法向梁某还款，梁某还是答应了，便再次通过其哥哥向"Vincent"指定的多个账户转账了该笔费用。

2021年1月6日，"Vincent"告知梁某捐赠的款项已经到了迪拜，安保公司安排了一个名为"Jeffry"的人到迪拜的银行开户，让梁某添加"Jeffry"的微信。之后"Vincent"与"Jeffry"以受益人在迪拜开立银行账户需要购买ADIA、DFSA、DIFC证书及支付服务费为由，多次让梁某转账。1月7日，梁某通过其哥哥向二人提供的多个账户转账共计人民币291 444元，1月18日合计转账人民币680 457元，1月20日合计转账人民币559 997元，1月22日合计转账人民币572 706元。

之后梁某收到一封号称由联合国迪拜办公室发送的邮件，要求梁某填写没有违反反洗钱规定的文书，并在4天后向该组织缴纳保证金。梁某告知"Jeffery"和"Vincent"自己没钱缴纳保证金，而且不想参与他们的资金相关事宜，只想请二人尽快还钱。2月6日，有一个自称是护士的人在微信上联系梁某，称"Vincent"的病情加重，待其身体康复后再回复梁某。自此梁某和"Vincent"再未取得联系。梁某察觉被骗，遂报案。梁某共计损失人民币3 974 410元。

被告人钟某某供述：2020年10月5日，他在大学门口认识了两名外籍男子，他们用英语和其交流，其中一人自称乔森，说他们没有办法使用共享单车，钟某某就帮他们扫了两辆车，加了他们的微信，事后他们通过微信转了车费。之后，他和二人偶尔会在微信上用英语聊天。2020年11月18日晚上，乔森让钟某某提供其微信、支付宝收款码，帮忙转一下钱。其当时以为他们也是学校的留学生，就没有多想，提供了其收款码和中信银行和中国银行卡号。之后，钟某某发现有人打钱到其支付宝或者银行卡，乔森再让钟某某把钱转给他，前后一共有好几次，少的几百元，几千元的比较多，几万元也有，钟某某记得最多的一次是9万多元。2021年1月中旬，钟某某老家的派出所民警打电话给他，让他回一趟老家，说他的银行卡有问题，他就在微信上问乔森之前让他转账的钱有没有问题，乔森说没有问题，就是帮人代购的钱，钟某某就去派出所作了笔录。

公安机关查明：2020年12月28日，乔森、储库（均是尼日利亚籍）在明知他人需要银行账户转移赃款的情况下，由乔森将从被告人钟某某处借用的中信银行和中国银行账号用于转款。2020年12月28日，被告人钟某某中信银行卡收入一笔93 414元转账，乔、储二人指使钟某某于次日分三笔转出；12月29日，被告人钟某某中信银行卡收入一笔93 414元转账，乔、储二人指使钟某某于当日分三笔转出；2021年1月7日，被告人钟某某中国银行卡收入一笔72 861元转账，乔、储二人指使钟某某于当日分七笔转出。

被告人钟某某于2019年9月进入南京某大学读书，该大学作出书面说明，证明钟某某在校期间表现良好，没有任何违反校规校纪的行为。

本案审查起诉阶段，被告人钟某某自愿认罪认罚，并在律师的见证下签署了《认罪认罚具结书》。

案件审理过程中，被告人钟某某退缴违法所得，并预缴罚金共计12 300元。

三、量刑情节

（1）被告人钟某某在共同犯罪中起次要作用，系从犯，依法应当减轻处罚。

(2) 被告人钟某某自动投案，并如实供述自己的主要罪行，系自首，可以从轻、减轻处罚。

(3) 被告人钟某某自愿认罪认罚，可以依法从宽处理。

(4) 案件审理过程中，被告人钟某某退缴违法所得 2300 元，并预缴罚金 1 万元，可酌情从轻处罚。

四、证据认定

本案中，公诉机关提交了相应证据，法院审理后作出如下认定：

(1) 证人梁某、乔森、储某的证言、扣押清单、电子转账凭证、银行账户转账明细、手机截图、刑事判决书、中浦鉴云（上海）信息技术有限公司司法鉴定所司法鉴定意见书等，证明被告人钟某某为非法牟利，帮助他人掩饰、隐瞒犯罪所得 25.9 万余元的事实。

(2) 案件接报回执单、立案决定书、抓获经过等，证明本案的案发情况及被告人钟某某的到案经过。

(3) 被告人钟某某的供述，其对主要事实予以供认。

上述证据收集程序合法，内容客观真实，足以认定指控事实。

五、争议焦点

本案被告人钟某某对指控的犯罪事实及定性均无异议，并自愿认罪认罚，该案事实清楚，控辩双方没有明显争议。

六、辩护意见

(1) 本案系共同犯罪，在共同犯罪中，被告人钟某某仅是听从乔森等人的指示行事，起次要或辅助作用，是从犯，依据《刑法》第 27 条之规定，应当从轻、减轻处罚。

(2) 被告人钟某某接公安机关通知后，主动投案，到案后如实供述了全部犯罪行为，是自首，依据《刑法》第 67 条第 1 款之规定，可以从轻或者减轻处罚。

(3) 被告人钟某某到案后即表示愿意认罪认罚，并于审查起诉阶段签署了具结书,依据《刑事诉讼法》第 15 条之规定,可以依法从宽处理。在本案庭审过程中,被告人钟某某态度良好、认罪悔罪明显,可对其从轻处罚。

(4)被告人系在校大学生,尚未步入社会,没有社会经验,对于其行为可能涉及违法犯罪缺乏判断力,导致涉案,其在学校学习期间表现良好,没有违反校规校纪的行为,可挽救程度极高,通过加强法律教育完全可以避免再次犯罪。在审理期间,被告人钟某某在家属的帮助下退出了违法所得,并预缴了罚金,可酌情从轻处罚。

请法庭综合被告人钟某某的学生身份、涉案的主观恶性、在犯罪中的地位作用、违法所得及退缴情况、认罪认罚态度及自首情节等,对其减轻处罚,并依法宣告缓刑,使其能顺利完成学业。

七、法院判决

法院认为,被告人钟某某与他人结伙,明知是犯罪所得予以转移,其行为已构成掩饰、隐瞒犯罪所得罪,情节严重且系共同犯罪,公诉机关的指控成立。鉴于被告人钟某某系从犯,在本案中具有自首等相应情节,且在开庭审理中本院亦查明被告人系自愿认罪认罚并知晓法律后果,在律师的见证下与公诉机关签署认罪认罚具结书,并就量刑建议双方达成一致意见,本院予以确认。审理期间,被告人积极退缴违法所得并预缴罚金保证金。据此,依据《中华人民共和国刑法》第三百一十二条第一款、第二十五条第一款、第二十七条、第六十七条第一款、第七十二条第一款和第三款、第七十三条第二款和第三款、第五十二条、第五十三条、第六十四条以及《中华人民共和国刑事诉讼法》第十五条之规定,判决如下:

一、被告人钟某某犯掩饰、隐瞒犯罪所得罪,判处有期徒刑十个月,缓刑一年,并处罚金人民币一万元;

二、违法所得予以追缴,扣押的银行卡予以没收。

钟某某在社区中,应当遵守法律、法规,服从社区矫正机构的监督管理,接受教育,完成公益劳动,做一名有益社会的公民。

八、律师感悟

笔者于 2022 年年初代理了本案，虽然取得缓刑的判决结果，但纵观整个办案流程及案件细节，诸多方面都令人唏嘘，深入探究或可给读者些许启示。

被害人梁某先后共被诈骗 397 万余元的遭遇令人叹息。梁某是一个年逾四十的职场女性，有优渥的经济条件，在网络上与他人相识而未在线下见面，就答应借款 7 万余元给对方，此行为缺乏社会经验或风险意识，这也导致梁某不断地陷入诈骗分子设计的圈套。当我们看到梁某所述的转账过程时，觉得诈骗分子的伎俩很低级，存在诸多漏洞，非常容易识别并化解，梁某在前几次的转账中为什么就没有意识到呢？这里笔者说明一下，梁某在首次转账时自认作出了一定的风险甄别，阅看了对方的护照信息及项目合同，并要求对方出具借条后才转账的。但这能起到作用吗？诈骗分子的话术和资料都是经过精心设计的，不会轻易地被识别。虽然诈骗分子的圈套一环接一环，但成功的前提是被害人对诈骗分子信任，有了信任作为基础，诈骗分子编织的谎言就又多了一层包裹的外衣，更难被看透。如果说对于首次转账，梁某缺乏辨别能力，那么后续支付银行的各种证书费用动辄数万元之巨非常离奇，梁某为何也没有意识到被诈骗而又多次汇款呢？从梁某的逻辑来看，她已经出借了太多款项，必须得扫平一切"障碍"才能收回借款，殊不知这些"障碍"都是人为设计的圈套。由此可见，诈骗分子的招数具有很强的迷惑性，尤其是当建立与诈骗分子的基础信任后，如梁某这般年龄及阅历的人仍会陷入其中，我们更应增强防骗意识，杜绝此类悲剧的再次发生。

反观被告人钟某某的涉案也令人惋惜。钟某某出生于 2000 年年底，刚刚进入大学一年多，社会经验是十分缺乏的，加之此事发生在大学校园内，起初他以为是在帮助学校的留学生，可以说一定程度上也是被骗入局，其在多次的收款、转账过程中应该意识到款项性质可能不合法，就应该及时停止该行为，也不致涉案如此之深，收取并转移的赃款达 25 万元之巨。作为一名成年人，被告人钟某某要对自己的行为负责，应对该犯罪行为接受处罚。考虑到被告人钟某某在共同犯罪中起次要作用，是从犯，具有自首情节，认罪悔罪态度良好，念其仍是在校学生，法院最终作出了缓刑的判决，这也是钟某某不幸中的万幸了。笔者仍记得当天的在线庭审结束后，审判长特意和钟某某进行了一番交流，语重心长也关怀备至，钟某某十分感动，积极表态在缓刑考验期内好好表现，今后也将遵纪守法，不再犯错，这一幕让笔者看到了刑罚的教育效应。

笔者注意到本案真正的诈骗分子并未到案，被告人钟某某提供的仅是一级账户，诈骗款项通过一级账户收款后，再层层转移而加大了破案的难度，可见严厉打击乔森、钟某某等人的行为是十分必要的，只有切断了赃款的收转环节，诈骗分子才无处遁形。从根本上杜绝诈骗行为的发生任重而道远，只希望如乔森、钟某某等人增强法律意识，不要成为诈骗分子的帮凶。

案例22　吴某某提供银行卡转移赃款掩隐案[*]

一、公诉机关指控

2021年6月至案发，被告人欧阳甲召集被告人符某、欧阳乙、刘某甲、王某甲、欧阳丙（另案处理），被告人符某另召集被告人吴某某及杨某甲、林某某（均另案处理），被告人刘某甲另召集刘某乙、杨某乙（均另案处理），被告人王某甲另召集王某乙（另案处理），在明知他人实施违法犯罪的情况下，仍办理多张本人名下银行卡，并将银行卡账号提供给他人，由他人将犯罪所得钱款转入其各自账户，再通过扫不同微信二维码方式予以转移，并按照事先约定的比例从中获利。经查证，被告人符某名下中国银行卡于2021年6月30日支付结算被害人王某丙被骗钱款4万元；被告人欧阳乙名下平安银行卡于2021年8月8日支付结算被害人崔某某被骗钱款7万元、名下中国农业银行卡于2021年7月13日支付结算被害人沈某某被骗钱款3万元；被告人吴某某名下中国农业银行卡于2021年6月30日支付结算被害人刘某丙被骗钱款5万元；被告人刘某甲名下平安银行卡于2021年7月19日支付结算被害人王某丁被骗钱款2万元；被告人王某甲名下中国工商银行卡于2021年7月7日支付结算被害人刘某丁、顾某被骗钱款共4万元；同案人员王某乙名下中国建设银行卡于2021年7月15日支付结算被害人韩某被骗钱款8000元，林某某名下中国银行卡于2021年7月13日支付结算被害人秦某某被骗钱款2万元，杨某甲名下光大银行卡于2021年7月13日支付结算被害人董某、刘某戊被骗钱款共4.37万元，刘某乙名下南京银行卡于2021年7月13日支付结算被害人王某戊被骗钱款1万元，杨某乙名下中国光大银行卡

[*] （2021）沪0115刑初5421号案。

于 2021 年 7 月 19 日支付结算被害人何某某、郭某某被骗钱款共 3.9 万元。

2021 年 7 月 13 日，被告人冯某甲明知他人可能将其银行账户用于转账实施违法犯罪行为，仍将绑定本人网银及微信账户的手机当面交由他人使用，并在现场进行人脸识别协助他人进行转账操作，获利 1500 元。经查证，2021 年 7 月 13 日其名下中国银行卡支付结算被害人胡某被骗钱款 15 万元、被害人赵某某被骗钱款 1.12 万元、被害人檀某某被骗钱款 5 万元、被害人刘某己被骗钱款 36 001 元、被害人冯某乙被骗钱款 5 万元、被害人郑某被骗钱款 2 万元、被害人沈某某被骗钱款 5 万元、被害人杨某丙被骗钱款 3000 元、被害人陈某某被骗钱款 6 万元，共计 430 201 元。

2021 年 9 月 9 日、10 月 14 日，被告人欧阳甲、符某、欧阳乙、吴某某、刘某甲、王某甲、冯某甲因重大嫌疑分别被抓获，到案后均如实供述犯罪事实。被告人符某到案后协助公安机关抓捕其他犯罪嫌疑人。

案发后，公安机关扣押到被告人欧阳甲 2.56 万元，被告人欧阳甲当庭自愿用于退赃退赔，被告人刘某甲、王某甲、冯某甲分别退缴违法所得 8000元、5000 元、1500 元。

在案件审理过程中，被告人符某、欧阳甲、吴某某在家属帮助下退缴自述违法所得，并退赔部分钱款补偿被害人损失，被告人刘某甲、王某甲、冯某甲另行退赔部分钱款补偿被害人损失。

二、案情拓展

被告人吴某某到案后供述：2021 年 6 月，其和符某通过共同的朋友相识后，符某告诉其他身边有通过交易虚拟货币来赚钱的路子，只要其将手机给他操作，就能获得 100 元左右的好处费。吴某某觉得没什么就同意了，后来符某就拿吴某某的手机操作交易虚拟货币，但这次交易没有成功，所以符某也没有给其任何好处费。直到 2021 年 7 月初，符某在网吧又碰到吴某某，对其说有一个赚钱的新路子，就当作兼职，具体做法是，其将银行卡提供给符某用于转账，符某会不定时将钱转入其银行卡内，然后让其根据要求通过扫微信收款码，将卡里的钱转到指定的账户内。每次转账时符某都会通过微信或者电话联系其，约定见面时间、地点，然后当面进行转账。符某每次都是将其带到珠海市某小区，每次里面都有六七个人，吴某某都不认识，只对其中一个叫"欧阳"的男子印象深刻，他每次都是坐在一台电脑前，操作一些接单什么的，应该是他们的负责人。符某还将吴某某拉进一个社交软件的聊天群内，群里都是做转账事情的人。吴某某将自己的银行卡号发给符某，每次有钱进入其账户，其就截屏发到群里，需要转钱的时候，"欧阳"会叫吴某某或者其他像吴某某一样的人到他身边，"欧阳"的电脑上会显示一个微信收款码，吴某某先将进账的钱提现到微信零钱，再使用自己的手机扫描上述收款码将钱转出去。吴某某当时有过疑虑，觉得这么转钱会不会有问题，也问了符某，符某说转的是博彩的钱。2021年8月，吴某某银行卡被冻结，其他人的银行卡也被冻结，符某说是流水大的原因，但是吴某某不敢去银行问，因为其知道转账的钱肯定有问题。吴某某一共提供了自己名下的2张银行卡，每转账10万元能拿到100元的提成，前后共拿了1000元左右的提成。

三、量刑情节

（1）被告人吴某某被抓获到案后，如实供述自己的罪行，系坦白，可以从轻处罚。

（2）被告人吴某某退缴违法所得，并退赔部分钱款补偿被害人损失，可以从轻处罚。

（3）被告人吴某某在共同犯罪中起次要作用，系从犯，应当从轻或减轻处罚。

（4）被告人吴某某自愿认罪认罚，可以依法从宽处理。

四、证据认定

本案中，公诉机关提交了相应证据，法院审理后作出如下认定：

（1）被害人王某丙、崔某某、胡某等人的陈述、受案登记表、转账记录、银行账户交易明细、相关聊天记录等，证实被告人欧阳甲、符某等人使用自己银行账户实施转账及被害人王某丙等人被骗钱款经其等人银行账户被转移的经过事实。

（2）清点记录、扣押决定书、扣押清单、扣押笔录，证实公安机关在被告人欧阳甲等人处扣押 2.56 万元及机箱、手机、笔记本电脑、银行卡 17 张等物；在被告人刘某甲、王某甲、冯某甲处扣押相关违法所得。

（3）上海市公安局浦东分局出具的案发经过表格、情况说明等，证实上述 7 名被告人的到案情况。

（4）户籍人员基本信息，证实上述 7 名被告人的基本身份情况。

（5）被告人欧阳甲、符某、欧阳乙、吴某某、刘某甲、王某甲、冯某甲对犯罪事实均供认不讳。

上述证据收集程序合法，内容客观真实，足以认定指控事实。

五、争议焦点

本案各被告人对指控的犯罪事实及定性均无异议，并自愿认罪认罚，该案事实清楚，控辩双方没有明显争议。

六、辩护意见

辩护人对于公诉机关指控被告人吴某某的罪名及事实无异议，针对量刑的情节发表如下辩护意见：

（1）被告人吴某某到案后积极配合公安机关调查，能够如实稳定地供述相关涉案事实，认罪、悔罪态度明显，具有坦白情节，依照《刑法》第 67 条第 3 款的规定，可以从轻处罚。

（2）本案系共同犯罪，被告人吴某某系受他人指示行事，在共同犯罪中起次要、辅助作用，系从犯，依照《刑法》第 27 条的规定，应当从轻、减轻处罚。

（3）被告人吴某某此前一直表现良好，没有任何违法、犯罪的前科，此次属于初犯、偶犯，因其法律意识淡薄才误入歧途，其犯罪主观恶性较小。

（4）被告人吴某某已经充分认识到自己行为的违法性与严重性，真心悔过，自愿认罪认罚，在审查起诉阶段依法签署了《认罪认罚具结书》，依照《刑事诉讼法》第 15 条的规定，可以依法从宽处理。

（5）在案件审理过程中，被告人吴某某在家属帮助下退缴全部违法所得，并退赔部分钱款补偿被害人的损失，可酌情从轻处罚。

七、法院判决

法院认为，被告人欧阳甲、符某、欧阳乙、吴某某、刘某甲、王某甲、冯某甲明知是犯罪所得而予以转移，其中欧阳甲、符某、欧阳乙、冯某甲情节严重，其行为均已构成掩饰、隐瞒犯罪所得罪。被告人欧阳甲分别与被告人符某、欧阳乙、吴某某、刘某甲、王某甲系共同犯罪，在共同犯罪中，被告人欧阳甲纠集、安排其他被告人实施犯罪并主持违法所得分配，在共同犯罪中起主要作用，系主犯。被告人符某、刘某甲、王某甲除经被告人欧阳甲纠集实施犯罪行为，另纠集他人参与犯罪活动，在共同犯罪中起主要作用，系主犯。被告人欧阳乙、吴某某在共同犯罪中起次要作用，系从犯，对被告人欧阳乙依法减轻处罚，对被告人吴某某依法从轻处罚。被告人冯某甲经人纠集实施犯罪行为，在共同犯罪中起次要作用，系从犯，对其依法减轻处罚。被告人欧阳甲、符某、欧阳乙、吴某某、刘某甲、王某甲、冯某甲到案后均能如实供述罪行，对其依法从轻处罚。被告人符某到案后协助公安机关抓捕其他犯罪嫌疑人，有立功表现，对其依法减轻处罚。被告人吴某某所提协助公安机关抓捕其他犯罪嫌疑人的情况目前尚未查证属实。被告人欧阳甲、符某、欧阳乙、吴某某、刘某甲、王某甲、冯某甲自愿认罪认罚，根据《中华人民共和国刑事诉讼法》第十五条的规定从宽处理。被告人欧阳甲、符某、欧阳乙、吴某某、刘某甲、王某甲、冯某甲有退赃退赔表现，对其酌情从轻处罚，结合全案情节，在公诉机关量刑建议基础上对部分被告人的量刑予以调整。依照《中华人民共和国刑法》第三百一十二条第一款、第二十五条、第二十六条第一款及第四款、第二十七条、第六十七条第三款、第六十八条、第五十二条、第五十三条、第六十四条、第七十二条第一款及第三款、第七十三条第二款及第三款之规定，判决如下：

一、被告人欧阳甲犯掩饰、隐瞒犯罪所得罪，判处有期徒刑三年六个月，并处罚金人民币一万元。

二、被告人符某犯掩饰、隐瞒犯罪所得罪，判处有期徒刑一年十个月，并处罚金人民币三千元。

三、被告人欧阳乙犯掩饰、隐瞒犯罪所得罪，判处有期徒刑一年六个月，并处罚金人民币三千元。

四、被告人吴某某犯掩饰、隐瞒犯罪所得罪，判处有期徒刑九个月，并处罚金人民币二千元。

五、被告人刘某甲犯掩饰、隐瞒犯罪所得罪，判处有期徒刑一年六个月，缓刑一年六个月，并处罚金人民币三千元。

六、被告人王某甲犯掩饰、隐瞒犯罪所得罪，判处有期徒刑一年，缓刑一年，并处罚金人民币三千元。

七、被告人冯某甲犯掩饰、隐瞒犯罪所得罪，判处有期徒刑一年六个月，缓刑一年六个月，并处罚金人民币三千元。

八、违法所得的一切财物予以追缴；作案工具予以没收。

八、律师感悟

掩饰、隐瞒犯罪所得罪的行为模式多种多样，本案的犯罪行为模式是实践中最常见，也是最普遍的一种，即提供自己的银行卡给他人使用，并协助转账。

掩隐罪的行为中，以提供支付结算帮助最常见。以出租、出售银行卡为例，上游犯罪分子会以招聘兼职等为由通过微信、QQ等平台发布信息，或者开发新平台，并以赚快钱、帮刷银行卡流水等为噱头吸引他人，使得持卡人放松警惕，在没有强烈法律意识的情况下将银行卡交付给他人使用，使用完成后再给予一定的报酬，使得持卡人从中获利。这种非常轻松的赚钱方式，对于有资金需求，或没有正当工作的持卡人来说是十分有诱惑力的。在当场收款、转款交易完成后，持卡人与收卡人可能会立即删除聊天记录，也不再联系，这样即使持卡人被公安机关抓获，收卡人也可能会逃避公安机关侦查。这些违法资金通过线上快速分流转账的方式，在短时间内流转到多个账户，或者多个层级的账户之中，甚至会通过购买虚拟货币的方式进行转移，侦查难度进一步加大。

本案中，犯罪分子众多，以欧阳甲、符某、刘某甲、王某甲为首，分工明确，并纠集拉拢他人加入该犯罪团伙行违法犯罪之事。笔者代理的吴某某就是通过符某的游说才误入歧途的。刚开始符某告诉吴某某只是兼职、临时工，让吴某某放下戒心，后交出自己的银行卡，配合符某进行转账。从吴某某的供述来看，他当时对于通过自己银行卡流转的资金来源具有非法性是明确知道的，仅仅为了1000元的好处费而涉案，案发后的他后悔莫及。

  现如今，通过看似正规的"招聘"诱使年轻人走上犯罪道路，已是很常见的套路。为了减少年轻人因法律意识薄弱而行差踏错，国家积极宣传法律知识，采取多种方式，开展丰富多彩的法治宣传教育活动。笔者在此也希望大家能以吴某某等人为戒，踏实工作、生活，谨慎交友，不要将法律当作儿戏，切勿触碰法律的底线。

案例 23　李某某提供银行卡、手机卡、支付宝账号转移赃款掩隐案[*]

一、公诉机关指控

被告人李某某为牟取利益,明知可能涉及违法犯罪所得资金,于 2023 年 2 月 6 日晚至 2 月 7 日凌晨向他人提供名下尾号 8716 的中国银行卡、尾号 4984 的中国邮政储蓄银行卡、尾号 0873 的中国农业银行卡及手机、身份证接受电信网络诈骗犯罪所得资金,并配合手机银行刷脸认证、使用数字银行 App 等,还提供尾号 9864 的中国邮政储蓄银行卡、尾号 1096 的中信银行卡、支付宝账号等使前述资金通过转账、取现、充值等方式快速转移。经查,电信网络诈骗犯罪被害人林某某、唐某某等 19 人的被骗资金共计 10 余万元经前述涉案银行卡等转移。

2023 年 4 月 13 日凌晨,被告人李某某向他人提供尾号 7570 的中国建设银行卡接受电信网络诈骗被害人詹某被骗资金 8150 元后随即被 ATM 机取现和微信充值转移。

2023 年 5 月 6 日,被告人李某某被公安机关抓获,到案后如实供述了上述事实。

二、案情拓展

2023 年 2 月 7 日,被害人林某某至上海市公安局奉贤分局辖区某派出所报案:2023 年 2 月 6 日 16 时许,其在刷抖音时无意间发现一个刷单返利的抖音号,目前已找不到。当时其就添加了对方的 QQ,对方发送给其一个网址,

---

[*]（2023）沪 0106 刑初 1025 号案。

这个网址现在也无法打开了。对方当时让其在这个网页上进行"刷单"。网页上有打赏主播的功能，每个主播有对应的银行卡账户，对方就让其转款打赏，打赏主播会有一定的返利，收益是 20%。其先是转账 269 元到段某某尾号 9733 的中国邮政储蓄银行账户，随后网页内显示给其返利 300 余元。之后其又转账打赏 1588 元，但没有收到返利。其联系网页客服，客服让其继续汇款以达到解锁返利的目的。于是其多次向对方提供的 5 个银行账号转账，直到 2 月 7 日 13 时 23 分，其共计转账 15 797 元，但仍是无法返利，对方的 QQ 也一直没有回复其，其才发现自己被骗了。

2023 年 2 月 7 日，被害人唐某某至广昌县公安局执法办案中心报案：2023 年 2 月 4 日上午 10 时 08 分，其手机上收到一条宣传贷款的短信，并附上了一个网页链接。因为其最近确实缺钱，就点进链接下载了某贷款 App。当其注册账号后 App 显示其有 5 万元的借款额度，其就填写了一张自己的中国农业银行卡作为放款账号。之后 App 显示其填写的银行卡信息错误导致放款失败，并向其推送另一款 App，说里面会有客服指导其去解决该问题，其就下载了这个 App。进去以后发现这是个社交聊天软件，里面有个自称是贷款客服的人，称要其缴纳放款额度的 15% 作为保证金，不然其贷款就不能顺利发放。为了能顺利拿到贷款的钱，唐某某就在对方的指导下于 2023 年 2 月 6 日 20 时 53 分向对方提供的李某某（本案被告人）名下尾号 0873 的中国农业银行账户转账 2.5 万元。但之后贷款的钱还是没有到账，其就又去联系客服，客服又换了个理由让其转钱，其就发现自己被骗了。

2023 年 4 月 13 日，被害人詹某至贵阳市白云分局辖区某派出所报案：2023 年 4 月 13 日凌晨 1 时 18 分，其在某 App 上刷到一个 QQ 号，对方声称可以向其提供一个能直播裸聊的 App。其添加该 QQ 账号为好友后，根据对方发送的链接下载了某聊天 App，注册完毕后就有客服说得先充值会员，其看会员费仅 39 元，就充了。充值完成后客服又说如果要解锁直播裸聊功能的话得连续打赏 3 次，而且会有返利。最开始的 39 元会员费就算是打赏第一次，给其返利 51 元，可以提现。打赏第二次的金额是 288 元，其充值完成后获得返利 346 元，也能提现。打赏第三次的金额是 1288 元，其充值完毕发现无法提现，去问客服，客服就给了其两个选择：一个是继续打赏 8150 元来解锁返利；一个是直接充值3万元，无须操作直接提现。其选择了第一个，向户主为李某某（本案被告人）的尾号7570的中国建设银行账户充值8150元，但还是无法提现，客服说其操作失误，还要扣除20分的信誉分。之后客服又给了其两个选择：一个是继续打赏3万元来解锁返利，一个是直接充值6万元直接提现返利，其这次选择了第二个选项。充值完6万元后还是无法提现，客服说是因为其信誉分差了20分，可以花钱补分，一分是2500元。其就花了5万元买分，买完之后客服说其操作失误，再扣10分信誉分，所以其又花了7.5万元买分。买完之后去提现，客服称因为其账户余额里的返利已经超过10万元，所以要分三次提现，第一次提现999元成功了，第二次提现10万元失败了，其就意识到被骗了。

被告人李某某到案后供述：2023年2月，其之前认识的一个朋友杨某问其需不需要办理贷款，不需要任何资质就能办下来，因为其没有存款和公积金，不能去正规平台办理贷款，所以就同意了。其按照杨某的要求带着自己的11张银行卡去找他。和杨某碰面后，又来了两个自称是办理信用卡和贷款的男子，其配合他们将其手机银行App、微信和支付宝流水打开给他们看。他们看过后说可以办理贷款。随后杨某和那两名男子就把其带去附近的宾馆。其把手机、银行卡和密码都给了杨某，杨某和那两名男子就开始操作。其间，其配合他们在数字银行App上进行人脸识别验证，其他时间其几乎都在睡觉。第二天早上，杨某把其喊起来，说其银行卡不行，贷不到款，其就拿着银行卡和手机回去了。其手机中支付宝和微信收钱、提现也是杨某他们操作的。其后来看到有几张银行卡被冻结了，杨某承诺说解冻这些银行卡的话会给其好处费，让其提供银行卡也会给好处费，一起结算。

案件审查起诉阶段，被告人李某某自愿签署《认罪认罚具结书》。

法庭审理阶段，被告人李某某退赔2.7万元。

三、量刑情节

（1）被告人李某某的行为构成掩饰、隐瞒犯罪所得罪，且情节严重，法定刑为三年以上七年以下有期徒刑，并处罚金。

（2）被告人李某某能如实供述自己的罪行，系坦白，可以从轻处罚。

（3）本案为共同犯罪，被告人李某某系从犯，应当从轻、减轻处罚。

（4）被告人李某某自愿认罪认罚，可以依法从宽处理。

四、证据认定

本案中，公诉机关提交了相应证据，法院审理后作出如下认定：

（1）公安机关调取的《受案登记表》《立案决定书》、上游犯罪被害人唐某某、林某某等人的证言及工作情况，证实其被电信诈骗后有资金转入被告人李某某涉案银行卡的事实经过。

（2）公安机关依法查询的被告人李某某中国银行、中国邮政储蓄银行、中国农业银行银行卡和中国建设银行卡交易明细及签署的银行打击"两卡"违法犯罪活动告知书，证实唐某某、林某某等人被骗资金进入李某某银行卡后又被支出转移。

（3）被告人李某某的供述，证实其对犯罪事实供认不讳。

（4）公安机关依法扣押的手机和涉案银行卡，证实被告人的作案工具。

（5）公安机关出具的《案件接报回执》《受案登记表》《抓获经过》，证实案发情况和被告人的到案经过。

（6）公安机关调取的户籍人口信息资料，证实被告人的基本身份情况。

上述证据收集程序合法，内容客观真实，足以认定指控事实。

五、争议焦点

本案被告人李某某对指控的犯罪事实及定性均无异议，并自愿认罪认罚，该案事实清楚，控辩双方没有明显争议。

六、辩护意见

（1）被告人李某某到案后如实供述自己的罪行，有坦白情节，根据《刑法》第67条第3款之规定，可以从轻处罚。

（2）本案中，被告人李某某是经杨某的介绍才将自己的银行卡交由他人刷流水、办理贷款，并参与转账的，而非本人一开始就积极主动追求该结果的发生，主观恶性不大，在本案中起次要或辅助作用，应该认定为从犯，依法应当从轻、减轻处罚。

（3）被告人李某某系初犯、偶犯，到案后对自己一时糊涂犯下的罪行十分后悔，在审查起诉阶段自愿签署《认罪认罚具结书》。法院审判阶段，李某某在家属的配合下已退出全部违法所得和部分涉案金额共计2.7万元，认罪悔罪态度真诚，可对其从轻处罚。

综上所述，被告人李某某犯罪情节较轻，主观恶性较小，系初犯，又系从犯，且自愿认罪认罚，并积极退赔，真诚悔罪，其已经没有再犯罪的危险，对其适用缓刑不会对社会造成重大不良影响，请求法庭能给其一个改过自新的机会。

七、法院判决

法院认为，公诉机关指控被告人李某某犯掩饰、隐瞒犯罪所得罪的事实清楚，证据确实、充分，指控罪名成立，量刑建议适当，应予采纳。辩护人关于对被告人减轻、从轻处罚的相关辩护意见，法院亦予以采纳。据此，依照《中华人民共和国刑法》第三百一十二条第一款，第二十五条第一款，第二十七条，第六十七条第三款，第七十二条第一款、第三款，第七十三条第一款、第三款，第六十四条及《中华人民共和国刑事诉讼法》第十五条之规定，判决如下：

一、被告人李某某犯掩饰、隐瞒犯罪所得罪，判处有期徒刑七个月，缓刑一年，并处罚金人民币一万元。

二、违法所得予以追缴，作案工具予以没收。

李某某回到社区后，应当遵守法律、法规，服从监督管理，接受教育，完成公益劳动，做一名有益社会的公民。

八、律师感悟

笔者团队于2023年6月接受本案委托，此时李某某已经检察院批准并由公安机关执行逮捕。经会见李某某了解了相关案情，我们发现这是一起因办理贷款而发生的掩饰、隐瞒犯罪所得罪案件。虽然李某某在接受讯问之初一直声称自己不清楚这些银行卡的用处，以及所有的资金提现、支取自己都不知情，银行卡及手机均由他人支配，但是根据警方收集的证据显示，李某某是为了牟取利益，在明知可能涉及违法犯罪所得资金的情况下，向朋友杨某提供了自己的银行卡、手机和支付宝、微信账户。正是在多重证据的相互印证下，李某某坦白了自己的涉案事实，表达了认真悔过的态度，并且在审查起诉阶段签署了《认罪认罚具结书》，获得了从宽处理的机会。从本案的量刑来看，被告人李某某掩饰、隐瞒犯罪所得总额已达到10万元以上，应当认定为"情节严重"，法定刑为三年以上七处以下有期徒刑，并处罚金，由于李某某在共同犯罪中起次要作用，是从犯，才得以减轻处罚，再结合其认罪认罚、退缴违法所得及赔偿被害人损失等，才得到了缓刑的判决结果。

另外，笔者还发现，在一些诈骗类案件中，很多受害人由于轻信社交软件上陌生人发布的所谓贷款平台广告而上当受骗，如本案中的受害人唐某某正是有贷款需求，被诈骗分子设计圈套而骗得钱款，使得本就缺钱的唐某某又损失了2.5万元。也有许多帮信罪、掩隐罪的行为人因为自身想要贷款而为上游犯罪分子提供了自己的银行卡，比如本案中的李某某，他起初的目的是办理贷款，将银行卡、手机等交由杨某的目的也是刷流水以顺利放贷。无论是唐某某，还是李某某，他们都被犯罪分子巧妙地利用了贷款心切的心理，在贷款过程中虚设各种环节，从而达到骗取钱财，或者完成赃款转移的目的。对于贷款，笔者认为应当慎之又慎，道听途说、轻信陌生人是存在极大风险的，而网络交易的隐蔽性和虚拟性又使得借贷双方无法有效核实对方的真实身份，遑论对方的征信状况和相关资质，网络也就成了诈骗等各类违法犯罪行为的滋生之地。因此，当需要借款时，我们还是应该选择向正规的金融机构办理，而非"病急乱投医"地向闻所未闻的"贷款平台"求助，更不该轻信他人所谓的"有卡就能办"的贷款方式，这些旁门左道的背后很有可能是犯罪分子编织的陷阱。

目前网络信息犯罪案件频发，在与网络上的陌生人交流过程中，应当提起十二分的警惕，切莫盲目轻信，才能最大程度保障自己的权益。当然，笔者认为我们在平时要做好一定的资金积累，建立正确的储蓄、消费观念，完善自己的征信，通过自己的努力获取和积累的财富才是最安全的。

案例 24　邓某提供银行卡、微信账户收取、转移赃款掩隐案[*]

一、公诉机关指控

2021年6—7月,被告人邓某在明知账户接收的钱款来路不明,可能是违法犯罪所得的情况下,仍向他人提供本人的银行账户、微信账户及介绍周某某(另案处理)等人提供银行账户、微信账户作为收款工具,将收到的钱款转入指定的账户,帮助转移赃款,获利约4万元。

其间,被害人张某某、刘某某、王某某遭网络诈骗,被骗部分钱款合计5.98万元经被告人邓某账户流转;被害人马某某、高某遭网络敲诈勒索,被勒索部分钱款合计2.99万元经周某某账户流转。

经查,2021年6月13日至7月19日,被告人邓某名下的三张银行卡接收钱款合计113万余元,周某某名下的一张银行卡接收钱款合计15万余元。

2021年7月19日,被告人邓某被抓获,到案后如实供述上述事实。

二、案情拓展

2021年6月19日,被害人高某至上海市公安局闵行分局辖区某派出所报案:2021年6月19日3时许,其在上海市闵行区家中,因无聊通过某聊天软件聊到一陌生女子,后添加对方QQ进行裸聊。结束后,对方向其发送了裸聊视频及其手机里的通讯录,并以此向其敲诈勒索1.8万元。高某表示没钱,对方查看高某的微信、支付宝余额后让其下载某App,绑定信用卡后往该App充值了18 999元,之后在该App内添加对方为好友后将充值的款项以

---

[*]　(2021)沪0112刑初1694号案。

发红包的方式支付给对方。随后对方称已删除了高某的裸聊视频，但将高某的通讯录交由其主管处理。该主管随后又让高某往上述 App 充值，高某又充值了 3 笔 9999 元。之后该主管又让高某下载各类网贷 App 贷款后向上述 App 充值给他发红包。高某向其支付了 26 901 元后，主管说让"小王"来操作删除通讯录。小王又向高某要了 9999 元，最后说他们技术部门下班了，要求高某 18 时再和他们联系，高某随后就来报警了。

2021 年 6 月 25 日，被害人马某某至三亚市公安局天涯分局辖区某派出所报案：2021 年 6 月 25 日 1 时许，其在三亚市天涯区某酒店停车场自己的车内刷抖音，看见一个交友聊天软件，因为当时寂寞无聊，就下载该软件注册了信息，准备在里面找人聊天。没多久就有一个用户主动和其发消息聊天，对方让马某某加他的 QQ 聊天。在聊天过程中，对方说自己是色情主播，让马某某下载一个直播软件关注她，可以免费看她直播。马某某按照对方提供的链接下载了软件，但是进去后什么都看不见。就问主播是怎么回事，主播说有可能是软件被封了，于是提议在 QQ 上和马某某免费裸聊，随即给马某某发来视频电话，马某某接通后和对方裸聊了十几秒后，对方就关了视频。过了一会，对方自称是骗子，刚才裸聊的视频已经被他保存，如果不按照他说的做，就把马某某裸聊的视频发给其手机通讯录里的家人和朋友。马某某一听就吓坏了，问对方怎么做才能不泄露他的视频，对方让马某某共享手机屏幕，核实其有多少钱。马某某就把手机支付宝、微信、银行卡内的余额给对方看，一共有 5000 多元。对方随后口述了一个卡号，让马某某往里面转账 5000 元，承诺转完就把马某某的视频删除。马某某通过手机银行 App 向对方转了 5000 元，对方告知马某某已经把视频删除，但是他们手上还有马某某的身份信息和全部联系人的联系方式，让马某某继续付钱，否则就把马某某的信息变成他们的下线，以马某某的名义来诈骗其他人，把马某某也变成骗子。马某某没有钱了，对方就让其共享屏幕下载贷款软件借钱后继续支付，马某某前后一共向对方支付 16 万元。最后，有一个贷款平台的客服给马某某打电话，问其贷款是自己使用，还是被人强迫的，如果是被人强迫的话，对方是不会停手的，告诫马某某不要被骗了，赶紧报警。

被告人邓某到案后供述：2021 年 6 月初，其认识了黄某，黄某说有一个挣钱的路子，是帮直播公司走账刷流水，需要其提供银行卡和手机，人也必须在场，一张银行卡刷一单给 250~300 元，邓某就同意了。之后，黄某经常通过微信告诉其到某个指定地点，一般约的是晚上到网吧或宾馆，到了之后邓某就把银行卡和手机交给黄某。黄某会先查看银行卡是否正常，通常是将银行卡里的钱转到微信零钱通，如果能转说明银行卡是正常的，再将卡号发到一个聊天软件查单群里，等聊天软件汇款群内收到二维码或者银行卡号后，黄某就将钱通过零钱通转出去，这样就算完成一单。通常一整天下来，邓某的银行卡能转出几单，每单 300 元，最后一起结算。结算前，黄某会将在聊天软件里涉及转账信息的聊天记录、转账记录全部删除，否则不结佣金。后来由于走的流水过多，邓某提供的银行卡被冻结了，黄某就叫来新的"做卡人"，邓某就帮忙操作转账。其间，黄某每天给其 2000 元的工资，"做卡人"的报酬由黄某结算。邓某一共帮忙操作转账 20 天左右，通过现金、微信、支付宝的方式收到黄某给的报酬 4 万元。

同案关系人周某某供述：2021 年 6 月底，其初中同学邓某，说让其帮忙刷流水可以挣钱，并把周某某带到某酒店，周某某在房间内看电视，邓某叫周某某把手机和银行卡给他，周某某看到邓某打开其微信零钱通，将进到其银行卡内的钱提到了零钱通，再用其手机扫邓某手机上的收款二维码转账。完成后，邓某通过微信转了 300 元给周某某。这样一共操作 4 次，周某某共获利 1200 元。在这一过程中周某某已经发现这是违法犯罪行为，但是出于侥幸心理，就继续帮邓某刷流水。

本案审理期间，被告人邓某家属代为退缴赃款 8.97 万元。

三、量刑情节

（1）被告人邓某的行为构成掩饰、隐瞒犯罪所得罪，且情节严重，法定刑为三年以上七年以下有期徒刑，并处罚金。

（2）被告人邓某到案后如实供述自己的罪行，有坦白情节，可以从轻处罚。

（3）被告人邓某自愿认罪认罚，可以依法从宽处理。

（4）案件审理过程中，被告人邓某在家属的帮助下退缴赃款 8.97 万元，可酌情从轻处罚。

四、证据认定

本案中，公诉机关提交了相应证据，法院审理后作出如下认定：

（1）被害人张某某、刘某某、王某某、马某某、高某的陈述及相关立案决定书、公安部电信诈骗案件侦办平台的《银行卡明细》《持卡人主体详情》及相关银行账户交易明细等证据，证实被告人邓某利用本人及周某某的银行账户、微信账户帮助转移赃款，以及五名被害人被骗、被勒索钱款与邓某、周某某的涉案银行账户直接关联的事实。

（2）证人（同案人）周某某的证言、与被告人邓某的微信聊天记录，证实被告人邓某介绍并使用周某某提供银行账户、微信账户用于网络犯罪收款转账的事实。

（3）公安机关出具的《工作情况》，证实本案案发及被告人邓某的到案经过。

（4）被告人邓某的供述、公安机关出具的《扣押决定书》《扣押清单》等，证实邓某对上述犯罪事实予以供认。

上述证据收集程序合法，内容客观真实，足以认定指控事实。

五、争议焦点

本案被告人邓某对指控的犯罪事实及定性均无异议，并自愿认罪认罚，该案事实清楚，控辩双方没有明显争议。

六、辩护意见

（1）被告人邓某没有任何违法犯罪前科，此次涉案系初犯、偶犯，是自己法律意识淡薄所致，希望能给其一次改过自新的机会，念其过往表现对其从轻处罚。

（2）被告人邓某在提供银行卡的过程中与被害人没有任何联络，转进转出均由黄某操作完成，对于收款资金的具体来源并不清楚，其主观上没有帮助他人转移赃款的直接故意，对于款项的来源出于放任的态度，犯罪的社会危害性较小。

（3）被告人邓某认可自己的犯罪行为，在案件审理过程中如实供述并具有坦白情节，签署了《认罪认罚具结书》。在庭审过程中，被告人邓某明确表示对于指控的犯罪事实及掩饰、隐瞒犯罪所得罪的罪名均无异议，并愿意认罪认罚，依法可以对其从轻处罚。

（4）被告人邓某因本案获利，也愿意退出部分被害人的损失，最终在家属的帮助下退赔8.97万元，不仅退出了全部违法所得，也弥补了被害人的部分经济损失，体现了其认罪悔罪的积极态度，可对其从轻处罚。

请求法庭综合以上所有情节，在公诉机关提出的有期徒刑三年三个月，并处罚金量刑建议的基础上，根据邓某悔罪退赃的情节进一步从轻处罚，并对被告人邓某宣告缓刑。

七、法院判决

法院认为，被告人邓某构成掩饰、隐瞒犯罪所得罪，公诉机关的指控成立。被告人具有坦白情节，自愿认罪认罚，依法可以从轻处罚。公诉机关的量刑建议适当。辩护人以被告人邓某有坦白情节，自愿认罪认罚且家属代为退缴赃款89 700元等为由，请求对邓某从宽处罚的辩护意见，法院予以采纳。依照《中华人民共和国刑法》第三百一十二条第一款、第六十七条第三款、第七十二条第一款和第三款、第七十三条第二款和第三款、第五十二条、第五十三条、第六十四条及《中华人民共和国刑事诉讼法》第十五条、第二百零一条第一款之规定，判决如下：

一、被告人邓某犯掩饰、隐瞒犯罪所得罪，判处有期徒刑三年，缓刑三年，并处罚金人民币五千元；

二、退缴在案的赃款发还被害人。

邓某回到社区后，应当遵守法律法规，服从监督管理，接受教育，完成公益劳动，做一名有益社会的公民。

八、律师感悟

掩饰、隐瞒犯罪所得罪是近年来国家重点打击的犯罪行为之一，已逐步成为持续高发罪名。本案中被告人邓某明知帮助转账的资金款项是犯罪所得，依旧提供支付结算工具帮助转移资金，最后以掩饰、隐瞒犯罪所得罪被追究刑事责任。值得一提的是，本案中被告人邓某的行为已达到"情节严重"的程度，依法应判处三年以上七年以下有期徒刑，在审查起诉阶段，邓某在辩护律师的见证下签署了《认罪认罚具结书》，公诉机关建议对邓某判处有期徒刑三年三个月，并处罚金。按照法律规定，有期徒刑三年三个月是不能宣告缓刑的，因此在法院审判阶段，辩护律师的工作重点就是如何进一步减少量刑，因邓某无自首、立功等法定减轻处罚情节，欲将量刑减少至三年以下有期徒刑是无法达到的，最理想的结果是三年有期徒刑，并宣告缓刑。通过与邓某及家属的沟通，家属代为退缴全部违法所得，并主动弥补被害人的损失，使法官看到邓某的认罪悔罪态度，得以顺利将有期徒刑三年三个月调整为有期徒刑三年，缓刑三年。

　　本案被告人邓某实施的行为存在一定的普遍性，但根据行为的细节差异，有的构成本案罪名，有的可能构成其他罪名，如帮助信息网络犯罪活动罪。司法实践中，不少犯罪嫌疑人或被告人因为法律意识薄弱未能意识到自身行为的违法性与严重性，出发点也许只是单纯想牟取一定的钱款利益，没想到却实施了帮助他人进行违法犯罪活动的行为，最后面临法律的制裁。

　　知错能改，善莫大焉。行为人如果在认识到自己涉嫌犯罪后，能及时停止实施犯罪行为，或者主动采取措施防止犯罪结果的发生，随后主动向公安机关投案，并积极配合调查，如实交代，认罪认罚并采取退赃退赔等措施弥补自己所犯罪行，尽可能帮助被害人挽回损失，那么就能最大限度地为自己争取宽大处理的机会。

　　普通人可能觉得刑事犯罪离我们有一定距离，但一时的侥幸、一时的贪念都有可能将我们拽入深渊。所以，我们除了应当对法律心存敬畏，也应当不断提高自身的法律素质，学习法律知识，加强职业道德教育，在生活和工作中保持警觉，远离犯罪的诱惑和危险，明确认识违法行为的危害性，提高自身的法律意识和道德水准，远离违法犯罪活动。对自己的所作所为负责，遵纪守法、诚实守信，自尊自强自立，才能守护家园，才有机会为祖国的繁荣与安定作出自己的贡献。

【类案摘录】

案例 25　杨某某提供银行卡收款、取现掩隐案[*]

2024年1月23日，被告人杨某某明知其提供给上家使用的中国农业银行卡（尾号：8777）内转入的钱款系违法所得，仍按照上家指使，将网络诈骗被害人沈某某转入卡内的钱款25万元取现后交给上家，从中获利900元。2024年1月26日被公安机关抓获。

法院认为，被告人杨某某伙同他人，明知是犯罪所得而予以转移，属情节严重，其行为已触犯刑律，构成掩饰、隐瞒犯罪所得，且属共同犯罪，杨某某在共同犯罪中起次要、辅助作用，系从犯，依法均应当从轻或减轻处罚。被告人杨某某到案后，能如实供述自己的罪行，依法可以从轻处罚。被告人杨某某认罪认罚，可以依法从宽处理，本案审理期间，被告人杨某某已退出违法所得并同本案其他被告人退赔被害人部分经济损失，可以酌情从轻处罚。综上，法院量刑时综合考虑被告人的犯罪事实、性质、情节、社会危害程度、认罪悔罪态度、退赔情况、前科情况等，采纳控辩双方的意见，认为公诉机关提出的量刑建议适当，予以采纳，依照《中华人民共和国刑法》第312条第1款、第287条之二第2款、第25条第1款、第27条、第63条、第67条第1款与第3款、第69条第1款与第3款、第71条第1款与第3款、第73条第2款与第3款，第52条、第53条、第64条和《中华人民共和国刑事诉讼法》第15条、第201条之规定，判决被告人杨某某犯掩饰、隐瞒犯罪所得罪，判处有期徒刑一年四个月，宣告缓刑一年四个月，并处罚金5000元。

---

[*] （2024）沪0120刑初270号案。

第八章

提供支付结算服务类掩隐典型案例解析

"掩隐罪"的客观行为包含提供窝藏、转移的掩饰、隐瞒行为，该窝藏、转移行为的表现形式上必定会有提供支付结算服务。"帮信罪"的行为之一即是为他人实施信息网络犯罪提供支付结算服务。二者的区别在于，"掩隐罪"所提供的支付结算服务针对的是犯罪既遂后的所得利益；而"帮信罪"所提供的支信结算服务针对的是信息网络犯罪本身，成为该犯罪既遂的帮助环节。

本章所述提供支付结算服务与第七章提供支付结算工具也略有不同，后者多为提供本人的"两卡"供他人使用，并协助转移赃款，身份上多为"卡农"；而前者多为提供和收购大量"两卡"，并协助转移赃款，身份上多为"卡商"。

本章共收录6个真实案例：

案例26，未某在明知他人将诈骗犯罪所得进行转移的情况下，负责驾驶车辆接送银行卡卡主，帮助他人进行赃款的转移。

案例27，李某某为上游犯罪分子推荐银行卡卡主用于转移赃款，并协助上家驾车陪同卡主至银行柜台取现后交给上家，完成诈骗赃款的转移。

案例28，黄某某等人设立工作室，为某非法转账支付结算平台提供"刷单"服务，将他人的犯罪所得在短时间内频繁划转至不同银行账户。

案例29，周某等建立"洗钱"微信群，组织他人提供微信、支付宝收款码、银行卡等用于接收上家的款项，并进行流转。

案例30，倪某等人明知钱款来源不明，仍利用他人的银行卡接收、转移不法资金，其中包含多名被害人的被骗钱款。

案例31，赵某等人利用多个公司账户为境外人员实施信息网络犯罪活动提供转账操作，各账户累计资金流水达1亿余元，查证涉及诈骗资金1300余万元。

案例 26　未某接送银行卡卡主转移赃款掩隐案[*]

一、公诉机关指控

2023年3月8—13日，被告人未某明知是犯罪所得，为获取利益，仍受他人指示，驾驶车辆接送银行卡卡主，由他人在车内将上游诈骗被害人转账至被告人李某甲及乐某某（另案处理）提供的银行账户内钱款进行转移。经查，2023年3月13日上游犯罪被害人柳某、刘某某、申某分别将被骗钱款10万元、1万元、20万元（共计31万元）转入乐某某的上海银行账户，后上述赃款随即被转移。

2023年3月12日，被告人李某甲在明知系犯罪所得的情况下，为牟取利益，仍提供其名下尾号为9305的上海浦东发展银行账户为他人进行资金转移并配合人脸识别验证，事后获取好处费3000元。同日，上游诈骗犯罪被害人汪某某将被骗505元、倪某某将被骗5300元、丁某某将被骗7500元、李某丙将被骗2500元（共计15805元）转入被告人李某甲的浦发银行账户，后上述赃款随即被转移。

2023年3月1日，被告人李某乙在明知系犯罪所得的情况下，为牟取利益，仍提供其名下尾号为4475的中国农业银行账户为他人进行资金转移并配合人脸识别验证，事后获取好处费4200元。同日，上游犯罪被害人司某某、丁某分别将被骗钱款5299元、8000元（共计13299元）转入李某乙的农业银行账户，后上述赃款随即被转移。

2023年3月13日，被告人李某甲经民警电话通知，自行至公安机关投案。2023年3月15日，被告人李某乙在其暂住处被民警抓获。2023年3月

---

[*]（2023）沪0109刑初484号案。

14日，被告人未某在本市松江区被民警抓获。三名被告人到案后均如实供述自己的罪行。

法院审理期间，被告人未某退出钱款5万元，被告人李某乙退出钱款5000元。

二、案情拓展

2023年3月13日，被害人汪某某至上海市虹口区公安分局辖区某派出所报案称：2023年3月12日，其在家中上网时看到一款投资理财App的介绍，注册登录后按照对方的指示向对方提供的账户转账共计124 612.20元，后发现无法提现，于是就来报案。

公安机关受理立案后，通过线索及侦查，明确被告人李某甲、未某等人涉案，并于3月14日对李某甲、未某等人采取刑事拘留强制措施。

被告人未某到案后供述：2023年2月20日左右，其在老家通过朋友何某某的介绍认识了张某。当月底，张某跟何某某说要到上海游玩，因为他们知道其有车，就提出开他的车一起去，其间的吃住费用和油费由张某承担。未某同意后，三人于2月28日出发，次日早上到达上海，并在上海市松江区某酒店住下。三人在上海玩了五六天后，张某问未某想不想挣钱，只要帮他开车，每天至少给未某1000元，还包吃住。未某同意后的第二天，张某将绰号叫"白毛""蓝毛"，以及一个他们称呼为"超哥"的人介绍给未某认识。之后未某和他们一起住到上海市松江区某民宿内。3月8日开始，未某就开车带着"白毛""蓝毛""超哥"接卡主，车子是"白毛"提供的。到地方后，"白毛"把卡主叫进车里，然后让未某开到一个偏远没人的地方。在车上，"白毛"让卡主把手机、银行卡和密码交给他操作，并让卡主配合人脸识别认证。整个过程，快的话两三个小时，慢的话约12个小时。未某在车上看到过"白毛"手机里有个聊天软件，聊天群里会发指示告诉"白毛"钱已经到了卡主的账上，再让"白毛"将卡主账户里的钱转到指定账户。操作完成后，未某就开车随便找个地方把卡主放下。在送走卡主前，"白毛"会把手机、银行卡还给卡主，同时告诉卡主应得的好处费由他人支付。卡主下车后未某再开车带着他们三人返回暂住的民宿。未某在车上听他们和卡主说走流水金额达到 20 万元的，给 2000 元好处费；到 50 万元的，给 5000 元好处费，也就是以银行卡流水的 1% 作为报酬。"白毛"说他们和卡主拿的好处费比例是一样的，几人合计拿流水的 1%，然后几人再内部分成。未某第一次给他们开车后问过张某这些流转的钱是怎么回事，张某说是一些公司逃税漏税的钱，让未某不要多问，开好车就行。未某和他们一共做了四五天，接送过六七个卡主，总共拿了 3000 元的好处费。其间，未某只负责开车，没有做过其他事情。

三、量刑情节

（1）被告人未某的行为构成掩饰、隐瞒犯罪所得罪，且属于情节严重，法定刑为三年以上七年以下有期徒刑，并处罚金；

（2）被告人未某在本案共同犯罪中，起次要、辅助作用，系从犯，依法应从轻或减轻处罚；

（3）被告人未某到案后能如实供述自己的罪行，系坦白，可从轻处罚；

（4）被告人未某自愿认罪认罚，可依法从宽处理；

（5）案件审理期间，被告人未某在家属的帮助下退出部分赃款，可酌情从轻处罚。

四、证据认定

本案中，公诉机关提交了相应证据，法院审理后作出如下认定：

（1）上游犯罪被害人汪某某、倪某某、丁某某、李某丙、司某某、丁某、柳某、刘某某、申某的陈述、报案材料及部分转账、聊天记录截图，证实其在网络上被诈骗的具体事实经过和金额等事实。

（2）同案关系人乐某某的供述及辨认笔录，证实其在被告人未某驾驶的车辆内，向他人提供自己名下上海银行账户进行资金转移并配合人脸识别验证等事实。

（3）同案关系人付某某、尧某某的供述及辨认笔录，证实其伙同被告人未某，由未某驾驶车辆，其在车内操作转账上游犯罪资金的事实。

（4）上海市公安局虹口分局调取的李某甲浦发银行账户交易明细、乐某某上海银行账户交易明细、李某乙农业银行账户交易明细以及开户信息,证实各上游犯罪被害人将被诈骗钱款分别转入李某甲、乐某某、李某乙银行账户后被取现转移。

(5)上海市公安局虹口分局出具《扣押决定书》《扣押清单》《扣押笔录》,证实公安机关从被告人未某处扣押作案手机一部。

(6)上海市公安局虹口分局调取的手机银行账单详情,证实被告人李某甲、李某乙事后分别获取他人好处费3000元、4200元的事实。

(7)上海市公安局虹口分局出具的《受案登记表》《案发经过》《工作情况》,证实本案的案发经过及被告人的到案情况。

(8)被告人未某、李某甲、李某乙的供述及辨认笔录,均对上述犯罪事实供认不讳。

上述证据收集程序合法,内容客观真实,足以认定指控事实。

五、争议焦点

本案被告人未某对指控的犯罪事实及定性均无异议,并自愿认罪认罚,该案事实清楚,控辩双方没有明显争议。

六、辩护意见

(1)被告人未某只是听从他人指示开车,协助运送卡主,其本人并没有实际参与转账,或指示他人转账,在共同犯罪中起次要或辅助作用,应当被认定为从犯,且与其他同犯相比所起的作用更小,根据《刑法》第27条规定,应当从轻、减轻处罚。

(2)被告人未某到案后如实供述,系坦白,根据《刑法》第67条第3款规定,可以从轻处罚。

(3)被告人未某在审查起诉阶段自愿签署《认罪认罚具结书》,可依法从宽处理。

(4)被告人未某在家属帮助下退赃退赔5万元,可酌情对其从轻处罚。

(5)被告人未某系初犯、偶犯,其刚刚成年,文化程度较低,社会经验不足,本次涉案主观恶性极小,不会有再犯的可能,可给其一次从轻处罚的机会。

综上，辩护人恳请法院综合本案情节，并考虑未某本人的各项情况，在公诉机关给出的量刑建议（有期徒刑一年三个月，并处罚金）的基础上从轻判决，并适用缓刑。

七、法院判决

法院认为，被告人未某、李某甲、李某乙分别与他人结伙，明知系犯罪所得，仍予以掩饰、隐瞒，其中被告人未某情节严重，其行为均已构成掩饰、隐瞒犯罪所得罪。上海市虹口区人民检察院指控被告人未某、李某甲、李某乙犯掩饰、隐瞒犯罪所得罪，罪名成立。本案系共同犯罪，在共同犯罪中被告人未某、李某甲、李某乙起次要、辅助作用，系从犯，依法从轻或者减轻处罚。被告人李某甲能主动投案，并如实供述犯罪事实，系自首；被告人未某、李某乙到案后均能如实供述自己的罪行，且各被告人均能自愿认罪认罚，可分别情节从轻处罚。法院审理期间，被告人未某、李某乙均退出部分赃款，确有悔罪表现，亦可酌情从轻处罚并适用缓刑。辩护人关于对被告人未某减轻处罚并适用缓刑的辩护意见及公诉机关的量刑建议，均予以采纳。为维护社会管理秩序，保护公私财产所有权不受侵犯，依照《中华人民共和国刑法》第三百一十二条第一款、第二十五条第一款、第二十七条、第六十七条第一款与第三款、第七十二条第一款与第三款、第七十三条、第六十四条及《中华人民共和国刑事诉讼法》第十五条之规定，判决如下：

一、被告人未某犯掩饰、隐瞒犯罪所得罪，判处有期徒刑一年三个月，缓刑一年三个月，并处罚金人民币五万元。

二、被告人李某甲犯掩饰、隐瞒犯罪所得罪，判处拘役五个月，并处罚金人民币二千元。

三、被告人李某乙犯掩饰、隐瞒犯罪所得罪，判处拘役五个月，缓刑五个月，并处罚金人民币二千元。

四、追缴赃款连同退出的赃款一并发还被害人；缴获的犯罪工具予以没收。

八、律师感悟

对于本案未某的行为，读者可能会心存疑惑，他只是帮着开车并没有做其他行为就构成犯罪了吗？实际上，仔细分析可以发现，未某在本案中并不是普通司机，他与一般的只提供开车服务的司机有本质区别，他是与"白毛"等人结伙，对于整个犯罪行为是知情的，且提供了直接帮助，这就构成了犯罪。根据法律规定，对直接犯罪行为起指使、教唆、帮助、补充作用的，如犯罪的预备行为，或者共同犯罪中的组织行为、教唆行为和帮助行为，都可能构成刑事犯罪。

此外，类似案件中的不少当事人及家属也认为"不知情"或"帮朋友忙"等理由说明他们主观上没有犯罪的故意，当事人是无辜的，不应该追究刑事责任。是否真的不知情，或者"帮忙"的过程中是否始终不知情，并不是单单靠行为人的口头陈述来确定的，司法机关会结合行为人的认知能力、提供帮助的时间和方式、获利情况等进行综合判断。如未某所犯的掩饰、隐瞒犯罪所得罪，构成该罪的主观方面必须对掩饰、隐瞒的系犯罪所得这一点明知，当然明知就涉及明知的内容和程度。而结合未某到案后的供述，其在车上看到"白毛"根据聊天群中的指示操作转账，也知道"白毛"与卡主操作转账的款项属于犯罪所得，并以流水比例提成获取好处费，且与"白毛"等人共同分配了该好处费，那么完全可以得出未某明知犯罪所得而予以掩饰、隐瞒的结论。在此情况下，未某仍一再参与接送相关涉案人员，无疑为转移被害人钱款的行为提供了帮助，对于犯罪结果有着共同故意，其行为就构成掩饰、隐瞒犯罪所得罪，但因为起到的是次要、辅助作用，所以在共同犯罪中属于从犯地位。

在本罪的量刑上，涉案金额及实施行为的次数也是需要考虑的因素，未某参与接送六七名卡主，且涉及金额达31万元，属于"情节严重"的情形，依法应在三年以上七年以下有期徒刑区间进行量刑。好在未某具有坦白、从犯、认罪认罚等从轻、从宽或减轻处罚情节，并在案件审理期间退出部分赃款，说明悔罪态度良好，最终获得适用缓刑的结果。

笔者认为虽然掩饰、隐瞒犯罪所得罪案件的犯罪手段大同小异，但是每一起案件的背后涉及的受害人之众,转移赃款的金额之巨,都体现了此类犯罪对于社会的危害,以及司法机关的打击难度和必要性。虽然未某在本案中未直接实施转移赃款的犯罪行为,但其帮助行为无疑提高了犯罪团伙的效率,对转移违法犯罪所得起到了促进作用。在此也谨以未某的案例提醒广大读者,切莫触碰法律底线,勿以恶"小"而为之。

案例 27 李某某协助他人取现转移赃款掩隐案[*]

一、公诉机关指控

2023年4月，被告人李某某受上家指使，在明知是犯罪所得的情况下为帮助转移资金，通过网络结识被告人苏某某，并由苏某某介绍被告人武某某提供自己的农业银行卡用于转移。4月24日，被告人李某某驾车伙同被告人武某某、苏某某以及一名身穿绿色衣服的男子（另行处理），一同至辽阳市中国农业银行某支行，由被告人武某某携带其农业银行卡及本人身份证至银行柜台，取现25.4万元后全部交给上家。当日，上游犯罪被害人因被骗，在上海市青浦区将资金转入北京HD商贸有限公司尾号为0941的浙商银行账户，其中25.4万元被骗资金又被转入被告人武某某尾号2877的农业银行账户，后由武某某全部取现。

被告人李某某接民警电话通知后到案，被告人苏某某、武某某系被抓获到案，被告人李某某、苏某某、武某某到案后均如实供述了上述事实。

在法院审理过程中，被告人李某某的家属代为向上游犯罪的被害人补偿经济损失20万元，并获得书面谅解。

二、案情拓展

被告人李某某供述：2023年3月左右，李某某在自己的微信朋友圈里推送了办理小额贷款的广告，之后有一个2021年左右添加为微信好友的自称梁某的人联系到其，让其去找一些缺钱的征信不良的人，同时要有I类银行卡；李某某介绍给他后会有2000元的好处费，给这样的"客户"5000~8000元

---

[*]（2023）沪0118刑初896号案。

的好处费。之后，李某某在2023年4月一共找了两个"客户"。2023年4月22日，李某某告知梁某找到了他要求的"客户"，梁某随即让其将人带到辽阳。第二天李某某开车接上其中一个"客户"后直接到了辽阳市，当天9时30分左右，梁某发了一个定位，有一个戴口罩和黑色帽子的男子上了李某某的车。该男子让"客户"到建设银行去取款，大概15分钟后，"客户"从银行里拿着用建设银行袋子装的钱出来了，并将钱给了该男子，然后李某某又开车载着两人离开。李某某在开车的时候，该男子就塞给其1000元现金，给了"客户"大约5000元，具体金额其不清楚。

半路上，戴帽子的男子要了李某某的手机号以后就下车了，事后有个昵称为"F"（化名）的人添加了李某某的微信。李某某则带着"客户"回了沈阳，当天11时左右，梁某转给李某某好处费2000元。当天16时左右"F"微信联系李某某，让李某某再带一个"客户"去指定地点，李某某知道他是要"客户"去取款，然后就联系了第二个"客户"，约定接"客户"的时间、地点。

4月24日7时左右，李某某驾车接上第二个"客户"，还有一个陪同"客户"的瘦高个，中途有一个戴墨镜的男子上了李某某的车，"客户"将一张农业银行卡给了戴墨镜的男子。男子验完卡后，说这里取不到钱，要到辽阳市里才能取。然后李某某开车按照戴墨镜男子的要求开到辽阳市一个农业银行支行附近，"客户"一人下车去取款。大概20分钟后，"客户"带钱上了车，李某某就马上开车离开了银行。"客户"在车上将钱交给了戴墨镜男子，该男子塞给李某某1000元现金，给了"客户"5000元。当日16时左右，李某某在回沈阳的路上，"F"又联系其，让其以后都给他开车，开一天给1000元。等李某某回到沈阳，"F"通知其现在去东港市。于是李某某就乘坐当天17时从沈阳出发的火车到了东港，之后打车到"F"指定的建设银行门口。等了30分钟左右，20时左右，白天在辽阳戴墨镜的男子与李某某碰头。他夹着一个纸袋子，和李某某一起进了建设银行ATM机房间。该男子在ATM机上点了无卡存款，输入了李某某的手机号和一个银行卡号，又让李某某刷脸验证，向机器内存入12万元现金，袋子里还剩下10万元。当时李某某看到对方手机上有一句话"剩下10万带回鞍山"。存完钱后，该男子给了李某某1000元现金后徒步离开，并让李某某当晚住在东港。

证人沈某某（被害单位财务人员）陈述：2023年4月24日10时许，其在单位上班时，在公司微信工作群内看到老板发的一张截图，截图显示是一封邮件，对方自称是青浦区税务局，说辖区内要开展税务抽查，同时沈某某也收到了老板的电话让其跟进一下税务抽查的事情，其就添加了截图中的QQ号，与对方进行沟通。过了一会儿，沈某某看到手机QQ中多了一个群聊，里面有其公司老板、老板娘和税务局工作人员，老板让其查一下公司账户内的可用余额，其就将余额发在了群里，老板便指示其向一个银行账户（北京HD商贸有限公司尾号为0941的浙商银行账户）转账126.8万元，其分两笔完成转账，转账完成后其接到了老板的电话，询问其为何有这两笔转账，沈某某才发觉被骗了。

三、量刑情节

（1）被告人李某某的行为构成掩饰、隐瞒犯罪所得罪，且情节严重，法定刑为三年以上七年以下有期徒刑，并处罚金。

（2）被告人李某某自动投案后如实供述自己的罪行，系自首，可以从轻或者减轻处罚。

（3）本案系共同犯罪，被告人李某某在犯罪活动中起次要作用，系从犯，应当从轻、减轻处罚。

（4）被告人李某某自愿认罪认罚，并依法签署了《认罪认罚具结书》，可依法从宽处理。

（5）被告人李某某已补偿上游犯罪被害人大部分经济损失，且取得谅解，可酌情从轻处罚。

四、证据认定

本案中，公诉机关提交了相应证据，法院审理后作出如下认定：

（1）被告人李某某、苏某某、武某某的供述笔录，相关辨认笔录，照片、微信账号及聊天记录截图，证实被告人作案经过。

（2）调取证据通知书及清单、取款录像及凭证、证人沈某某的证言笔录、协助查询财产通知书、开立单位银行账户申请书、交易清单、农业银行卡交易明细清单，证实被告人的犯罪事实及被害人受骗的事实。

（3）扣押决定书、扣押笔录、扣押清单、扣押照片、随案移送清单，案发经过、抓捕经过，证实本案的案发情况及各被告人到案的经过。

（4）工作情况、户籍资料、刑事判决书、业务凭证，证实各被告人的身份及前科信息。

上述证据收集程序合法，内容客观真实，足以认定指控事实。

五、争议焦点

本案被告人对指控的犯罪事实及定性均无异议，并自愿认罪认罚，该案事实清楚，控辩双方没有明显争议。

六、辩护意见

鉴于被告人李某某已经认罪认罚，且态度诚恳，辩护人对本案的定性与查明事实无异议，就量刑提出以下辩护意见：

（1）被告人李某某具有自首情节，通过庭审可知，李某某系自动投案，且自第一次被讯问起供述稳定、一致，其供述可与其他证据材料相互印证。根据相关法律规定，可以从轻或者减轻处罚。

（2）被告人李某某系从犯，李某某系受他人指使行事，其在整个犯罪过程中起到辅助作用，应当对其从轻、减轻处罚。

（3）被告人李某某在侦查阶段就表示自愿认罪认罚，在审查起诉阶段自愿签署《认罪认罚具结书》，根据相关法律规定，可依法从宽处理，且从宽的幅度可以适当放宽。

（4）被告人李某某在家属的帮助下主动退赔了本案受害人20万元，相对其本人的获利而言差距巨大，且本案涉案金额为25.4万元，李某某个人退赔了近80%，并获得了受害人的书面谅解，足可见其认罪悔罪态度，可对其从轻处罚。

（5）被告人李某某此前社会表现一贯良好，尽力参与身边的志愿活动，助人为乐，是遵纪守法的好公民，没有任何前科劣迹，本次涉案一是因其法律意识淡薄，未能及时了解到其行为已经触犯法律，二是因其刚成家不久，生活压力较大，迫切想赚钱，才误入歧途。现李某某已充分认识到自己行为的严重性与违法性，并真诚悔过，已无再犯罪可能，可改造程度较高。

综上，恳请法庭在认罪认罚量刑建议的基础上给予从轻处罚，并考虑适用缓刑。

七、法院判决

法院认为，被告人李某某、苏某某、武某某明知是他人犯罪所得仍伙同他人予以转移，情节严重，其行为均已构成掩饰、隐瞒犯罪所得罪，依法均应惩处。被告人李某某、苏某某、武某某认罪认罚，均可从宽处理。在共同犯罪中，被告人李某某、苏某某、武某某均起次要作用，系从犯，应当减轻处罚。被告人李某某自动投案后如实供述自己的罪行，系自首，可以从轻处罚。被告人苏某某、武某某被抓获到案后如实供述自己的罪行，可以从轻处罚。被告人武某某曾因盗窃犯罪被判处刑罚，酌情从重处罚。公诉机关指控被告人李某某、苏某某、武某某的犯罪罪名及认定其均系从犯和被告人李某某系自首、被告人苏某某、武某某属如实供述罪行的公诉意见正确，且量刑建议适当，法院予以确认。辩护人以被告人李某某系初犯、从犯、具有自首情节、自愿认罪认罚、已补偿上游犯罪被害人大部分经济损失并取得谅解等为由，请求法庭予以减轻处罚的辩护意见，与查明的事实相符，且于法不悖，法院予以采纳，但对辩护人提出对被告人李某某适用缓刑的辩护意见，综合被告人李某某的犯罪事实、性质、情节及社会危害性，不予采纳。为维护社会管理秩序，保护公私财产不受侵犯，依照《中华人民共和国刑法》第三百一十二条第一款、第二十五条第一款、第二十七条、第六十七条第一款与第三款、第五十二条、第五十三条、第六十四条及《中华人民共和国刑事诉讼法》第十五条之规定，判决如下：

一、被告人李某某犯掩饰、隐瞒犯罪所得罪，判处有期徒刑一年，并处罚金人民币一万元。

二、被告人苏某某犯掩饰、隐瞒犯罪所得罪，判处有期徒刑一年三个月，并处罚金人民币五千元。

三、被告人武某某犯掩饰、隐瞒犯罪所得罪,判处有期徒刑一年五个月,并处罚金人民币六千元。

四、扣押在案的从被告人苏某某处追缴的赃款人民币一千元予以追缴,继续追缴被告人武某某的违法所得。

五、扣押在案的作案工具手机2部予以没收。

八、律师感悟

本案被告人李某某多次驾车协助其他同案人实施转移违法资金的行为,在此期间被告人李某某虽然意识到自己身处违法犯罪团伙之中,但以"自己并未参与其中就不算违法"的心态自欺欺人,继续提供帮助,最终酿成大错。在司法实践中,不少人也持有和李某某一样的心态,认为只要自己没有实施"核心"的犯罪行为,就不会构成犯罪。实际上,李某某随叫随到地驾车接送卡主、"跑分"人员往返银行等处的行为,客观上为转移、隐匿犯罪所得提供了直接的帮助,提高了犯罪效率,他在主观上追求的是与其上家及被帮助对象相同的犯罪结果。另外,李某某也曾协助犯罪分子存款转账,这是直接的参与行为。因此,李某某被认定为构成掩饰、隐瞒犯罪所得罪并无不当。

贪小利,而酿大错。在笔者看来,像被告人李某某这样,明知法律的底线,仍抱着侥幸的、事不关己的心态去触犯法律边界,去放任犯罪结果的发生,本质上源于主观思想上法律意识的欠缺,未能对违法行为的严重性和危害性有足够的认识,其中多数也源于利益的驱使,虽然大多情况下利益是微小的。作为李某某的辩护人,笔者在了解案件全部事实后,也不免为其感到惋惜,诸多细节已将犯罪事实摆在眼前,他仍能"义无反顾"地多次参与,难道就为了几千元的好处费吗?李某某可以向律师回答这个问题,但似乎无法回答内心的自己。

好在李某某到案后,经过司法机关及辩护律师的解释分析后,其能充分认识到自己所参与实施的行为对社会造成的危害,尤其是本案中被害单位被骗钱款经由其账户转移的事实让其非常自责,勇于承认自己的错误。在审查起诉阶段,辩护律师联系到本案的被害单位,转达了李某某的歉意,协调李某某的家属积极退赔以弥补被害单位的损失,这一行为充分展现了李某某认罪悔罪的诚恳态度,不仅得到了被害单位的书面谅解,也得到了法院的从轻处罚。

  笔者接触到的绝大部分被告人在到案后都会对自己的犯罪行为表示懊悔,而人们对于迷途知返的人总是不吝宽容赞美之词,浪子回头金不换,知错能改,善莫大焉。不过"回头""改错"毕竟是犯错之后的弥补行为,我们应当时刻提防犯错。笔者希望李某某等除了吸取教训以外,在今后的生活工作中能时刻警惕,莫再跨越法律的底线,才不枉这次深刻的经历。

案例 28　黄某某设立"刷单"工作室转移赃款掩隐案[*]

一、公诉机关指控

自 2021 年 4 月底起，被告人刘某某、黄某某、冯某、王某等人经预谋，合伙租赁上海市嘉定区某室作为工作室，由被告人刘某某自其上家处获取非法转账支付结算平台的账号、密码后提供给被告人黄某某、冯某、王某，由被告人黄某某、冯某二人合伙使用一个账号并招募被告人汪某、彭某、梁某某等人，被告人王某、刘某某自 2021 年 5 月中旬开始合伙使用一个账号并招募被告人何某某等人。各团伙被告人明知平台流水资金中有犯罪所得，仍相互帮助利用团伙人员的多张银行卡绑定平台账号，将平台内分拨的巨额资金在短时间内频繁划转至不同银行账户，从转账流水一定比例的佣金中抽成以牟利。经查实，被告人黄某某、冯某等人 260 余万元资金流水中有 4.9 万元系犯罪所得，被告人王某等人 780 余万元资金流水中有 3.79 万元系犯罪所得。

公安机关经侦查于 2021 年 6 月 26 日抓获被告人汪某、冯某、梁某某、彭某。后根据被告人冯某的交代，公安机关于当日抓获被告人黄某某、王某等人。又根据被告人冯某、王某交代于次日抓获被告人刘某某、何某某。上述被告人到案后均如实供述了上述主要犯罪事实。

二、案情拓展

被告人刘某某供述：2020 年年底，其在老家的一家酒吧里认识了一个叫

---

[*] （2022）沪 0114 刑初 19 号案。

"M"（化名）的人。"M"专门在平台做"刷单"，并让刘某某跟着他一起做，每天固定工资260元，银行卡用的是刘某某自己的三张卡。2021年4月左右，刘某某筹集了5万元保证金，向"M"要了一个刷单平台的账号，就开始自己刷单。做了几天之后，黄某某、冯某、王某看刘某某做得不错，也想加入，刘某某就介绍他们认识了"M"，大家就开始一起刷单。刘某某和王某共用一个账号，冯某和黄某某共用一个账号。当时是在老家做，后来"M"担心风险，就把在老家做"刷单"的人分派到全国各地，刘某某等便先后到了上海，租了房子一起继续做。"刷单"流程大致是：使用账号登录"刷单"平台后，再和平台客服联系，平台就自动派单给他们。有人会把资金打到他们绑定的银行卡上，他们再把这笔资金转到平台要求的账户上，这样就算完成一次"刷单"，平台会根据转账金额的0.6%给他们佣金。

被告人王某供述：其和冯某、刘某某、黄某某是同学。2021年4月初，王某在老家和黄某某等一起跟着刘某某学习"刷单"，4月中旬，王某跟着刘某某等来到上海，在嘉定区租了一处房子继续"刷单"。5月中旬，王某从刘某某处拿了一个账号，向"刷单"平台缴纳了5万元保证金，算是和刘某某合伙做"刷单"的事情。王某还招了几个小工帮其"刷单"，给他们每人每天300元，每天结算，微信转账支付。王某和刘某某合伙共用一个账号，账号所赚取的佣金除了上交平台及平时的工资、生活开销等，剩下的收益都是二人对半分。

被告人冯某供述：2021年3月底，冯某通过其朋友黄某某介绍认识了一个绰号叫"哑巴"的男子，后和黄某某一起在"哑巴"手下做了一个月的"刷单"，然后冯某就决定自己到上海来开工作室单干。"刷单"工作室现在有8名工作人员，分别是冯某、黄某某、王某、汪某、梁某某、彭某，还有王某带来的两个人。冯某和黄某某、王某是工作室的创始人，其他人是员工。冯某和黄某某负责抢单，抢到之后通知彭某、汪某、梁某某，然后让他们将钱转账到指定账户上。冯某和黄某某也会自己转账。刘某某是他们的上级，平台账户就是从刘某某那里拿的，但是他们没有接触过平台方。

被告人黄某某供述：2021年3月底，其认识了一个小名叫"哑巴"的男子，其和冯某曾在他的手下做了一个月的"刷单"。那个时候他们是拿固定工资的，每天 300 元。后来黄某某和冯某二人觉得"刷单"利润挺高的，就决定从"哑巴"手底下辞职，出来单干，但因为不是很熟练，就跟着刘某某学习，在他给的平台上接单。那个时候有个叫王某的同学知道他们在做"刷单"，就跟着他们一起做。冯某和王某大约 2021 年 5 月初到了上海，在嘉定区租了一间房子当作工作室，从事刷单业务。具体的刷单流程是，让工作室的员工去银行办理银行卡，然后把他们的银行卡绑定到刷单平台上。工作室通过刘某某拿到了一个平台账号，给这个账号充值缴纳了 5 万元的保证金。之后就使用这个账号登录平台，在平台接单。平时都是黄某某和冯某、王某接单的，接到单子以后就会有相应的资金转入工作室人员的银行账户。之后就让员工通过自己手机里的支付 App 转账到平台指定账户中，这样就算完成任务。汪某等不能抢单，黄某某和冯某抢单之后会在他们的工作群里告知。因为银行卡有限额，超出限额的话会出现当天无法转出资金的情况，所以需要统计员工的银行卡余额及限额情况，然后员工们互相转账，把钱凑到同一张卡上，再用那张卡把钱转到指定账户内。收益是根据接单总额的 6‰ 来计算的，工作室从中赚取 4‰，其中 2‰ 是要交给平台的。工作室通常把这个 2‰ 的收益通过微信转账给刘某某，由他负责交给平台。至于刘某某是否会从中抽成获利、抽成多少，或者最终给到谁，黄某某都不知道。据说他们不上交这 2‰ 的话，上家可以更改账号密码，这样他们就无法登录平台。工作室的跑单总流水是 2000 万元左右，从平台获利 7 万余元。

三、量刑情节

（1）本案为共同犯罪，被告人黄某某在共同犯罪中起主要作用，系主犯。

（2）被告人黄某某到案后能如实供述自己的罪行，系坦白，可以从轻处罚。

（3）被告人黄某某自愿认罪认罚，可依法从宽处理。

四、证据认定

本案中，公诉机关提交了相应证据，法院审理后作出如下认定：

（1）公安机关《受案登记表》《受案回执》《到案经过》、证人陈某的证言，证实本案的案发及各名被告人的到案经过。

（2）全国人口信息库信息查询结果，证实各被告人的自然身份情况。

（3）公安机关搜查笔录、扣押笔录、《扣押决定书》《扣押清单》《随案移送清单》，证实公安机关依法扣押涉案财物并随案移送的情况。

（4）被害人邓某某、韦某某、许某某等人的陈述及报案材料、相应的聊天记录、转账记录截图、银行交易明细等，证实被害人被诈骗后将钱款转入涉案团伙被告人汪某、何某某、王某等人的银行账户内。

（5）同案嫌疑人李某某、郑某的供述及辨认笔录、手机聊天记录截图、银行卡止付情况等书证，证实涉案被告人及团伙从事非法转账洗钱行为及团伙人员银行卡被止付的情况。

（6）被告人刘某某、冯某、黄某某、王某、彭某、汪某、梁某某、何某某的多次供述及辨认笔录，其等人均对犯罪事实供认不讳并指认同案人员。

上述证据来源及收集程序合法，内容客观真实，足以认定指控事实。

五、争议焦点

本案被告人对指控的犯罪事实及定性均无异议，并自愿认罪认罚，该案事实清楚，控辩双方没有明显争议。

六、辩护意见

鉴于黄某某本人认罪认罚，结合本案事实与证据，辩护人就指控的犯罪事实没有异议，就量刑发表如下辩护意见：

（1）被告人黄某某的涉案金额应按照黄某某自己的小组进行认定，与王某组、刘某某组予以区分。黄某某、冯某组与王某、刘某某组分别使用各自的账户，人员并不重合，"刷单"情况并不相通，"刷单"佣金并不用于共同分配。

（2）被告人黄某某涉案程度较低，主观恶性相对较小。黄某某等人是在刘某某及"M"的带领下进行"刷单"，平台账号亦不是自己注册，而是刘某某向"M"索要后再向黄某某等人提供，主要是受到"M"的指使和安排管理。

（3）被告人黄某某到案后能够如实供述与自己相关的案件事实，依法构成坦白，根据《刑法》第67条第3款规定，可以从轻处罚。

（4）被告人黄某某在审查起诉阶段签署《认罪认罚具结书》，悔罪态度良好，根据《刑事诉讼法》第15条规定，可以依法从宽处理。

（5）被告人黄某某系初犯、偶犯，社会表现一贯良好，无任何犯罪前科，此次犯罪是初犯、偶犯，可挽救性较高。

七、法院判决

法院认为，公诉机关指控被告人刘某某、黄某某、冯某、王某、彭某、汪某、梁某某、何某某犯掩饰、隐瞒犯罪所得罪的犯罪事实清楚，证据确实、充分，指控罪名成立，量刑建议适当，应予支持。据此，依照《中华人民共和国刑法》第三百一十二条第一款、第二十五条第一款、第二十六条第一款与第四款、第二十七条、第六十七条第三款、第七十二条第一款与第三款、第七十三条第二款与第三款、第五十二条、第五十三条、第六十四条、《最高人民法院关于处理自首和立功具体应用法律若干问题的解释》第六条及《中华人民共和国刑事诉讼法》第十五条之规定，判决如下：

一、被告人刘某某犯掩饰、隐瞒犯罪所得罪，判处有期徒刑二年，罚金人民币二万元；

二、被告人黄某某犯掩饰、隐瞒犯罪所得罪，判处有期徒刑一年六个月，罚金人民币一万五千元；

三、被告人冯某犯掩饰、隐瞒犯罪所得罪，判处有期徒刑一年五个月，罚金人民币一万四千元；

四、被告人王某犯掩饰、隐瞒犯罪所得罪，判处有期徒刑一年三个月，罚金人民币一万三千元；

五、被告人彭某犯掩饰、隐瞒犯罪所得罪，判处有期徒刑十个月，缓刑一年，罚金人民币八千元；

六、被告人汪某犯掩饰、隐瞒犯罪所得罪，判处有期徒刑十个月，缓刑一年，罚金人民币八千元；

七、被告人梁某某犯掩饰、隐瞒犯罪所得罪，判处有期徒刑十个月，缓刑一年，罚金人民币八千元；

八、被告人何某某犯掩饰、隐瞒犯罪所得罪，判处有期徒刑十个月，缓刑一年，罚金人民币八千元；

九、被告人刘某某、冯某、黄某某、王某、彭某、汪某、梁某某、何某某的非法所得以及在案犯罪工具予以没收。

被告人彭某、汪某、梁某某、何某某回到社区后，应当遵守法律法规，服从监督管理，接受教育，完成公益劳动，做一名有益社会的公民。

八、律师感悟

笔者团队律师作为本案被告人黄某某的辩护人，在接受委托后第一时间进行了会见，并制定辩护方案开展后续工作。辩护律师通过会见黄某某了解到，他和其他几名主犯都是同学和老乡的关系，因为大家看到刘某某从事"刷单"生意很赚钱，几人便没能抵挡住金钱的诱惑，决定跟着刘某某一起学习"刷单"。之后，他们又离开家乡来到上海租房开设自己的"工作室"，将"刷单"生意做大，一步一步跨过法律的红线，泥足深陷，并在金钱利益的获得中迷失。在日常生活中，人们羡慕他人赚钱多、赚钱快是人之常情，君子爱财无可厚非，但应取之有道，即通过合乎道德、合乎法律的方式赚取钱财才是正道。任何致富之路都应该限制在法律的框架之内。学习他人"生财之道"的时候，一定要提高警惕，多多思考。世界上是否真的存在如此轻松便利的赚钱方法？如果存在，为什么只有小部分人在做？难道这是门槛很高的行当吗？如此赚钱行为的背后到底隐藏着什么？"刷单"的钱款是从何而来？如果本案的各名被告人都曾扪心自问这些问题，并理智地进行分析，相信他们是不会选择这条路的。人生无法逃避，每个人要为自己的选择负责，既然选择了这条路，各名被告人就得面对法律的处罚。

本案中黄某某等人提及的"刷单"，即为上游犯罪分子提供走账、支付结算服务，使得上游犯罪产生的资金经过多次流转，而达到转移并逃避侦查的目的。本案与同类案件有所区别的地方在于上游犯罪分子搭建了专用的"刷单"平台，吸引他人前来接单，以达到转移赃款、洗钱等目的，可反映出这是一个完整的产业链，其所涉及的资金数额巨大，对社会的危害也就不言自明，对其严厉打击是必要且迫切的。黄某某等人的工作小组涉案流水260余万元，其中4.9万余元为上游犯罪所得，且黄某某等人为工作室创始人之一，在共同犯罪中起主要作用，因此对黄某某等人在主犯的基础上予以量刑，该查证属实金额尚未达到"情节严重"的程度，故法定刑为三年以下有期徒刑。在审查起诉阶段，辩护律师经阅卷后为黄某某详细分析案情，其本人对自己的行为表示极度后悔，悔罪态度良好，愿认罪认罚，争取到具结从宽的机会。

黄某某虽然年纪尚轻，但毕竟已是心智成熟的成年人，对于大是大非应有正确的判断。他原本可以通过自己的踏实工作来换取财富，却因为心中的贪欲，放任自己坠入犯罪的深渊，承受牢狱之苦。笔者希望黄某某日后可以改过自新，在社会上发挥自己的价值，弥补所犯下的过错。黄某某等人是真实的例子，警示大家取财应有道，交友也需谨慎。

案例29　周某建立"洗钱"微信群组织多人提供收款码、银行卡转移赃款掩隐案[*]

一、公诉机关指控

2020年10—12月，被告人周某伙同匡某、彭某（均另案处理），为非法牟利，明知是上家犯罪所得，仍由被告人周某负责建立专门的洗钱微信群，由彭某主要负责拉人进群，由匡某负责联系上家、提供用于转出款项的账号，嗣后再由被告人周某向群里的成员收集收款码并安排具体转账事宜。其间，被告人周某团伙发展汤某甲、杨某甲、吴某某、谭某某、罗某某、朱某甲、王某甲、汤某乙（均已判决）、杨某乙、赵某甲、张某甲、张某乙、符某某、莫某某、李某甲（均另案起诉）、嫣某某、张某丙、邹某某、张某丁、胡某甲、胡某乙、胡某丙、汤某丙、屠某某、伍某、徐某某、李某乙（均另案处理）等人进入洗钱群从事具体的转账活动，被告人周某本人亦参与转账。在上述期间，被害人吕某甲、赵某乙、石某某、吕某乙、陈某某、谢某某、马某某、黄某、李某丙等人在网络上被犯罪团伙实施裸聊敲诈勒索等犯罪，被敲诈勒索的钱款由上述洗钱群成员嫣某某、张某丙、邹某某等人使用自己的支付宝、微信或者银行卡账户进行流转。经查，被告人周某及其组织的团伙成员涉及掩饰、隐瞒被害人吕某甲、赵某乙、石某某等人的被敲诈勒索钱款60余万元。

2020年12月23日，被告人周某被公安人员抓获，到案后交代了犯罪事实，并于起诉阶段自愿认罪认罚。

---

[*]（2021）沪0115刑初3392号案。

二、案情拓展

被告人周某供述：2018年左右，周某在老家开店的时候认识了彭某。2020年11月初，彭某说自己要带孩子比较忙，看周某生活拮据，就把周某拉到一个微信群，让周某帮忙洗钱。组织洗钱的人就是彭某的丈夫匡某，还有一个微信昵称"Q"的人，也会指示洗钱。这些钱应该都是黑钱，这么做就是为了阻挠警察的追查，但周某实在是缺钱，所以就跟着一起干了。开始时，是用支付宝转账的，后来匡某又让大家用微信转账。周某和彭某的微信收到钱以后，匡某会建一个新的微信群，要求把收来的钱分别转账给群里的其他人，有时候也会让大家把微信里的钱提现后再通过手机银行转账给下家。周某一共有两个微信号，一个昵称叫"A"，后改名为"J"（化名），这个账号是联系洗钱的时候用的，不直接用于洗钱。还有一个昵称叫"L"，就是洗钱转账的时候会用。除了周某自己的两个微信账号以外，周某还用其母亲的微信账号洗过钱。用于洗钱的微信群一开始都是彭某建立、拉人的，后来彭某就全部委托周某来联系。每洗一次钱就建一个群，转账完成就把微信群解散。洗钱的时候，匡某会让周某提供收款用的二维码，然后他会先把钱转进周某提供的几个账户里，之后联系周某让其把这几个账户里的钱转账到其他账号。周某用自己的微信和支付宝帮着洗钱的时候，彭某会给其洗钱金额的5‰作为提成。周某帮彭某建群联系洗钱的时候，所有账户会额外给其1‰的提成。一直到案发，周某获利2000余元。因为周某觉得这个还挺赚钱的，所以还叫上了其表弟莫某某一起洗钱。

同案人张某丙供述：2020年11月下旬，其朋友在微信上问其要不要做点兼职赚钱，就是帮别人转账，按照实际转账金额给其2‰的佣金，需要其提供自己的第三方支付账号，会有钱转进来，其再按照要求转出去就行。张某丙答应后，朋友把他拉入好几个微信群，群里有一个昵称为"L"（化名）的人专门安排转账，一开始都是几百元的转进来，其就按照指示操作，后来就变成几万元的进来，张某丙一共从中获利400元左右。

同案人汤某乙供述：2020年11月1日，他在汤某丙家做客，看到其在手机上操作转账，就向其询问了解。汤某丙称这样可以赚钱，问他要不要一起做。两天后，汤某丙向他要了支付宝账号，说会有钱到他账上。又过了两天，汤某乙的支付宝真的收到了钱，他就告诉汤某丙。汤某丙把他拉到微信群中，他就按照该群的群主"A"（化名）的指示，把收到的钱转到指定账户，完成之后就被群主踢出了群聊。一直到11月底，他做了两次就不做了，从中共计获利1000余元。

同案人彭某供述：2020年10月中旬，她丈夫匡某把她的微信给了一个微信昵称为"Q"（化名）的朋友，她和这个人加上好友后，对方让她找几个人要微信收款码，然后把这些收款码给对方拿去走账。有钱汇入这些微信账号、支付宝账号的话，"Q"会告诉她把这些钱转到哪里，之后她就找了周某、张某丙、罗某某等一起做，她把上述三人拉到"Q"组建的微信群中，把各自的微信收款码发出来。按顺序轮着，一个人走完账就换下一个，每次走账都是10万元左右，每个人大概都走了三四次。后来有支付宝公司和公安机关的人给她打电话，她感到害怕就不做了。当时约定的报酬是每走账10万元给她300元的酬劳，由"Q"或者微信群中一个昵称为"A"的人转账给她，然后她再结算给周某等。

同案人莫某某供述：2020年10月，莫某某的表姐周某说要借他的微信账户、支付宝账户、银行卡账户使用，要用来转账，并承诺给他好处费，当时他想赚外快，就同意了，将自己的微信账户、支付宝账户和两张银行卡都借给周某了。后来周某每次操作收款以及转账都来莫某某家。有时候周某的微信和支付宝会直接转账给不同的陌生人，有时候把账户里的钱提现到莫某某的银行卡里，再通过莫某某的银行卡转给别人。周某大概用莫某某的手机操作过几十次，莫某某也都在现场，小额转账都是周某自己操作，大额转账需要莫某某人脸识别验证。

三、量刑情节

（1）被告人周某的行为构成掩饰、隐瞒犯罪所得罪，且情节严重，法定刑为三年以上七年以下有期徒刑，并处罚金。

（2）被告人周某到案后如实供述自己的罪行，系坦白，可以从轻处罚。

（3）被告人周某自愿认罪认罚，并依法签署了《认罪认罚具结书》，可依法从宽处理。

四、证据认定

本案中，公诉机关提交了相应证据，法院审理后作出如下认定：

（1）被害人吕某甲、赵某乙、石某某、吕某乙、陈某某、谢某某、马某某、黄某、李某丙等人的陈述，相关立案决定书、部分转账明细、聊天记录，证实上述被害人被犯罪团伙实施裸聊敲诈勒索，并按照对方的要求将钱款转入特定账户的事实。

（2）证人（同案人）彭某、嫣某某、张某丙、邹某某、张某丁、胡某甲、胡某乙、胡某丙、汤某丙、屠某某、伍某、徐某某、杨某乙、汤某甲、赵某甲、张某甲、张某乙、杨某甲、吴某某、谭某某、罗某某、符某某、朱某甲、王某甲以及莫某某、汤某乙、李某甲、李某乙等人的证言，证实被告人周某伙同彭某、匡某建立微信群、拉人进群、安排上述人员帮助上游犯罪团伙流转犯罪所得钱款的事实。

（3）上海市公安局浦东分局出具的相关资金流水明细、上海公信会计师事务所有限公司司法鉴定专项审计报告，证实本案被害人被敲诈勒索的钱款通过被告人周某及其团伙成员名下的支付宝、微信或者银行卡账户等进行流转的事实。

（4）上海市公安局浦东分局出具的案发抓获经过，证实本案案发以及被告人周某到案的情况。

（5）上海市公安局浦东分局出具的常住人口基本信息，证实被告人周某的身份情况。

（6）被告人周某的供述和辨认笔录，证实上述犯罪事实。

上述证据收集程序合法，内容客观真实，足以认定指控事实。

五、争议焦点

本案被告人对指控的犯罪事实及定性均无异议，并自愿认罪认罚，该案事实清楚，控辩双方没有明显争议。

六、辩护意见

辩护人对于公诉机关指控被告人周某的犯罪事实、罪名无异议,但希望法庭能考虑以下情节,对被告人周某从轻处罚:

(1)被告人周某系初犯、偶犯,犯罪主观恶性较小、社会危害性小,确实不会再危害社会,对其从轻处罚不会产生不良后果。

(2)被告人周某到案后能够如实供述与自己相关的案件事实,依法构成坦白,且签署《认罪认罚具结书》,具有悔罪表现,可从轻从宽处理。

(3)被告人周某获利较少,愿意及时退还违法所得并挽回被害人损失。

(4)从案件本身情况来看,被告人周某接触犯罪到实施犯罪都是匡某指挥,建群、安排转账等具体操作也是匡某引导,周某也是被他人利用的犯罪工具,虽然走上了犯罪的道路,但其参与犯罪的过程应值得考虑,可对其酌情从轻处罚。

(5)被告人周某是一个单身妈妈,独自抚养子女,其父亲及弟弟均罹患恶疾,母亲又没有劳动能力,家庭状况极差,自其被羁押后,孩子受到很大影响,其家庭生活也陷入困难,希望法院考虑周某家庭及个人特殊情况,对周某从轻处罚。

综上,被告人周某文化程度较低,因缺乏法律知识,在整个犯罪过程中受到他人的蛊惑利用,也确实因为贪图一点小利而触犯了法律,周某已经深刻意识到自己错误行为给他人及社会带来的负面影响,对此悔恨万分。

七、法院判决

法院认为,被告人周某伙同他人,明知是犯罪所得钱款,利用自己本人以及组织的多名团伙成员名下的资金账户予以转移,情节严重,其行为已构成掩饰、隐瞒犯罪所得罪。公诉机关指控的事实和罪名成立,法院予以支持。被告人周某到案后如实供述自己罪行,系坦白,且自愿认罪认罚,依法从轻处罚并从宽处理。辩护人所提从轻处罚的相关辩护意见,法院予以采纳。据此,依照《中华人民共和国刑法》第三百一十二条第一款、第六十七条第三款、第五十二条、第五十三条、第六十四条以及《中华人民共和国刑事诉讼法》第十五条之规定，判决如下：

一、被告人周某犯掩饰、隐瞒犯罪所得罪，判处有期徒刑三年，并处罚金人民币三万元。

二、扣押在案的作案工具予以没收。

三、违法所得予以追缴。

八、律师感悟

本案是一个典型的以提供支付结算服务为主要手段的掩隐罪案件，通过收集、提供不同人名下的支付账户，为上游犯罪分子提供走账、结算服务，阻挠公安机关进一步追查涉案资金，加大了公安机关侦破上游犯罪的难度，该行为应当受到法律的打击。

本案的被告人周某不仅提供了自己的支付账户，还组织多名人员提供各自名下收款二维码、资金账户等用以转移赃款，情节及数额均已达到情节严重的标准，面临的法定刑为三年以上七年以下有期徒刑，并处罚金。周某系被公安机关抓获到案，到案以后也没有检举揭发他人违法犯罪线索，或协助抓捕同案人员等行为，故周某不存在自首、立功等法定减轻处罚情节，也没有从犯情节，无法在三年以下有期徒刑内进行量刑。罪责刑相适应原则，是我国刑法的一项基本原则，周某的犯罪行为应当受到刑事处罚，该处罚结果应与其罪行，以及承担的刑事责任相对应。周某有坦白情节，并自愿认罪认罚，获得了从轻处罚及从宽处理的结果，即有期徒刑三年，并处罚金3万元，该结果是其行为所能达到的最轻处罚结果。

在法庭审理过程中，辩护律师提出为被告人周某争取适用缓刑，但法院认为其不适用缓刑，这一结果对于辩护律师及周某本人而言均是可以理解的，毕竟该行为存在严重的社会危害性，且周某没有主动退缴违法所得，也没有预缴罚金，这都与其家庭经济困难有关。

笔者认为周某的犯罪，对其家庭来说是一个非常重大的打击。周某家中有两名亲人身患重病，除了周某以外，家庭其他成员没有劳动能力，而且周某还有年纪尚小的孩子需要照顾，可以说周某是家里唯一的顶梁柱。周某的被捕使得其自身和家庭蒙上一层厚厚的阴霾。而周某之所以会从事本案的犯罪行为，也是希望能够尽快赚钱来补贴家用，但她并未考虑其行为的危害后果，该后果不仅影响了他人，也影响了自己。希望周某出狱后可以痛定思痛，脚踏实地，和家人一起努力改善生活，为孩子树立一个正确、积极向上的榜样。

　　本案其他同案人，几乎都是周某身边交际圈内的熟人，周某亦是被其好友拉拢，走上犯罪的道路，朋友的本意中可能确实存在帮助周某改善拮据生活条件的"好意"，但是方式不对，就不仅仅是好心办坏事这么无辜了。而同案人莫某某作为周某的表亲，是周某的家人，对于周某从事违法犯罪行为不仅不以为意，反而为了蝇头小利将自己的微信、支付宝账户以及银行卡随意出借，为周某的犯罪行为提供帮助，不得不说本案大部分参与人的法律意识都有待提高。笔者希望他们能对本次犯罪行为引以为戒，在纠正自己错误的同时，真正做到对自己和亲友负责，时刻遵守法律，敬畏法律。

案例 30　倪某利用"跑分"人员银行卡转移赃款掩隐案[*]

一、公诉机关指控

2022年10月31日晚至11月1日凌晨，被告人倪某、张某某明知钱款来源不明，在临时租借的上海市松江区某小区住宅内使用李某甲（另案处理）提供的其名下中国建设银行卡、中国银行卡及手机等接收、转移不法资金。其中，李某甲尾号6182的中国建设银行卡账户共转入52万余元，其中包含被害人秦某某、王某某、马某某等人被骗钱款16万余元，转出28万余元；李某甲尾号9382的中国银行卡账户共转入28万余元，转出26万余元。在操作转账过程中，与李某甲共谋的刘某某、徐某某（均另案处理）闯入涉案场所，劫取银行卡、手机及卡内钱款，双方发生打斗。经鉴定，被告人倪某构成轻微伤；刘某某构成轻伤、轻微伤；徐某某构成轻微伤。

2022年11月1日，被告人倪某、张某某被公安机关抓获，到案后，被告人张某某主动交代了上述犯罪事实，被告人倪某如实供述了上述犯罪事实。

二、案情拓展

被告人倪某供述：2022年10月31日下午，倪某驾车搭载女朋友李某乙、党某某和樊某某从自己暂住的松江区某小区出发去小昆山镇游玩。到小昆山后，他收到一条跑分接头人推给他的"能跑分的人"的信息。这个接头人就是倪某的老板，是倪某在广东打工时认识的，老板当时让他帮忙刷流水，

---

[*] （2023）沪0117刑初1361号案件。

倪某没有答应，之后老板就一直劝说他。倪某随后拨打了老板推给他的信息中预留的电话号码，问对方是不是做"跑分"业务的？对方说是的，并给倪某发了定位，位置就在附近的邮政储蓄银行，于是倪某及党某某开车过去接他。到地方接到这个"跑分"的男子后，该男子上车坐在后排。随后倪某电话告诉张某某"跑分人"接到了。张某某说稍后会过来找倪某他们会合。然后倪某又让樊某某在附近订个民宿并让他把房间地址发给张某某。樊某某在手机上订了附近一处小区的一个底楼房，倪某等人就开车过去了。半路上倪某询问了"跑分男"的一些个人情况，还让他拿出身份证核对，倪某看身份证照片跟他本人不是很像还提出疑问，但对方怎么回答的倪某不记得了。晚上11点左右，张某某到达民宿和倪某他们碰头后，几人就开始"跑分"刷流水。"跑分男"提供了他的两张银行卡，一张中国银行卡和一张建设银行卡。倪某等人刷流水刷到一半，听到门外有敲门声，"跑分男"主动去开了门。门外闯进来两个男子，一个高个男子手里拿着甩棍，一个胖胖的男子手里拿着一把刀。两人进来后就语气很凶地让倪某等人都站好别动，并让倪某等人把手机交给他们。党某某感到情况不对就翻窗户出去了。张某某和"跑分男"站在一起，对方就把张某某"跑分"的手机拿过去了。然后倪某看见对方胖男子拿着跑分手机当场就要转钱，当时"跑分男"的手机里还有几万元没有转走，倪某就问对方是干什么的。对方没有回答只顾着转钱，倪某冲过去想把他的刀夺下来，就这样倪某和胖男子先对打起来，樊某某也来打胖男子。接着党某某从门外进来也加入打斗中，党某某和张某某打高个子。倪某在夺胖男子刀时右脸被刀划伤流了血。这时不知道是谁把灯关了，就看不太清楚情况只能听到打斗声音。几分钟后灯亮了，双方都已经停手。这时倪某手里拿着从胖男子手里夺下来的刀，高个子的甩棍也被倪某的人（忘了是谁）夺下来了。高个子的手伤得很重。倪某看到房间里有很多血，就喊了句"跑"。于是倪某等人就都往门外跑，进入电梯后，"跑分男"和门外闯进来的两个男子也跟了出来。倪某持刀和另一个人持棍守住电梯口，双方在电梯里外对峙了一会儿。对方三人就返回了房间，倪某等人就乘电梯下到地下车库开车跑了。倪某等人先回到松江的暂住地，半路上倪某让女友李某乙下车自己打车回家。然后倪某提议往西安跑，其他人也都同意。于是倪某等人就开车上高速往西安方向走，在高速上党某某将刀和甩棍都扔到了路边，但记不清扔在哪段路了。车开到沪蓉高速南京道口时倪某等人被警察拦下来。"跑分"的钱都是老板的，做成功一次老板给1万多元的酬劳。倪某之前分别在西安和河南各做过三单"跑分"，因为"跑分"被河南公安机关取保候审了。

证人李某甲陈述：2022年10月31日，李某甲和刘某某、徐某某商量，由他提供自己的银行卡找到"跑分"的人帮他们转账洗黑钱。李某甲跟"跑分"的人去了松江区某小区住宅内，然后李某甲用隐藏的手机给刘某某和徐某某发送定位信息。他俩就拿着棍棒和刀冲进房子，与李某甲三人将李某甲交给对方转账用的银行卡、手机都抢过来跑掉了。李某甲的银行卡里留有大笔对方转账的黑钱；当天对方四个人反抗，从厨房里拿了菜刀砍李某甲三人，李某甲三人也动手打对方，双方都受了伤，刘某某更是被砍成了轻伤。后来李某甲三人就跑了，提前约好的司机开车在地下车库等着，司机一直等在车上，李某甲坐副驾驶，刘某某和徐某某坐后排，李某甲三人上高速往嘉定方向跑，中途也留意附近的医院。半路上李某甲用手机操作网银，把自己的建设银行卡和中国银行卡"跑分"转进来的钱都转出去了。那天尾号6182的建行卡跑了52.7万元，尾号9382中国银行卡跑了20万元多一点。李某甲把建行卡上的钱分别转了10万元到他妹妹尾号7926建行卡上，转到自己的微信7000元，常用的支付宝3万元（钱刚转入就有三笔花呗欠款被自动扣除了，分别是977.12元、638.41元、396.42元），另一个支付宝3400元，以及刘某某、徐某某两人提供的李某丙名下尾号5011银行卡10万元；中国银行卡上转了1.7万元到他妹妹尾号7926建行卡上。因为刘某某伤口太深，后来李某甲等人到江苏某医院为刘某某挂了急诊，在办理住院付押金时，李某甲发现自己的微信、支付宝、建设银行卡等都已被冻结。

2022年11月1日，被告人倪某、张某某因涉嫌寻衅滋事罪被公安机关抓获。

三、量刑情节

（1）被告人倪某的行为依法构成掩饰、隐瞒犯罪所得罪，且情节严重。

（2）被告人倪某有坦白情节，可以从轻处罚。

（3）被告人倪某自愿认罪认罚，可以依法从宽处理。

四、证据认定

本案中，公诉机关提交了相应证据，法院审理后作出如下认定：

（1）证人李某甲、刘某某、徐某某、党某某、樊某某等人的证言及辨认笔录、美团账号、订单截图、现场勘验笔录，证实2022年10月31日晚至11月1日凌晨，被告人倪某、张某某明知钱款来源不明，在樊某某2022年10月31日临时租借的上海市松江区某小区住宅内使用李某甲提供的其名下尾号6182的中国建设银行卡、尾号9382的中国银行卡及手机等进行"跑分走账"，负责接收、转移钱款，在跑分过程中，遭与李某甲共谋的刘某某、徐某某持甩棍抢劫且双方发生打斗。

（2）被害人秦某某、王某某、马某某的陈述，《受案登记表》《立案决定书》及国家反诈平台数据等，证实2022年10月31日及11月1日，其等通过网络被骗钱款共计164 880元，均进入李某甲名下尾号6182的中国建设银行卡。

（3）协助查询财产通知书及银行账户交易明细，证实李某甲的涉案银行账户开户信息情况及银行账户接收、流转的被害人被骗钱款等情况。其中，被害人秦某某39 880元、王某某8.5万元、马某某4万元。

（4）视听资料、验伤通知书、上海某司法鉴定中心出具的《司法鉴定意见书》，证实在"跑分"过程中，被告人倪某、张某某与李某甲、刘某某、徐某某发生打斗及其伤势情况。

（5）《扣押决定书》《扣押清单》《扣押笔录》及扣押物品照片等，证实从被告人倪某、张某某处各扣押到手机一部，从李某甲、徐某某处扣押到的部分赃款。

（6）《抓获经过》《查获经过》《情况说明》等，证实被告人倪某、张某某的到案经过。

（7）户籍信息、网上比对，证实被告人倪某、张某某的自然身份情况，其作案时均已达刑事责任年龄。

(8) 被告人倪某、张某某的多次供述及辨认笔录，证实均对上述犯罪事实供认不讳。

上述证据来源及收集程序合法，内容客观真实，足以认定指控事实。

五、争议焦点

本案被告人对指控的犯罪事实及定性均无异议，并自愿认罪认罚，该案事实清楚，控辩双方没有明显争议。

六、辩护意见

辩护人对公诉机关指控的被告人倪某构成掩饰、隐瞒犯罪所得罪的定性不持异议，对倪某的量刑情况发表以下辩护意见：

（1）被告人倪某到案后，在接受讯问时如实供述与自身有关的涉案事实，构成坦白，依法可以从轻处罚。

（2）被告人倪某在羁押期间，已充分认识到自身行为的不法性与严重性，真诚认罪、悔罪，愿意悔改，并自愿签署了《认罪认罚具结书》，依法可以从宽处理。

（3）被告人倪某的家中有年迈的父母需要赡养，还有2岁幼子需要抚养。倪某常年外出务工，是家里的主要经济来源。其幼子一直随爷爷奶奶在老家生活，如今也到了上幼儿园的年龄。现在倪某被羁押，其父母、幼子在老家生活艰难，家庭已陷入困境，这也是倪某无法退赃退赔的主要原因。如果再长期关押，将不利于其家庭关系的和谐与稳定，希望法庭能给倪某一个改过自新、重新做人的机会，对其从轻或减轻处罚，让其早日回归社会，承担起家庭责任。

综上，恳请法庭根据本案的实际情况，在检察院的量刑基础上对倪某从宽处理。

七、法院判决

法院认为，被告人倪某、张某某明知是犯罪所得，仍予以转移，情节严重，其等行为均已构成掩饰、隐瞒犯罪所得罪。公诉机关的指控成立。被告人张某某具有自首情节，被告人倪某具有坦白情节，认罪认罚，均可从轻从宽处罚。综上，根据被告人犯罪的事实、性质、情节和对于社会的危害程度等，依照《中华人民共和国刑法》第三百一十二条第一款，第二十五条第一款，第六十七条第一款、第三款，第六十四条，第五十二条，第五十三条第一款的规定，判决如下：

一、被告人倪某犯掩饰、隐瞒犯罪所得罪，判处有期徒刑三年七个月，并处罚金人民币三万元。

二、被告人张某某犯掩饰、隐瞒犯罪所得罪，判处有期徒刑三年二个月，并处罚金人民币二万元。

三、未退出的违法所得，继续予以追缴。

八、律师感悟

本案案发时间为2022年11月，笔者在案件侦查阶段就接受了倪某家属的委托，全程跟进案件进展。相对于其他案件来讲，本案中还涉及"黑吃黑"的情节。倪某起初是以寻衅滋事罪被刑事拘留的，案发原因系倪某等人与李某甲等人因争夺转移资金的银行卡、手机而发生打斗，案发现场留有大量血迹，路人发现后报警。在倪某归案后，警方起初的询问重点也是围绕双方打斗之事，后发现倪某等人还涉嫌实施转移非法资金的行为，转移资金中有上游被害人被诈骗的钱款，故倪某被检察院以诈骗罪决定逮捕。

本案侦查阶段，倪某团伙与李某甲团伙并案侦查。笔者经多次会见倪某了解案情后，认为倪某不构成寻衅滋事罪与诈骗罪，原因如下：倪某并无寻衅滋事的故意，无论其利用李某甲银行卡进行"跑分"之事是否构成犯罪，就其打斗之事而言，倪某并非主动挑衅，其参与打斗系正常人遇到抢劫的正常反应，故不构成寻衅滋事罪。至于诈骗罪，笔者通过阅卷更充分地了解了案件的整体情况，倪某与本案中上游犯罪的被害人无直接接触，不参与具体诈骗行为，也不知道上游被害人是如何被诈骗的，更没有实施诈骗的主观故意，故其不构成诈骗罪。笔者认为倪某的行为仅构成掩饰、隐瞒犯罪所得罪，这里不得不提一点，就是倪某的前科，倪某在2022年9月因帮助信息网络犯罪活动罪被河南省信阳市公安局取保候审，其之前就熟悉"跑分"业务，明知自己所转移的资金为违法所得，客观上仍实施了帮助转移资金的行为，故其构成掩饰、隐瞒犯罪所得罪。在审查起诉阶段，笔者就提交了相应的辩护意见书，与检察官沟通倪某案件定性的问题，最终检察官采纳了笔者的辩护意见，仅以掩隐罪起诉。

纵观整个案件进展，其实倪某是有机会为自己争取从轻处罚的。倪某是以寻衅滋事罪归案的，在其刚开始的讯问中并没有主动交代"跑分"的涉案事实，如果其能在归案后就如实供述，是有机会争取自首的。很遗憾，倪某没有抓住这个机会，直到同案犯张某某主动如实交代其"跑分"的犯罪事实，公安机关开始侦查，其才如实供述自己的涉案行为，因而只有张某某被认定具有自首情节。倪某转移的资金中有16万余元系涉诈资金，其量刑基准在4年左右，如其能认定自首，量刑也会有所调整。在审判阶段，笔者也为其争取到了一个从轻处罚的机会，便是退赔受害人，但倪某家属确已无经济能力再行退赔，故最终法院判处倪某有期徒刑三年七个月。

希望倪某能充分认识到自己的犯罪行为给社会以及自己的家庭带来的后果，痛定思痛，对法律存有敬畏之心，不要反复试探法律的底线。

【类案摘录】

案例31　赵某利用公司银行账户转移赃款掩隐案[*]

2020年3月起，同案人陈某某（已被判刑）、张某某（已被判刑）、张某（已被判刑）等人结伙，由陈某某联系同案人李某某（已被判刑），李某某指使同案人杨某某（已被判刑）、李某（已被判刑），招募同案人张某甲（已被判刑）、赵某某（已被判刑）等人注册、开设上海某某文化传播有限公司、上海某某建筑工程有限公司、上海某某广告有限公司、上海某云文化传播有限公司、上海某淑建筑工程有限公司等公司银行账户，再由杨某某将上述公司营业执照、公章、银行账户、手机卡等整套资料快递至张某提供的位于北京的收件地址。

被告人赵某、蒲某等人受张某某安排，利用上述公司银行账户为境外人员实施信息网络犯罪活动提供转账操作。其间，被告人赵某、蒲某等人汇总每日资金流水等情况，由被告人赵某报给张某，张某再汇报给陈某某。

经生效刑事判决确认，张某甲为法定代表人的上海某某文化传播有限公司、上海某某建筑工程有限公司、上海某某广告有限公司等三家公司的银行账户串案电信诈骗案件52起，涉案资金流水共计8000余万元，涉及被骗人员张某丙、李某甲、温某某等人的被骗资金共计800余万元；赵某某为法定代表人的上海某云文化传播有限公司、上海某淑建筑工程有限公司串案电信诈骗案件38起，涉案资金流水共计3000余万元，涉及被骗人员林某某、张某丁、曾某等人的被骗资金共计500余万元。

2024年3月3日、3月10日，被告人赵某、蒲某分别被公安机关抓获。到案后，两名被告人均如实交代了上述主要事实。法院审理期间，被告人赵

---

[*] （2024）沪0112刑初907号案。

某的亲属代为退赃 2 万元。

法院认为，被告人赵某、蒲某明知系犯罪所得，仍与他人结伙转移犯罪所得，情节严重，其行为已构成掩饰、隐瞒犯罪所得罪，且属共同犯罪。公诉机关的指控成立，法院予以确认。被告人赵某、蒲某在共同犯罪中起次要、辅助作用，系从犯，依法应当减轻处罚。被告人赵某、蒲某到案后均能如实供述犯罪事实，且认罪认罚，依法可以从轻、从宽处罚。被告人赵某在法院审理期间有退赃，可酌情从轻处罚。辩护人分别以被告人赵某系从犯，有坦白，认罪认罚，已退赃，请求对其从宽处罚的辩护意见，法院予以采纳。据此，依照《中华人民共和国刑法》第 312 条第 1 款、第 25 条第 1 款、第 27 条、第 67 条第 3 款、第 52 条、第 53 条、第 64 条以及《中华人民共和国刑事诉讼法》第 15 条、第 201 条之规定，判决被告人赵某犯掩饰、隐瞒犯罪所得罪，判处有期徒刑二年四个月，并处罚金 5 万元；违法所得予以追缴。

第 九 章

"购买式"转移赃款类掩隐典型案例解析

1997年《刑法》规定的"掩隐罪"包含内容为"明知是犯罪所得的赃物而予以窝藏、转移、收购或者代为销售的……",可见并未涵盖犯罪所得的赃款。2006年《刑法修正案（六）》第19条将其中的"明知是犯罪所得的赃物"修改为"明知是犯罪所得及其产生的收益",该"犯罪所得及其产生的收益"便已包含赃款。当前犯罪形势下,"掩隐罪"的上游犯罪所得多以钱款的形式存在,犯罪分子便想方设法将这些赃款进行转移,而赃款转移的形式并不限于利用"两卡"进行流转,还包括将赃款兑换成等价的其他物品转移交付,笔者将其称为"购买式"转移赃款行为。

本章共收录5个真实案例：

案例32,闫某某等人通过境外聊天软件接收上家指令,使用上家提供的银行卡内资金至商场购买金条,再将金条实物将交付上家,完成赃款的转移。

案例33,何某某等人明知他人银行卡上的钱款是违法犯罪所得,为非法获利,将银行卡内资金用于购买超市购物卡,并将购物卡卡号及消费码拍照发送给上家,完成赃款的转移。

案例34,王某甲等人使用银行卡接收来路不正的资金,后将资金转至火币网等平台购买虚拟货币,并将虚拟货币转至指定地址。

案例35，汪某某向他人提供自己的多个银行账户收取款项，并将款项用于购买泰达币，再通过平台将泰达币出售。汪某某收取的款项中有32万余元系诈骗犯罪被害人直接转入。

案例36，吴某与金店店员接洽后，诈骗分子将被骗款项直接转入百货公司账户用于购买等值黄金，由王某等人至金店取回黄金制品后完成交接。

案例32　闫某某购买黄金转移赃款掩隐案[*]

一、公诉机关指控

2022年11月5日，被告人闫某某、闫某、吴某某通过社交聊天软件接收上家指令，三人在民警布控下，由闫某从草丛里获取他人尾号1271的中国农业银行卡，由闫某某使用该卡至上海市某商场的金店购买金条12根（消费共计488 522元），再由闫某坐上吴某某的助动车，在行驶过程中将上述金条交给吴某某，并刻意从小路行驶躲避侦查。当晚，民警将三名被告人分别抓获，并从被告人吴某某处当场扣押涉案金条12根。到案后，三人均如实供述了上述事实。

经查，当日，张某甲、郝某某、薛某、李某、柳某某、张某乙、高某某、唐某某、刘某某遭网络诈骗，共转入涉案银行账户265 687元。

另经查，2022年10月19—21日，三名被告人以相同手法在某金店共购买价值数百万元的黄金。被告人闫某某、闫某通过微信获利共计约7万元，被告人吴某某向上家转账共计325万余元。

二、案情拓展

被告人闫某某到案后供述：2022年10月起，其和堂弟闫某为了赚取好处费，相互合作，通过从境外聊天软件上接收上家的指令，使用上家提供的银行卡里的资金到各大金店购买金条。他们一共做了三四次，完全按照上家的指令行事，购买黄金的店铺都是由上家指定，银行卡也是上家告知他们去哪里拿。由闫某某去店铺购买黄金，之后将黄金交给堂弟闫某，由堂弟负责

[*]（2023）沪0101刑初304号案。

运送和交接。案发的这次闫某某在上家指定的金店购买了 48 万余元的黄金，之前第一次购买了 200 万元左右的黄金。

上家和闫某某兄弟约定的好处费是每购买 100 万元的黄金，给每人报酬 5000 元，闫某某前后拿到的好处费是 2 万元左右，外加生活补贴 2 万余元。这些钱是先给到堂弟闫某，再由闫某交给闫某某。

三、量刑情节

（1）被告人闫某某的行为依法构成掩饰、隐瞒犯罪所得罪，且情节严重，法定刑为三年以上七年以下有期徒刑，并处罚金。

（2）被告人闫某某到案后能如实供述自己的罪行，系坦白，适用《刑法》第 67 条第 3 款，可以从轻处罚。

（3）被告人闫某某系从犯，根据《刑法》第 27 条，应当减轻处罚。

（4）被告人闫某某自愿认罪认罚，适用《刑事诉讼法》第 15 条的规定，可以从宽处理。

四、证据认定

本案中，公诉机关提交了相应证据，法院审理后作出如下认定：

（1）证人张某甲、郝某某、薛某、李某、柳某某、张某乙、高某某、唐某某、刘某某的证言及有关受案登记表、立案决定书、转账记录，证实其遭网络诈骗后将钱款转入涉案银行账户的事实。

（2）证人项某某的证言及辨认笔录、店内监控视频截图、相关照片，证实被告人闫某某持他人身份证、银行卡购买金条的事实。

（3）调取证据清单及购物单、交易存根，证实被告人持涉案银行卡在上海市某商场金店消费 488 522 元，及同年 10 月 19 日、10 月 20 日、10 月 21 日多次在某金店购买黄金的事实。

（4）银行交易明细，证实涉案银行卡消费记录，及被告人吴某某多次向上家转账的事实。

（5）证人陈某的证言，证实被告人吴某某回收大量金条的事实。

（6）微信转账记录，证实被告人闫某某、闫某通过微信获利的情况。

（7）搜查笔录、搜查清单、扣押笔录、扣押清单及相关照片，证实三名被告人分别被扣押相关犯罪工具的事实。

（8）公安机关出具的情况说明及抓获经过，证实三名被告人的到案经过。

（9）有关刑事判决书及释放证明书，证实被告人吴某某的前科情况。

（10）三名被告人的供述及有关辨认笔录，其对犯罪事实均供认不讳。

上述证据收集程序合法，内容客观真实，足以认定指控事实。

五、争议焦点

本案被告人对指控的犯罪事实及定性均无异议，并自愿认罪认罚，该案事实清楚，控辩双方没有明显争议。

六、辩护意见

辩护人对于公诉机关指控被告人闫某某的罪名、犯罪事实、证据无异议，认为闫某某具有从轻、减轻处罚的量刑情节如下：

（1）被告人闫某某到案后如实供述自己的罪行，根据《刑法》第67条第3款规定，系坦白，可以从轻处罚。

（2）本案系共同犯罪。在共同犯罪中，被告人闫某某起次要或辅助作用，根据《刑法》第27条规定，系从犯，应当从轻、减轻处罚。

（3）被告人闫某某在审查起诉阶段自愿认罪认罚，庭审中也表示认罪，根据《刑事诉讼法》第15条规定，可依法从宽处理。

（4）被告人闫某某一贯表现良好，此次违法行为是因为其法律意识淡薄，一时糊涂所致，现在经过教育，其已多次表示深刻意识到自己行为的违法性，也表示愿意悔改并退出违法所得，来弥补自己造成的危害后果，因此辩护人认为应当对其从轻处罚。

（5）被告人闫某某家境贫寒，父母均已年老，家庭已经没有能力帮他承担相关退赔的费用，被告人闫某某取保候审时交了2万元的保证金，申请法院直接将保证金转为退赔金额，考虑其退赔情节，以及初犯情节，给闫某某一次改过自新的机会，对其从轻处罚并适用缓刑。

七、法院判决

法院认为，被告人闫某某、闫某、吴某某明知是犯罪所得仍予以转移，情节严重，其行为均已构成掩饰、隐瞒犯罪所得罪，依法应予刑事处罚。公诉机关的指控成立。关于被告人吴某某的辩护人所作本案存在单位犯罪情节的辩护意见，经查，虽然吴某某担任 LH 珠宝（上海）有限公司法定代表人，但其系以个人名义接受他人指令将上游犯罪所得予以转移，并使用其个人银行账户支付钱款，被告人的行为不属于单位犯罪，故对该节辩护意见不予采纳。本案系共同犯罪。被告人闫某某、闫某、吴某某均系从犯，依法应当减轻处罚。三名被告人到案后能如实供述自己的罪行，愿意接受处罚，均可从轻处罚。公诉机关的量刑建议适当。各名辩护人的前述相关辩护意见，予以采纳。但根据三名被告人的犯罪事实、情节等，不宜宣告缓刑，故各名辩护人的该节辩护意见，法院不予采纳。据此，依照《中华人民共和国刑法》第三百一十二条第一款、第二十五条第一款、第二十七条、第六十七条第三款、第五十二条、第五十三条、第六十四条及《中华人民共和国刑事诉讼法》第十五条之规定，判决如下：

一、被告人闫某某犯掩饰、隐瞒犯罪所得罪，判处有期徒刑一年三个月，并处罚金人民币一万元。

二、被告人闫某犯掩饰、隐瞒犯罪所得罪，判处有期徒刑一年二个月，并处罚金人民币一万元。

三、被告人吴某某犯掩饰、隐瞒犯罪所得罪，判处有期徒刑一年二个月，并处罚金人民币一万元。

四、违法所得予以追缴，扣押在案的犯罪工具予以没收。

八、律师感悟

掩饰、隐瞒犯罪所得是指犯罪分子采取各种手段隐匿、变换、掩饰、隐瞒犯罪所得或者犯罪产生的收益的行为。本案采取的犯罪手法是通过消费来转移犯罪所得，即将犯罪所得钱款通过购买黄金进行消费，再将购入的黄金实物交付给他人，他人便可将黄金兑换为现金，从而完成钱款的转移支付，在此过程中，被告人闫某某获得不法收益。

根据最高人民法院《关于审理掩饰、隐瞒犯罪所得及其收益刑事案件适用法律若干问题的解释》的规定，明知是犯罪所得及其产生的收益而予以掩饰、隐瞒，构成掩饰、隐瞒犯罪所得罪，同时构成其他犯罪的，依照处罚较重的规定定罪处罚。掩隐罪要求的行为人主观明知，是应该明知窝藏、转移、收购等的款物可能是犯罪所得和犯罪所得收益，而不要求必须明知该款物是通过实施什么犯罪所得，或如何取得。掩隐罪作为俗称的下游犯罪，是衔接上游犯罪分子违法犯罪活动的常见罪名，犯罪分子实施掩隐行为的目的在于转移违法所得，逃避执法机关对上游犯罪所得款物的追踪，以及对犯罪分子行为的查处，逃避自己的法律责任。被告人闫某某等人接收上家指令进行购买操作，在明知从指定地点获取的银行卡内的款项是违法所得后，仍然相互配合采取购买黄金的方式帮助转移，事后再以上家支付的酬劳获利，完全符合掩隐罪的构成要件，应当依法定罪处罚。

　　在司法实践中，较之提供银行卡、收款二维码、虚拟账号等实施支付结算帮助行为而转移资金的案件，通过购买贵重物品转移违法犯罪所得及其产生的收益的案件相对较少。但换汤不换药，本案被告人所扮演的角色和参与"跑分"的卡主们并无实质区别，从具体行为来看前者是将赃款转换成了等值的商品而已。

　　从本案的细节来看，各名被告人采取了一定的反侦查措施。殊不知大量购买贵价物品，同样也容易引起关注，此类案件之所以案发，多是犯罪分子频繁大量购买的行为引起了店家的注意，店家报案。而像金店这类销售贵重物品的商家，通常监控设施完备，能帮助公安机关迅速掌握犯罪分子的身份特征。就比如本案中，各被告人案发当天的所有行为都在民警的监控下进行，可谓人赃并获。

　　闫某某等人以为找到轻松来钱快的工作，实则只是他人用之即弃的工具。如此"简单"的工作，如果不是因为案发的风险极高，神秘的上家又何须支付高额的报酬，假他人之手来完成？闫某某等人可能只是看到了这份工作带来的"好处"，却没有看到或者忽略了其暗中标示的"代价"。

　　笔者希望各被告人通过此次案件，能吸取教训，不要被一时的利益蒙蔽，遇事多思考，同时能认识到自己行为的危害性，敬畏法律，提高自身的法律意识。

案例 33　何某某购买购物卡转移赃款掩隐案[*]

一、公诉机关指控

2022年7月17日，被告人何某某、王某甲与他人结伙，在明知王某乙（另案处理）银行卡上钱款系违法犯罪所得，为非法获利，仍与卡主王某乙至广州市某超市，用王某乙尾号为5737的银行卡刷卡42万余元，购得面值1000元的购物卡413张，后将上述购物卡卡号及消费码拍照发送至上家。经查，当日有网络诈骗被害人秦某某、武某某、张某某被骗钱款共计34.26万元流入王某乙的银行卡，上述流入钱款均已用于购买超市购物卡。

2022年8月31日下午，被告人丁某某、何某某、向某、王某甲结伙，明知被告人刘某某银行卡上钱款系违法犯罪所得，为非法获利，仍互相配合，分别实施验卡以及陪同刘某某至上海市A超市，用刘某某尾号为4932的银行卡刷卡28.1万元，购得面值1000元的购物卡288张。后被告人丁某某、何某某、向某、王某甲互相配合刮卡并将上述购物卡卡号及消费码拍照发送至上家。经查，当日有网络诈骗被害人石某某、沈某某被骗钱款共计2.16万元流入刘某某的银行卡，上述流入钱款均已用于购买超市购物卡。

2022年8月31日傍晚，被告人丁某某、何某某、向某、王某甲结伙，明知被告人应某某银行卡上钱款系违法犯罪所得，为非法获利，仍互相配合，分别实施验卡以及陪同被告人应某某至上海市B超市，用应某某的银行卡刷卡42.7万元，购得面值1000元的购物卡438张，后被告人丁某某、何某某、向某、王某甲互相配合刮卡并将上述购物卡卡号及消费码拍照发送至上家。经查，当日有网络诈骗被害人高某某、陈某某、赵某某、卢某某、王某丙被

[*]（2022）沪0115刑初2834号案。

骗钱款共计 28 万元流入应某某的银行卡，上述流入钱款均已用于购买超市购物卡。

2022 年 9 月 1 日，被告人丁某某、何某某、向某、王某甲被民警抓获，10 月 19 日，被告人刘某某、应某某被民警抓获。6 名被告人到案后均如实供述犯罪事实。

二、案情拓展

2022 年 8 月 31 日，被害人沈某某至杭州市公安局拱墅区分局辖区某派出所报案：当天下午 2 时左右，他接到一个电话，对方自称是蚂蚁金服的工作人员。对方说他的"花呗"有问题无法使用，需要调整征信，让他加对方 QQ。加上 QQ 以后，对方通过 QQ 邮件向他发送了一些对方是蚂蚁金服工作人员的证明，之后对方让他下载了多个借贷 App，又让他购买了两张总价值为 1950 元的游戏充值卡。随后对方让他把借贷 App 上借到款项，计 3 万元都转账至两个指定的建设银行账户，其中一个户名为刘某某，尾号 4932，他转了 11 600 元；另一个户名为贺某某，尾号 4154，转了 18 400 元。之后对方还想让他转 7000 元过去，但他转给了他的父亲，他父亲知道后就让他来报警了。

2022 年 8 月 31 日，被害人高某某至昆明市公安局西山分局辖区某派出所报案：当天 9 时 30 分，他收到一条带有色情内容的短信，之后下载了一个涉黄的 App，登录以后客服说可以打赏返佣金，还能激活会员功能。他就开始打赏，总共转账 3 次。第一次向户名为章某某的尾号 0473 的农业银行账户转账 1318 元，第二次向户名为杨某某的尾号 4769 的建设银行账户转账 9000 元，第三次向户名为应某某的尾号 4924 的建设银行账户转账 1.5 万元。转账后他发现本金和佣金无法返还，询问对方，对方称他还有一个程序没有完成，需要再转账 7.98 万元，他就意识到自己被骗，于是前来报案。

被告人应某某供述：2022 年 8 月，一个名叫郑某某的人找他，让他将银行卡借给郑某某朋友购买购物卡走账，事后可以给他好处费。他答应后将自己的一张建设银行卡给了郑某某，并告知密码，还跟着郑某某一起到了上海。到了以后郑某某的朋友让他和刘某某去找 4 个外地人。刘某某被他们带进了一个超市，他等在门口。等了三四个小时后，刘某某从超市出来。接着他就被这几个外地人带去了另外一个超市。路上几人先是收走了他的银行卡和手机，用手机银行往他卡里转了三四十万元，然后就去超市买购物卡，总共买了400多张面值1000元的购物卡。买完之后他在上海住了一晚，第二天就回去了，回去后郑某某给他了3500元好处费。

被告人刘某某供述：2022年8月底，他的朋友郑某某问他借银行卡，说要借给其他朋友买购物卡，之后能给他好处费。随后他和郑某某、应某某、詹某就开车前往上海。詹某给了他一个地址，让他去那边找四个人会合。和那四个人见面后，其中一个人拿着他的银行卡去附近的银行提现了一笔现金，大概一两万元，取完后回到车内把他的银行卡又给了另外两个人，这两人就跟着他一起去超市买卡，总共买了300张左右，面额都是1000元的，一共花了大概30万元。买完之后，他们四人又带着应某某去买卡，让他自己先回酒店。应某某回来后第二天他们就回去了，郑某某给了他3400元现金。

被告人丁某某供述：2022年8月下旬，他的老乡符某让他找几个人一起到上海帮符某洗钱，所以他联系了何某某、向某、王某甲几人一起到上海。到上海后符某让他联系了一个叫"阿海"的人，"阿海"在上海刚好有两个卡主可以提供银行卡，一个是应某某，另一个是刘某某。他和何某某、向某、王某甲的分工不同，何某某和向某负责测试银行卡以及陪同卡主购买超市购物卡，王某甲负责望风，他负责对接卡主和符某。8月30日，他们四人和"阿海"在上海碰头，"阿海"还提供了一辆车给他们。第二天，他们和应某某、刘某某见面后就开车一起去超市。路上他把卡主的身份信息和银行卡信息发送给了符某，符某往这两张卡里分别打了30余万元和40余万元。他听说这些钱基本都是涉嫌网赌的黑钱。何某某和向某先是带着卡主去银行ATM机测试银行卡是否可以正常走账，一张卡正常提现2万元，这笔提现的钱后面由卡主带给"阿海"作为中介费，还有一张因为ATM机没钱了，所以直接拿去超市购买购物卡，一共去了两个超市，都是何某某和向某陪着卡主分别去购买的。在第一家超市买了300多张购物卡，第二家购买了400多张。前后共计购买了700多张购物卡，每张的面额是1000元，总共价值70余万元。卡主购买完毕以后把购物卡给他们，然后他们把购物卡的密码层刮掉，把这些卡都拍给符某。符某与他们约定按照洗钱数额的1%结算报酬，应该要给他们8000多元，但是因为当天符某现金不够，所以他们还没拿到报酬。

被告人何某某供述：约2022年8月底，他和丁某某、向某、王某甲四人在湖南吉首游玩。一天晚上，丁某某对他们说，有人让丁某某叫几个人一起到上海买购物卡洗钱，食宿费用都由对方承担，还答应给每天300元的报酬。8月30日晚上，他们四人一起乘火车到了上海。到上海的当晚，丁某某联系了一个叫"阿海"的朋友碰面，"阿海"给他们提供了一辆车。第二天早上，他们和"阿海"联系的卡主在他们住的宾馆碰头。之后他们开车到了一家超市，到了之后丁某某让他和向某先去超市踩点，找销售购物卡的柜台。王某甲陪着卡主到超市内找到他和向某后就离开了。之后丁某某告诉他和卡主说钱到了，然后他和王某甲就看着卡主刷卡买购物卡，买了200多张面值1000元的购物卡。卡主买完之后将购物卡给他们，他们四人就在车内把购物卡密码刮开，"阿海"拍照发给叫"大哥"的上家。等第二个卡主到第一家超市和他们碰头后，他们五个人傍晚的时候又去了另外一家超市，也是用同样的方法，购买了400多张面值1000元的超市购物卡。除了上海这两次参与买卡外，之前在2022年7月中旬的某天，丁某某召集他、杨某、王某甲几个人一起去了广州的一家超市用同样的方式买了价值十几万元的购物卡。事后杨某给了他们每人300元的报酬，还有500元奖金。但上海的两次，对方还没有支付他们好处费。

案件审理过程中，被告人何某某在家属的帮助下退缴违法所得3万元。

三、量刑情节

（1）被告人何某某的行为构成掩饰、隐瞒犯罪所得罪，且情节严重，法定刑为三年以上七年以下有期徒刑，并处罚金。

（2）被告人何某某到案后如实供述自己的罪行，系坦白，可以从轻处罚。

（3）被告人何某某自愿认罪认罚，可以依法从宽处理。

（4）被告人何某某、丁某某、向某、王某甲与刘某某、应某某属于共同犯罪，各被告人分工明确，相互配合，共同完成转移资金的行为，对危害后果的发生均起到积极作用，不宜区分主从犯。

（5）被告人何某某在案发后退缴自述违法所得，可酌情从轻处罚。

四、证据认定

（1）被告人丁某某、何某某、向某、王某甲、刘某某、应某某的供述，证实上述犯罪事实。

（2）被害人秦某某、石某某、高某某等十名被害人的陈述，分别证实他们被骗钱款流入刘某某、应某某等人银行卡的事实。

（3）接受证据清单、扣押清单，广州市某超市提供的超市卡购买记录电脑照片、消费凭证、王某乙身份证复印件，上海市两家超市提供的消费凭证以及应某某的身份证、银行卡复印件，超市购物卡723张，证实六名被告人分别结伙购买超市卡的事实。

（4）被告人刘某某、应某某的涉案银行卡交易流水，证实2022年8月31日，他们的银行卡收到被害人被骗的钱款后全部用于购买超市卡的事实。

（5）王某乙的涉案银行卡交易流水，证实王某乙的银行卡收到被害人被骗钱款后全部用于购买超市卡的事实。

（6）上海市公安局浦东分局出具的案发经过，证实被告人杨某某的到案情况。

（7）云南省弥勒市人民法院刑事判决书，证实被告人王某甲的前科情况。

（8）常住人口基本信息，证实六名被告人的身份情况。

上述证据收集程序合法，内容客观真实，足以认定指控事实。

五、争议焦点

本案被告人对指控的犯罪事实及定性均无异议，并自愿认罪认罚，该案事实清楚，控辩双方没有明显争议。

六、辩护意见

（1）被告人何某某到案后能如实交代自己的相关涉案情况，对其犯罪事实供认不讳，构成坦白，可以对其从轻处罚。

（2）被告人何某某认罪态度好，主观恶性较小，犯罪情节轻微，在侦查阶段就表示自愿认罪认罚，在进入审查起诉阶段后在辩护律师的见证下自愿认罪认罚并签署具结书，可依法从宽处理。

（3）被告人何某某系初犯、偶犯，此前一向表现良好，遵纪守法，无犯罪前科，可酌情从轻处罚。

（4）被告人何某某及其家庭愿意积极退赔，弥补自己所犯下的错误，已于庭前退缴全部违法所得3万元，可见其悔罪态度深刻，可酌情从轻处罚。

（5）被告人何某某的家庭情况特殊，何某某是家中唯一的儿子，父母已年迈，其父亲腿脚残疾，至今未愈，生活尤其困难。

综上，恳请法院在对被告人何某某定罪量刑时，能够充分考虑上述情节，对何某某教育为主，惩罚为辅，宣告缓刑让其能够在社会上接受矫正，早日回归家庭，孝顺父母，给其一个改过自新的机会。

七、法院判决

法院认为，被告人丁某某、何某某、向某、王某甲、刘某某、应某某明知是他人犯罪所得，仍将资金予以转移，其中，丁某某、何某某、向某、王某甲、应某某情节严重，其行为均已构成掩饰、隐瞒犯罪所得罪；被告人丁某某将本人持有的车辆交由他人在道路上醉酒驾驶，其行为还构成危险驾驶罪，公诉机关的指控成立，法院予以支持。审理期间，被告人何某某、向某、刘某某及应某某能退缴自述违法所得，再酌情从轻处罚。各辩护人提出的相关从轻辩护意见，予以采纳，但被告人丁某某一人犯两罪，且在转移犯罪所得的共同犯罪中作用大于其他被告人，故对其不适用非监禁刑，其辩护人所提缓刑意见，不予采纳。依照《中华人民共和国刑法》第三百一十二条第一款、第一百三十三条之一第一款第（二）项、第二十五条第一款、第六十九条、第六十五条第一款、第六十七条第一款与第三款、第七十二条、第七十三条、第五十二条、第五十三条、第六十四条及《中华人民共和国刑事诉讼法》第十五条之规定，判决如下：

一、被告人丁某某犯掩饰、隐瞒犯罪所得罪，判处有期徒刑三年三个月，并处罚金人民币一万元;犯危险驾驶罪,判处拘役一个月,并处罚金人民币二千元,决定执行有期徒刑三年三个月,并处罚金人民币一万二千元。

二、被告人何某某犯掩饰、隐瞒犯罪所得罪,判处有期徒刑三年,缓刑四年,并处罚金人民币一万元。

三、被告人向某犯掩饰、隐瞒犯罪所得罪,判处有期徒刑三年,缓刑三年,并处罚金人民币一万元。

四、被告人王某甲犯掩饰、隐瞒犯罪所得罪,判处有期徒刑三年十个月,并处罚金人民币一万二千元。

五、被告人刘某某犯掩饰、隐瞒犯罪所得罪,判处有期徒刑七个月,缓刑一年,并处罚金人民币三千元。

六、被告人应某某犯掩饰、隐瞒犯罪所得罪,判处有期徒刑三年,缓刑三年,并处罚金人民币一万元。

七、各被告人的退缴款发还受损人;扣押在案的物品予以没收。

八、律师感悟

本案是一起典型的以购买实物的方式洗钱、销赃的掩隐案。作为被告人何某某的辩护律师,仔细了解全部案情后,发现他仅仅是因为觉得帮他人洗钱可以快速赚钱,才会无视法律的制约,跟着被告人丁某某一起实施了犯罪行为。笔者认为,君子爱财取之有道,我们在生活中遇到这种"轻松又赚钱"的"好事"时,应该多思考,天上是否真的会掉馅儿饼?所幸何某某及时认识到了自己的错误,在辩护律师会见何某某时,他一直在反思自己的行为,在侦查阶段就表示认罪认罚,并且在审查起诉阶段签下《认罪认罚具结书》,努力为其争取到了宽大处理的结果。根据《关于适用认罪认罚从宽制度的指导意见》规定,犯罪嫌疑人在侦查阶段认罪认罚的,主刑从宽的幅度可以适当放宽。希望在经历这件事情后,何某某未来可以脚踏实地,通过自己的努力赚钱,而不是一直想着依靠走捷径来获利。

本案中的各位被害人的经历也值得深思。网络诈骗手段层出不穷,被害人往往防不胜防。就如被害人沈某某因为担心自己的"花呗"无法使用,而被犯罪分子钻了空子。被害人在事发以后再复盘犯罪分子的诈骗手段,发现其实并无高明之处，或许沈某某当时只需要联系一下蚂蚁金服的官方客服稍作求证就可以避免被诈骗。但诈骗分子就是利用了沈某某情急之下防备心不足的劣势，达到了自己的犯罪目的。被害人高某某则是想在网络上寻求刺激，下载了不明App，被所谓的打赏返佣金的小利蒙蔽双眼，最后落入了诈骗分子的陷阱。

虽然搭上网络时代信息便利的快车，犯罪分子的诈骗手段"日新月异"，但总归是利用了人性的弱点或被害人的软肋。生活中，反诈的宣传、广告随处可见，公安机关抓住一切机会提醒广大群众下载"国家反诈中心"App，也是为了保证万一遭遇诈骗，可以及时预警、快速举报，防范各种损害结果的发生，提高大家的防骗反诈能力，最大程度保护个人财产。大家千万不要觉得如此耳提面命没有必要，心存侥幸或不屑，毕竟没有人能保证自己在面对诈骗分子时一定可以保持理智警惕，及时识破骗局，莫等到钱财损失后才是真的追悔莫及。

案例 34　王某甲购买虚拟货币转移赃款掩隐案*

一、公诉机关指控

2020年9—11月，被告人王某乙、陈某、杨某甲、彭某某、何某、龙某、王某丙、王某丁、杜某、王某戊、李某、边某、刘某某、杨某乙、吴某甲、罗某、杨某丙、吴某乙、董某某、王某己、王某甲、王某庚在四川SX传媒有限公司（以下简称"SX公司"）担任业务员期间，在明知转入自己银行卡内的资金来路不正的情况下，仍根据公司要求通过"OS平台"（化名）接收资金，随后在15分钟内将接收的资金转至火币网等网站购买虚拟货币，并将虚拟货币提币至OS平台内，通过平台将虚拟货币转至指定地址。

其中被告人王某乙帮助转移犯罪所得共计30余万元，被告人陈某帮助转移犯罪所得共计12万余元，被告人杨某甲帮助转移犯罪所得共计23万余元，被告人彭某某帮助转移犯罪所得共计6万余元，被告人何某帮助转移犯罪所得共计50余万元，被告人龙某帮助转移犯罪所得共计11万余元，被告人王某丙帮助转移犯罪所得共计8万余元，被告人王某丁帮助转移犯罪所得共计4万余元，被告人杜某帮助转移犯罪所得共计11万余元，被告人王某戊帮助转移犯罪所得共计22万余元，被告人李某帮助转移犯罪所得共计16万余元，被告人边某帮助转移犯罪所得共计10余万元，被告人刘某某帮助转移犯罪所得共计4万余元，被告人杨某乙帮助转移犯罪所得共计19万余元，被告人吴某甲帮助转移犯罪所得共计20余万元，被告人罗某帮助转移犯罪所得共计16万余元，被告人杨某丙帮助转移犯罪所得共计18万余元，被告人吴某乙帮助转移犯罪所得共计14万余元，被告人董某某帮助转移犯罪所得共计

---

*（2021）沪0116刑初439号案。

14万余元，被告人王某己帮助转移犯罪所得共计23万余元，被告人王某甲帮助转移犯罪所得共计11万余元，被告人王某庚帮助转移犯罪所得共计约6万元。

2020年11月12日，被告人王某乙、杨某甲接公安机关电话通知，主动至公安机关投案。11月16日，其余20名被告人均在公司被民警抓获，到案后均如实供述了上述犯罪事实。

二、案情拓展

被告人王某甲供述：2020年10月31日左右，王某甲通过网络招聘平台应聘进入SX公司担任客服工作。入职前，老板介绍说公司接单的客户需要购买虚拟货币，后面他们的银行卡有可能会被冻结，所以让他们多准备几张银行卡用于接单。他虽然觉得银行卡有可能会被冻结这一点很奇怪，但是老板要求，他也就没有多想。他名下的银行卡一共有15张，支付宝账户有3个，微信账号有2个。15张银行卡中有12张是他个人使用的，另外3张是根据公司要求去新开的，支付宝和微信账户都是他个人使用的。公司要求个人银行卡和工作用银行卡一定要分开，说是这样方便对账，避免个人生活流水和公司流水混淆。入职前，公司对其进行了三天的培训，他学会了基本的操作流程，顺利被公司录用。

王某甲代客户买卖虚拟货币的操作流程是：先登录OS平台网站，登录后网站会随机派单，王某甲在核对派单客户信息和汇入他银行卡的金额后，把这笔钱转到自己的微信，或者直接用自己收款的银行卡去火币网购买最低价格的火币。只要火币网上有人卖出，他就买入。购买完成后，他再通过OS平台网站放币给客户，这样就算完成一单。当然，如果他没花完客户汇付的钱就购买到了相应数量的火币，多余的钱会转给老板。公司要求他们每天下班前必须将自己银行卡里的钱用完。直到案发，客户总共给他转账四五十万元。他的工资构成是基本工资再加上提成，完成一单的提成是1‰，每周一结算一次提成，基本工资是每天100元。不过他进入公司到案发都没有拿到过工资。他觉得公司之所以提供代买虚拟货币的服务是为了前期推广流量。他们在火币网上购买虚拟货币所需要的费用和客户给他们转账的金额大多数时候是不一致的。因为公司要求他们在收到客户转账后的10分钟内购买完毕虚拟货币,所以购买的价格有时候会比客户给的价格高一点,只能尽量买等价的。

受害人刘某某陈述:2020年9月,他在家中添加了一个企业微信群,群内是介绍股票和炒股技巧的。10月21日上午,他点开群内网址按照教程进行操作购买股票,接连买了三笔,共计2.3万元。后来他想要提现,却发现提现不了,才意识到被骗。

受害人邓某某陈述:2020年11月5日,他被拉进一个微信福利群抢红包,群里有广告说关注公众号后截图发群里就可以得佣金。下午,群里发来一个链接,说点开链接下载App可以得佣金10元。他就下载了该App,随后在App上进行接单任务,先按照对方给的卡号充值,对方就会在App里给他上分。然后他就做任务,完成任务会有佣金,1000元有200元的佣金。做完任务后在App里提现,第一次他充值了30元,提现60元;第二次充值1000元,提现1200元;第三次是联单,需要充值5次,他分别充值1000元、1万元(对方称帮他代充2000元)、2万元(对方称代充1万元)、3万元(对方称代充1万元),最后还要充值5万元才能提现,他意识到被诈骗了,所以就来报案了。

三、量刑情节

(1)被告人王某甲的行为构成掩饰、隐瞒犯罪所得罪,且情节严重,法定刑为三年以上七年以下有期徒刑,并处罚金。

(2)本案系共同犯罪,被告人王某甲在犯罪中起次要作用,系从犯,应当从轻或者减轻处罚。

(3)被告人王某甲到案后如实供述自己的罪行,系坦白,可以从轻处罚。

(4)被告人王某甲自愿认罪认罚,可以依法从宽处理。

四、证据认定

本案中,公诉机关提交了相应证据,法院审理后作出如下认定:

（1）上游犯罪被害人汪某某、戴某某、邓某某、袁某、潘某、徐某、冯某某等人的陈述，证实他们被骗取钱款的情况。

（2）公安机关出具的扣押笔录、扣押决定书、扣押清单、照片及发还物品清单，证实公安机关在各被告人处扣押物品情况以及部分物品的发还情况。

（3）公安机关调取的各被告人银行卡止付冻结记录、银行卡信息查询及银行交易记录，证实各被告人在接收资金的过程中银行卡经常被止付及冻结的情况，以及名下银行卡的转账情况。

（4）公安机关调取的经被告人确认的公司制度内容，证实各被告人在公司接收资金及购买虚拟货币的要求。

（5）司法鉴定科学研究院出具的司法鉴定意见书，证实鉴定机构对被告人杨某甲、董某某、何某的手机数据恢复提取情况。

（6）公安机关出具的侦破经过、工作情况，证实本案案发及各被告人到案情况。

（7）王某甲等本案22名被告人的供述及签字确认的OS商家信息及卖出订单记录，证实其均对上述犯罪事实供认不讳。

（8）公安机关调取的人口信息表、刑事判决书、释放证明书及吸毒人员行政拘留信息，证实各被告人年龄等身份情况及部分被告人的前科、劣迹情况。

上述证据收集程序合法，内容客观真实，足以认定指控事实。

五、争议焦点

本案被告人对指控的犯罪事实及定性均无异议，并自愿认罪认罚，该案事实清楚，控辩双方没有明显争议。

六、辩护意见

（1）本案系共同犯罪，被告人王某甲所实施的行为均系在公司的安排下进行的工作，其本人事先并未与公司通谋，也未进行任何策划，其在共同犯罪中的作用是次要的或辅助性的，属于从犯，应当从轻或减轻处罚。考虑到王某甲尚未因本案获得非法利益，在区分主从犯时，应当将此情节考虑在内，进一步减轻处罚。

（2）被告人王某甲被公安机关抓获到案后，并未隐瞒事实真相，如实供述了自身的相关案情，积极配合公安机关后续侦办案件，系坦白，依法可以从轻处罚。

（3）被告人王某甲此次系初犯，偶犯，此前没有任何前科劣迹，主观恶性不大，且王某甲的涉案行为相对而言比较轻微，社会危害性较小。

（4）被告人王某甲在审查起诉阶段自愿认罪认罚，可以依法从宽处理。

七、法院判决

法院认为，被告人王某乙、陈某、杨某甲、彭某某、何某、龙某、王某丙、王某丁、杜某、王某戊、李某、边某、刘某某、杨某乙、吴某甲、罗某、杨某丙、吴某乙、董某某、王某己、王某甲、王某庚明知是犯罪所得而予以转移，其行为均已构成掩饰、隐瞒犯罪所得罪，其中被告人王某乙、陈某、杨某甲、何某、龙某、杜某、王某戊、李某、边某、杨某乙、吴某甲、罗某、杨某丙、吴某乙、董某某、王某己、王某甲系情节严重。被告人李某曾因故意犯罪被判处有期徒刑，在刑罚执行完毕后五年内再犯应当判处有期徒刑以上刑罚之罪，系累犯，应当从重处罚。二十二名被告人在共同犯罪中起次要作用，均系从犯，应当从轻或者减轻处罚。被告人王某乙、杨某甲犯罪后主动投案，如实供述自己的罪行，系自首，可以从轻或者减轻处罚。被告人陈某、彭某某、何某、龙某、王某丙、王某丁、杜某、王某戊、李某、边某、刘某某、杨某乙、吴某甲、罗某、杨某丙、吴某乙、董某某、王某己、王某甲、王某庚到案后如实供述自己的罪行，可以从轻处罚。被告人杨某甲、杨某丙、边某、吴某乙有退赃表现，可以酌情从轻处罚。综合考虑本案各被告人的具体犯罪事实、情节、悔罪态度等情况，决定对被告人陈某、杜某、王某丙、王某丁、边某、刘某某、杨某乙、罗某、吴某乙、董某某适用缓刑。依据《中华人民共和国刑法》第三百一十二条第一款、第二十五条第一款、第二十七条、第六十五条第一款、第六十七条第一款及第三款、第七十二条第一款及第三款、第七十三条、第六十四条之规定，判决如下：

一、被告人王某乙犯掩饰、隐瞒犯罪所得罪，判处有期徒刑七个月，并处罚金人民币四千元。

二、被告人杨某甲犯掩饰、隐瞒犯罪所得罪，判处有期徒刑七个月十五日，并处罚金人民币四千元。

……

十一、被告人王某甲犯掩饰、隐瞒犯罪所得罪，判处有期徒刑六个月，并处罚金人民币三千元。

……

二十三、扣押的作案工具予以没收，违法所得予以追缴并没收。

八、律师感悟

本案是一个典型的被告人以买卖虚拟货币作为主要方式，为犯罪分子提供洗钱、销赃帮助的案例。本案中的王某甲由于法律意识的淡薄和侥幸的心理，在明明意识到自己的银行卡会被冻结是非常反常的，工作中也疑惑为什么要用客服自己的银行卡开展业务，且公司业务似乎无法盈利，种种迹象均可使其及早离职或根本就不应该入职，但其仍坚持"工作"，最终锒铛入狱。王某甲的工作内容是为所谓的客户提供虚拟货币代买服务，而实际上客户转入的钱款都是违法犯罪所得，他的行为就帮助犯罪分子达到洗钱、销赃的目的，这就构成掩隐罪。

辩护律师在会见期间，王某甲表示非常自责和懊恼，因为自己一时侥幸，导致自己成为上游犯罪分子的帮凶，隐匿和转移了犯罪分子的赃款，造成被害人的损失无法挽回。因此，王某甲到案后如实供述自己的行为，自愿认罪认罚，最终获得了从轻、从宽的处理结果。相信王某甲定会以本案为戒，在日后的求职及工作中更加谨慎，也愿其可以找到安稳、心仪的工作，重新开始生活。

近年来，虚拟货币市场在全球范围内蓬勃发展，我国作为全球第二大经济体，虚拟货币市场的发展也备受关注。然而遗憾的是，目前虚拟货币交易并没有一个相对成熟的运行机制，所以买卖虚拟货币的行为有极大可能会被犯罪分子利用。正是由于虚拟货币具有去中心化、匿名性、快速交易等特点，其与传统货币相比具备更高的灵活性和便捷性，而去中心化和匿名性也使得监管机构难以追踪和监管资金流动,极大地增加了洗钱和非法交易的风险。

笔者从事刑事辩护实务工作,对于王某甲等人的涉案经过也屡见不鲜,很多犯罪团伙以公司招聘为由,吸引王某甲这样的求职者入职,或加以欺骗或承诺高薪,让员工按照该团伙的犯罪模式开展工作,如此一来员工便成为犯罪团伙的一员。这种模式说来非常简单,但的确防不胜防。很多求职者并没有太多的社会经验,对于这种招聘行为缺乏判断力,再加上赚钱需求迫切,便极易落入圈套。当然,作为求职者在入职后发现公司存在违法犯罪行为的,应当及时抽身,并向有关单位举报,这一点王某甲等人均没有做到,这也是他们构成本罪的原因。

案例 35　汪某某买卖虚拟货币转移赃款案[*]

一、公诉机关指控

2020年11月至2021年1月，被告人汪某某为牟利，向他人提供自己的招商银行、工商银行、光大银行、广州银行、农业银行、广州农商银行、平安银行等账户信息，并通过上述银行账户以买卖虚拟币的方式帮助他人收取、转移赃款。

2020年11月至2021年1月，刘某花、耿某某、翟某某、王某丹、王某乔、刘某刚、阳某、李某某遭遇电信网络诈骗，刘某花被骗钱款3.22万元转入汪某某平安银行账户，耿某某被骗钱款1万元转入汪某某广州银行账户，翟某某被骗钱款2万元转入汪某某工商银行账户，王某丹被骗钱款30 888元转入汪某某光大银行账户，王某乔被骗钱款3万元转入汪某某工商银行账户，刘某刚被骗钱款5万元间接转入汪某某广州农商银行账户，阳某被骗钱款101 551元转入汪某某招商银行账户，李某某被骗钱款5万元间接转入汪某某农业银行账户。

2021年2月22日，被告人汪某某在广州市花都区被公安机关抓获。

二、案情拓展

2020年12月10日，被害人阳某至上海市公安局长宁分局辖区某派出所报案：2020年11月初，其在网上搜索到一个叫阿泰的人操作股票很厉害，于是他添加了对方的微信号，对方说自己有一个投资群，在里面可以讨论大盘的走势，分析个股，有什么重要的买卖机会还会发布在群里，并且把他拉

[*]（2021）沪0105刑初831号案。

入了那个微信群。除此之外，对方还把他助理的名片推送给了阳某，助理叫阿慧。11月20日，阿慧发了链接给他，让他进入课堂听讲师的直播，也让他下载了一个名为"宝华证券"的App，说用这个App进行证券投资。他在直播间里听课，根据讲师的提示买卖股票，阿慧给了他三个银行卡号，说只要向这三个银行卡号内完成充值，就能在"宝华证券"平台上面进行股票投资，于是他就在12月1—4日分三笔总共转账40万元，在"宝华证券"上进行股票投资，直到12月10日，阳某发现无法提现。

被害人刘某花陈述：2020年11月23日23时，其接到一个电话，对方自称是天猫客服，说其之前在天猫购买过物品，客服帮其误开通了一个代理商服务，每个月要扣500元，其就跟对方说不需要这个服务，对方提出她无法单方面取消，让其配合"银联"取消，于是对方就将电话转线给了"银联"，转接过去后，对方问其在天猫上绑定的银行卡信息，接着就让其去"借呗"和"网商贷"认证，进而让其在里面借款，其当时在"借呗"里借了5000元，对方又让其把钱转存到平安银行卡上，并提出需要验证其银行卡是不是由本人在操作，让其转1万元给她，成功后对方会将这笔钱退还，对方前后给其三张银行卡，转账时均显示银行账号不存在，直到对方提供了第四张银行卡（被告人汪某某的平安银行卡），并让其把银行卡内的钱全部转过去，其以为这次也会转账失败，但没想到成功了，3.22万元都转到了汪某某的账户内，接着对方就说其刚才转账成功后没有操作"安全退出"，导致转账的资金被冻结，现在仍需要再转账7万元解冻，转账成功后执行"安全退出"即可，然后对方会把钱全部一次性退还，但其身上的钱全部转给对方了，也不敢再继续操作，对方就把电话挂断了。

被害人翟某某、耿某某、王某丹、王某乔、刘某刚均因参与返利活动被骗。

被害人翟某某陈述：2021年1月4日早8点左右，有个陌生人微信搜索他手机号申请好友，他就同意了，然后被拉进一个做任务返利群，就是按照群里人说的去关注微信公众号，发到群里后返利，他按照指引做了之后确实也收到了返利共计25元。之后，群里有人又派发了一种任务就是垫付到对方提供的银行账号内30元，会返还59元，他就用支付宝转了30元至那个银行账号，返利的钱要按照对方要求下载"启信App"注册并押注，对方会把59元打到这个App上，他再提现至自己的银行卡。第二次是充100元返157元，第三次是充500元返688元。群里面好多人也在做这种任务，看他们发消息说收到钱了。翟某某也跟着做了一次1000元的项目，收到了返利1300元。之后，群里有一个人单独加他说带他做大单子赚钱，3万元可以赚1万元，他就自己凑了3万元按照对方的要求汇到了一张建设银行卡内（开户人陶某某），5分钟后对方告诉他这次亏了，翟某某就问怎么亏了，要求还本金，对方不同意，并让翟某某赶紧再押注5万元，就可以回本，这时群里也有人说回本了，翟某某就又充值2万元至一张工商银行卡内（开户人汪某某），又亏了，翟某某就发现不对劲，应该是被骗了。

被害人李某某陈述：他是公司的财务负责人，2020年12月7日14时37分，公司办公室王主任在微信上给他发了一个QQ号，说是QQ群（群名"办公专用"），让他加入。进群之后，群里五个人中有三个昵称显示是他们公司的人，昵称叫杨某保的说刚谈完一个合同，对方要转合同保证金，让他查一下公司的账户里有多少钱，他查完后发到了群里，这时杨某保在群里发了新疆某商贸公司的对公账户，让他转入70万元合同保证金，因为杨某保是他们公司的董事长，他也没有怀疑就安排出纳于15时19分直接把钱转过去了。

同案关系人李某飞供述：2020年9月，他的朋友汪某某告诉他有一个赚钱的门路，就是在网上平台"搬砖"泰达币，具体的操作方法是汪某某先用银行卡转钱给他，他就用这笔钱在"ZM"网站平台上购买泰达币，转到汪某某提供的泰达币网络钱包地址上，汪某某再通过另一个网站平台将泰达币卖出去，1个泰达币有6分至1角左右的利润，他们平分。汪某某与他通过"蝙蝠"软件联系，说这样比较安全。

同案关系人何某供述：汪某某是他姐夫，介绍他在"KM"平台上炒虚拟币赚取差价，一开始做的时候他并不知道银行卡收取的钱是赃款，后来他意识到购买虚拟币完全可以自己操作，别人没有必要高价买他的币，让他来赚取差价。

被告人汪某某供述：他和李某飞一起合作炒币，李某飞负责在"ZM"网站平台购入泰达币,他负责在"KM"网站平台上出售泰达币。他发布商家广告,然后设定币的数量区间为 1300~10 000 个泰达币,将交易设置成自选模式,所有价格设定在 6.36~6.57 之间,每天会有一定的浮动。广告发出后,快的话二十分钟,慢的话五六个小时,就会有人购买,对方会根据他设定的数量区间来输入数量,下订单后点击确认订单付款,就可以看到他预留的收款信息(他本人名下的银行卡),汇款成功后,他就通过手机银行 App 查看是否到账,点击放币至客户的钱包地址。

案件审理过程中,被告人汪某某在家属的帮助下退赔损失 324 639 元,并当庭表示自愿认罪认罚。

三、量刑情节

(1)被告人汪某某自愿认罪认罚,可以依法从宽处理。

(2)案件审理过程中,被告人汪某某在家属的帮助下退赔损失 324 639 元,可酌情从轻处罚。

四、证据认定

本案中,公诉机关提交了相应证据,法院审理后作出如下认定:

(1)证人阳某等人的证言及报案材料、手机截屏、协助查询财产通知书、银行交易明细,证实阳某等人被骗取的钱款共计 32 万余元经被告人汪某某的招商银行等 8 个账户流转。

(2)银行开户信息、银行交易明细,证实被告人汪某某的招商银行等 8 个账户自 2020 年 11 月至 2021 年 1 月的收入金额为 541 万余元。

(3)办案说明、银行卡冻结信息,证实被告人汪某某的招商银行账户、工商银行账户、广州银行账户、平安银行账户、农业银行账户、广州农商银行账户被公安机关冻结的情况。

(4)扣押决定书、扣押笔录、扣押清单、扣押物品照片,证实公安机关从汪某某处扣押手机一部,建设银行、兴业银行、民生银行、长沙银行等银行卡共 25 张。

(5)户籍资料、十指指纹信息卡、案发经过表格,证实被告人汪某某的身份情况和到案情况。

（6）被告人汪某某的供述，证实其对上述犯罪事实供认不讳。

上述证据收集程序合法，内容客观真实，足以认定指控事实。被告人汪某某对指控的犯罪事实和证据没有异议，并自愿认罪认罚。

五、争议焦点

本案被告人汪某某对指控的犯罪事实及定性均无异议，并自愿认罪认罚，该案事实清楚，控辩双方没有明显争议。

六、辩护意见

（1）被告人汪某某没有任何违法犯罪前科，此次涉案系初犯、偶犯，是自己法律意识淡薄所致，希望能给其一次改过自新的机会，念其过往表现对其从轻处罚。

（2）被告人汪某某没有将自己的银行卡交与他人使用，在出售虚拟币的过程中也没有与买家有过任何联络，均是通过平台的自动交易完成，对于收款资金的具体来源并不清楚，其主观上没有帮助他人转移赃款的直接故意，充其量是对于款项的来源出于放任的态度，犯罪的社会危害性较小。

（3）被告人汪某某并未参与收受虚拟币的环节，该环节由同案关系人李某飞操作完成，没有李某飞的参与，汪某某的售币环节也无从谈起，应考虑到汪某某的犯罪作用对其从轻处罚。

（4）本案中，各被害人的损失为32万余元，折合虚拟泰达币5万余个，按照每个6分至1角的利润计算，汪某某等人共获利3000～5000元，获利较小，不应对其处罚过重。

（5）被告人汪某某在审查起诉阶段认可自己的犯罪行为，以及帮助信息网络犯罪活动罪的罪名，并签署了《认罪认罚具结书》，在案件进入审判程序后，公诉机关作出《变更起诉决定书》，将罪名调整为掩饰、隐瞒犯罪所得罪，提审汪某某时，其表示不认罪不认罚，辩护人认为其本人对于犯罪行为一直以来都是供认不讳的，仅是对于所涉罪名的认识不同，导致有所反复。在庭审过程中，被告人汪某某明确表示对于指控的犯罪事实及掩饰、隐瞒犯罪所得罪的罪名均无异议，并愿意认罪认罚，应当依法从宽处理，且应考虑到其于审查起诉阶段即认罪认罚这一事实，加大对其从宽处理的幅度，以体现早认罪认罚的制度优势。

（6）被告人汪某某因本案获利极少的情况下，仍愿意退出所有被害人的损失，在家属的帮助下退赔324 639元，不仅弥补了被害人的经济损失，也体现了其认罪悔罪的积极态度。

（7）被告人汪某某育有两子，一子8岁，一子4岁，均由其妻子一人照顾，汪某某是家庭的经济支柱，自羁押以来其家庭已陷入经济困难，通过多方借款方筹集32万余元用于退缴，更令其家庭经济状况雪上加霜，其早日获得自由有利于家庭的稳定与和谐。

请求法庭综上以上所有情节，在有期徒刑三年以下的幅度内，对被告人汪某某宣告缓刑。

七、法院判决

法院认为，被告人汪某某明知是犯罪所得的赃款而予以收受、转移，情节严重，其行为已构成掩饰、隐瞒犯罪所得罪，依法应予惩处。公诉机关的指控事实清楚，定性正确。被告人汪某某当庭自愿认罪认罚，依法从轻处罚；家属代为退赔损失，酌情从轻处罚。为维护社会治安秩序，保护公民的合法财产不受侵犯，依照《中华人民共和国刑法》第三百一十二条第一款，第七十二条第一款及第三款、第七十三条第二款及第三款、第五十二条、第五十三条、第六十四条及《中华人民共和国刑事诉讼法》第十五条之规定，判决如下：

一、被告人汪某某犯掩饰、隐瞒犯罪所得罪，判处有期徒刑三年，缓刑三年，并处罚金人民币八千元；

二、退赔的在案款发还各被害人；作案工具手机一部、银行卡八张予以没收。

汪某某回到社区后，应当遵守法律、法规，服从监督管理，接受教育，完成公益劳动，做一名有益社会的公民。

八、律师感悟

本案的办理过程经历了很多的曲折，对于汪某某来说其心情也有如过山车一般，起起落落均是过程，好在最后的结果是缓刑，让汪某某更加体会到了犯罪的严重后果，尤其是羁押十个多月的时间，自由的丧失，以及对家庭的牵挂，令其深深自责，并痛定思痛，今后绝不会再做任何违法犯罪的事情，笔者认为法律的惩罚与教育作用得到了统一和平衡。

诈骗分子的套路在本案中呈现了四种情况：投资理财、账户解冻、参与返利、冒充领导，不论是何种情况，均是虚构事实使得被害人陷入错误的认识，进而处置自己的财产。笔者团队曾于2023年11月出版了《诈骗罪案件律师代理实务》一书，在书中分类解析了诈骗罪的典型案例，讲述一个个真实的犯罪案件，普法的同时，更希望提高读者的防骗意识。本案涉及的诈骗行为均是通过电信网络来实施，足可见该类诈骗行为的社会危害性极大。为了预防、遏制和惩治电信网络诈骗活动，加强反电信网络诈骗工作，国家出台了《反电信网络诈骗法》，已于2022年12月1日施行，已取得一定的成效。

汪某某等人的行为从法律的本质上来说，就是帮助电信网络诈骗分子收取赃款，并将赃款通过虚拟币交易的形式进行转移，充当了诈骗分子的"钱袋子"。这种行为方式与通常所说的收转款有所不同，增加了一个虚拟币交易的环节，看似合法，实则更具隐蔽性，增加了公安机关破案的难度，危害性极大，这也是诈骗犯罪分子狡猾的体现。汪某某等人虽说没有得到诈骗分子明确告知的钱款来源和性质，但在银行卡多次被冻结时，应当意识到收到的钱款可能是赃款，不要再作交易，也可从根本上减少被害人的损失，减轻自己的罪行。

说到本案经历的曲折，在审查起诉阶段，公诉机关将本案定性为帮助信息网络犯罪活动罪，在认罪认罚具结时给出了有期徒刑九个月，并处罚金的量刑建议。在审判阶段，公诉机关作出《变更起诉决定书》，决定将本案定性为掩饰、隐瞒犯罪所得罪。掩饰、隐瞒犯罪所得罪的量刑标准是涉案金额达到10万元即构成情节严重，判处三年以上七年以下有期徒刑，并处罚金。

当然，从汪某某的行为来看，确实构成掩饰、隐瞒犯罪所得罪，只是有了此前有期徒刑九个月的量刑建议，当面临三年以上有期徒刑时，汪某某无法接受，所以在审判阶段公诉机关提审时不再同意认罪认罚。审判阶段，主审法官在第一次庭审结束后，考虑到被告人汪某某有退赔的意愿，且自愿认罪认罚，决定给他一次机会，在综合所有情节后，作出缓刑的判决，这对于汪某某来说十分难得，他也表示一定反思这次经历，今后遵纪守法，好好生活。

【类案摘录】

案例36　王某购买黄金制品转移赃款掩隐案[*]

2023年11月，被告人吴某伙同被告人王某、被告人徐某以及丁某（另案处理）等人，明知是犯罪所得仍通过购买黄金制品的方式予以转移，共计122万余元。其中，吴某根据上家指使，与金店店员联系黄金购买事宜，并指使丁某领取黄金制品。王某则根据丁某安排，自行或指使徐某至上海市浦东新区某金店取出所购买的黄金制品，再交由丁某、吴某交接。具体分述如下：

（1）2023年11月15日，三亚某某投资控股有限公司、上海某某实业有限公司等遭网络犯罪，被骗钱款中31万元被转入上海某百货有限公司（以下简称"百货公司"）账户用于购买黄金制品。王某按照丁某指示取出黄金并交由丁某、吴某交接。

（2）2023年11月16日，淮北某某机械设备有限公司、深圳市某某精密科技有限公司遭网络犯罪，被骗钱款中的26万元、15万元先后被转入百货公司账户用于购买等值黄金制品。王某则根据丁某指示，安排徐某或自行取出黄金制品交由丁某、吴某交接。

（3）2023年11月17日，南昌某某金属科技有限公司遭网络犯罪，被骗钱款中25万元被转入百货公司账户用于购买等值黄金制品。徐某按王某指示取出黄金，再由王某按照丁某指示放于指定地点，由吴某安排交接。

（4）2023年11月18日，肖某某遭网络犯罪，被骗钱款中25.1万元被转入百货公司账户用于购买等值黄金制品。徐某按照王某指示取出黄金制品，再由王某、丁某、吴某进行交接。

[*]（2024）沪0105刑初177号案。

2023年11月10日，王某接公安机关电话通知后主动到案；11月22日、12月5日，公安机关分别抓获被告人徐某、吴某。三名被告人到案后，均如实供述了上述事实。

法院认为，被告人吴某、王某、徐某，明知是犯罪所得仍予以转移，其行为均已构成掩饰、隐瞒犯罪所得罪，且情节严重，依法应予惩处。公诉机关指控被告人吴某、王某、徐某犯掩饰、隐瞒犯罪所得罪罪名成立。本案系共同犯罪，被告人吴某在犯罪中起主要作用，系主犯。被告人王某、徐某在犯罪中起次要作用，系从犯，依法应减轻处罚。被告人王某犯罪后能够主动投案，如实供述自己的罪行，系自首，被告人吴某、徐某到案后能够如实供述自己的罪行，三名被告人均自愿认罪认罚，依法可从轻处罚。辩护人与此相关的辩护意见，法院予以采纳。为维护社会管理秩序，依照《中华人民共和国刑法》第312条、第25条第1款、第26条、第27条、第67条第1款及第3款、第52条、第53条、第64条以及《中华人民共和国刑事诉讼法》第15条之规定，判决被告人王某犯掩饰、隐瞒犯罪所得罪，判处有期徒刑二年八个月，并处罚金2万元；违法所得予以追缴，作案工具予以没收。

第十章

转移赃物类掩隐典型案例解析

掩饰、隐瞒犯罪所得、犯罪所得收益罪的前身就是窝藏、转移、收购、销售赃物罪。将犯罪所得的赃物进行窝藏、转移、收购、销售的较为常见，而该类赃物普遍价值较高，易于转移或变现，从事掩饰、隐瞒行为的人员也可从中获得较大利益。

本章共收录4个真实案例：

案例37、案例38、案例40，均是在水上过驳非法成品油的案例，其中刘某担任水手，在油品过驳过程中帮助拉油管；朱某某担任押货人，负责监督油品情况；闫某驾船并在柴油过驳中协助拖拉油管。

案例39，杨某某明知李某盗窃摩托车，仍与之商量以车易车的方式取得该赃物。

案例37　刘某协助过驳非法成品油掩隐案[*]

一、公诉机关指控

2020年4月26日,被告人李某、念某甲、念某乙、魏某甲、魏某乙、赵某甲、赵某乙、刘某、郝某结伙,由被告人李某驾驶"GS5"(化名)船航行至浙江舟山海域,关闭船用AIS(船舶自动识别系统:一种海事安全与通信的助航系统,能自动交换船位、航速、航向、船名、呼号等重要信息),并联系海船,后由被告人念某甲、念某乙、魏某甲、魏某乙、赵某甲、赵某乙、刘某、郝某共同从海船上过驳无合法证明手续的成品油。4月28日,被告人李某、念某甲、念某乙、魏某甲、魏某乙、赵某甲、赵某乙、刘某、郝某运输上述成品油返回途中,被民警抓获,并当场在"GS5"船上查获价值共计1 789 983元的成品油346.426吨。

到案后,被告人李某、念某甲、念某乙、魏某甲、魏某乙、赵某甲、赵某乙、刘某、郝某均如实供述了上述事实。

案件审理期间,被告人刘某、念某乙、郝某在家属的帮助下预缴罚金。

二、案情拓展

被告人李某到案后供述:2020年4月1日,其在福建省福安市租赁了"GS5"号船作为作案船只。该船只经过事先改装,船只货舱下设置了一个暗舱,并且在货舱前后都安装了油管和油泵用来装运油品。4月23日晚间,其伙同刘某、念某甲、念某乙、魏某甲、魏某乙、赵某甲、赵某乙、郝某驾驶伪装成运砂石的"GS5"号船,从福安市海域出发,于4月26日凌晨到达浙

---

[*]　(2020)沪0109刑初650号案。

江舟山海域。随后他们关闭了船用 AIS，与另一艘来历不明的海船（船名、国籍不详）碰头。他们和对方通过对讲机交流后驾驶船只靠拢。趁海上没有其他船只，采用船驳船的方式，通过油管从海船上将 340 余吨油品过驳到"GS5"号船上，这些油品都是没有合法手续，而且来历不明的，价值大约是 200 万元。过驳完毕后，他们再各自驾船只驶离这片水域。

被告人刘某到案后供述：2020 年 4 月，其通过网上招聘找到了货船实习水手的工作，在和船长见面后就被安排在福建登船，船是去运沙子，船长说让其按照他的指示做事。船上一共有 10 个人，大家互相都不熟悉。船长说本次航程是从福建开到芜湖去办证，途经舟山的时候加油。据船上的人说这些油是来路不正的，但刘某认为这与其无关，其就是打工的。作为船上水手，主要帮忙修理机器，或者开船的时候就看着船，也没什么要做的。当时在海上加油的时候，船长吩咐他帮着拉油管，他就照做了。据说这次是加了 50 多吨油，具体他也不太清楚。

各被告人在驾驶"GS5"号船返航途中被公安机关查获，并被传唤至公安机关接受讯问。作案使用的"GS5"船及船上装载油品一并被公安机关依法扣押。经中国检验认证集团上海有限公司鉴定，"GS5"号船运输的油品为 -10 号车用柴油（V），共计 346.426 吨。经上海市价格认证中心鉴定，346.426 吨柴油价值 1 789 983 元。

三、量刑情节

（1）被告人刘某的行为构成掩饰、隐瞒犯罪所得罪，且情节严重。

（2）本案系共同犯罪，被告人刘某在共同犯罪中起次要作用，系从犯，应当减轻处罚。

（3）被告人刘某到案后如实供述自己的罪行，系坦白，可从轻处罚。

（4）被告人刘某自愿认罪认罚，可以依法从宽处理。

（5）被告人刘某在家属的帮助下预缴罚金，可酌情从轻处罚。

四、证据认定

本案中，公诉机关提交了相应证据，法院审理后作出如下认定：

（1）拍摄的现场照片、调取的涉案船舶检验证书等材料，证实被告人于浙江舟山海域，与另一艘来历不明的海船采用船驳船的方式，从该海船上过驳无合法手续且来历不明的油品340余吨的作案事实。

（2）中国检验认证集团上海有限公司出具的《重量及品质鉴定意见》，上海市价格认证中心出具的《价格认定结论书》，证实海船上大约340吨油品为无合法手续的非法油。

（3）被告人李某、念某甲、念某乙、魏某甲、魏某乙、赵某甲、赵某乙、刘某、郝某的供述、辨认笔录等，证实各被告人的作案情况。

（4）上海市公安局港航公安局出具的《到案经过》、人员信息、《扣押决定书》、《扣押清单》，证实各被告人的到案情况和个人信息。

上述证据收集程序合法，内容客观真实，足以认定指控事实。

五、争议焦点

本案被告人对指控的犯罪事实及定性均无异议，并自愿认罪认罚，该案事实清楚，控辩双方没有明显争议。

六、辩护意见

（1）被告人刘某犯罪情节轻微，系主观恶性较小的初犯、从犯。被告人刘某于2020年4月通过网上招聘的方式找到涉案货船实习水手的工作，并于同年4月15日从福建登船。刘某此前从未从事过水手等与船舶航行相关的工作，登船前也未进行过专业培训。刘某在此次航行中所做的就是根据他人指示提供帮工等辅助工作。在加油时，按船长要求帮忙拉管子。本案中，被告人刘某因自身缺乏相关专业知识，无法对涉案行为作出准确判断。刘某在案件中只起到轻微的帮助作用，其行为所带来的社会危害性较低，并未造成严重的后果，情节实属轻微。刘某此前没有任何违法犯罪前科，此次犯罪系初犯，并且在共同犯罪中起次要作用，是从犯，依法可减轻处罚。

（2）被告人刘某到案后如实供述案情，认罪认罚，态度良好。刘某到案后积极配合调查，如实供述自己的罪行，系坦白，可从轻处罚。刘某犯罪是由于其法律意识淡薄，之前并未对行为的违法性及社会危害性有充分认识，现其已认识到自己行为的性质，以及所带来的不良影响，自愿认罪认罚，可依法从宽处理。

（3）被告人刘某因本案未获利，且自愿预缴罚金，表明其认罪态度，建议对被告人刘某适用缓刑。刘某在本案中并未实际获利，但其认罪、悔罪态度十分积极，在审理阶段自愿预缴罚金，充分体现其认罪、悔罪态度，可酌情从轻处罚。

辩护人认为被告人刘某年纪尚轻，由于其犯罪情节相对轻微，又系主观恶性相对较小的初犯、偶犯、从犯，且到案后的认罪态度良好，有深刻的悔罪认识，对其适用缓刑，对其居住社区不致产生危险性，也体现刑法宽严相济、罪责刑相一致的原则，恳请法庭充分考虑被告人刘某的上述情节，尽可能给予其一个宽缓量刑，并宣告缓刑。

七、法院判决

法院认为，被告人李某、念某甲、念某乙、魏某甲、魏某乙、赵某甲、赵某乙、刘某、郝某结伙，明知是犯罪所得而予以转移，情节严重，其行为均已构成掩饰、隐瞒犯罪所得罪。上海市虹口区人民检察院指控被告人李某、念某甲、念某乙、魏某甲、魏某乙、赵某甲、赵某乙、刘某、郝某犯掩饰、隐瞒犯罪所得罪罪名成立。本案系共同犯罪。被告人李某在共同犯罪中起主要作用，系主犯；被告人念某甲、念某乙、魏某甲、魏某乙、赵某甲、赵某乙、刘某、郝某起次要作用，系从犯，均应减轻处罚。被告人李某、念某甲、念某乙、魏某甲、魏某乙、赵某甲、赵某乙、刘某、郝某到案后均能如实供述自己的罪行，且认罪认罚，均可从轻处罚。被告人魏某乙系已满65周岁的老年犯；案发后、本院审理期间，被告人念某乙、刘某、郝某在家属的帮助下预缴罚金，可分别情节酌情从轻处罚。被告人刘某、郝某确有悔罪表现，均可适用缓刑。公诉机关对被告人李某、念某甲、魏某甲、魏某乙、赵某甲、赵某乙的量刑建议，法院予以采纳。为维护社会管理秩序，依照《中华人民共和国刑法》第三百一十二条第一款、第二十五条第一款、第二十六条第一款与第四款、第二十七条、第六十七条第三款、第七十二条第一款与第三款、第七十三条、第六十四条及《中华人民共和国刑事诉讼法》第十五条之规定，判决如下：

一、被告人李某犯掩饰、隐瞒犯罪所得罪，判处有期徒刑三年，并处罚金人民币三万元。

二、被告人念某甲犯掩饰、隐瞒犯罪所得罪，判处有期徒刑一年，并处罚金人民币一万元。

三、被告人念某乙犯掩饰、隐瞒犯罪所得罪，判处有期徒刑八个月，并处罚金人民币一万元。

四、被告人魏某甲犯掩饰、隐瞒犯罪所得罪，判处有期徒刑一年，并处罚金人民币一万元。

五、被告人魏某乙犯掩饰、隐瞒犯罪所得罪，判处有期徒刑八个月，并处罚金人民币一万元。

六、被告人赵某甲犯掩饰、隐瞒犯罪所得罪，判处有期徒刑一年，并处罚金人民币一万元。

七、被告人赵某乙犯掩饰、隐瞒犯罪所得罪，判处有期徒刑一年，并处罚金人民币一万元。

八、被告人刘某犯掩饰、隐瞒犯罪所得罪，判处有期徒刑八个月，缓刑一年，并处罚金人民币一万元。

九、被告人郝某犯掩饰、隐瞒犯罪所得罪，判处有期徒刑八个月，缓刑一年，并处罚金人民币一万元。

十、缴获的赃物成品油予以没收。

八、律师感悟

本案中，被告人刘某家属得知其被刑事拘留后非常意外也十分着急，他们认为刘某只是偶然应聘水手工作，实在想不通为什么会构成犯罪。在与笔者团队接洽后，我们同家属进行了简单的沟通，将以往的类似案例向家属释明，双方达成刑事委托关系，我们指派有此类案件经验的律师跟进。

辩护律师在会见刘某后，根据刘某的陈述初步了解到案件情况，与家属所述基本一致。刘某是通过网上招聘找到涉案货船实习水手的工作，船长告知货船主要用于砂石运输，此次出航是为了办理新船舶的相关证件，船舶才会航行至舟山附近加油,在加油过程中刘某只是听从船长的吩咐,协助拉油管。在公安机关讯问过程中,刘某已如实供述本人的全部犯罪事实,有坦白情节,这是可以从轻处罚的。刘某本人的认罪态度良好,希望家属和律师能帮助其争取宽大处理。由此一来,辩护律师便制订辩护策略,对其量刑从轻方面下手,在审查起诉阶段认罪认罚,得到从宽处理的机会。在审判阶段,辩护律师考虑到刘某并没有实际获利,不存在退缴违法所得的情况,便向法官申请提前预缴罚金,以表明其悔罪的态度,该态度得到了法官的认可,决定对其适用缓刑。

已于 2024 年 8 月 20 日废止的最高人民法院《关于审理洗钱等刑事案件具体应用法律若干问题的解释》规定,对于洗钱罪、掩隐罪规定的"明知",应当结合被告人的认知能力,接触他人犯罪所得及其收益的情况,犯罪所得及其收益的种类、数额,犯罪所得及其收益的转换、转移方式以及被告人的供述等主、客观因素进行认定。取而代之的是最高人民法院、最高人民检察院《关于办理洗钱刑事案件适用法律若干问题的解释》,该解释第 3 条规定:认定"知道或者应当知道",应当根据行为人所接触、接收的信息,经手他人犯罪所得及其收益的情况,犯罪所得及其收益的种类、数额,犯罪所得及其收益的转移、转换方式,交易行为、资金账户等异常情况,结合行为人职业经历、与上游犯罪人员之间的关系以及其供述和辩解,同案人指证和证人证言等情况综合审查判断。有证据证明行为人确实不知道的除外。笔者认为前后两个解释就"明知"提出的意见原则上是相同的,结合本案,虽然刘某称此前从未从事过水手等与船舶航行相关的工作,登船前也未进行过专业培训,但从其登船至过驳油品当晚,已在船上工作生活了十余天,且其在船上主要从事维护和修理的工作,那么对于船只上装载的相关航行系统也应是知晓的。而在过驳案涉油品前,该船关闭了船用 AIS,并通过对讲机与对方海船联系,足以证明船员对于接下来要实施的行为的违法性是"明知"的,这种"明知"至少是已经达到了"应当知道"的程度。

本案结案后,笔者与刘某进行了沟通,刘某表示会吸取本次教训,增强法律意识,今后一定踏实工作,做一名遵纪守法的好公民。

案例 38　朱某某协助过驳非法成品油掩隐案[*]

一、公诉机关指控

被告人刘某某系"JH369"（化名）船上的负责人，负责与货主联系及指挥航线；被告人朱某某系该船押货人，负责押运柴油；被告人夏某某、许某系该船驾驶员，负责驾驶该船。2019年9月12日凌晨，被告人刘某某、朱某某、夏某某、许某根据货主的安排，驾驶"JH369"船行驶至长江上海段浦东机场水域，从不明海船处过驳362.273吨成品油。同日，该船行驶至长江浏河口附近水域时被公安机关当场查获，被告人刘某某、夏某某、许某被当场抓获，10月4日，被告人朱某某被抓获。到案后，被告人刘某某、夏某某、许某对上述事实供认不讳。

经鉴定，涉案成品油符合车用柴油相关指标要求，价值2 539 533.73元，在进口环节应缴税款为920 748.46元。

二、案情拓展

被告人刘某某供述：2019年8月10日左右，其在南通找到一份工作，工资是每月5000元，工作内容是把"JH369"号改装成一艘油船，改装好之后用于运输柴油，每运输一次其有500元的提成。当时船停靠在南通的一个小船厂里，其和陈某某帮忙改装，一直到8月底才改装完成。改装完后许某就到船上和他们一起看船。2019年9月6日，船厂的一个工人跟他说要把这艘船开出去，开出去后会有人在高频里联系他，给他指示。然后他就安排许某把船开出船厂，根据高频里的人给他的指示，到达指定地点抛锚。9月11

---

[*] （2020）沪0101刑初853号案。

日，夏某某和朱某某两人一起搭乘快艇上船，二人上船后不久，高频里的人就联系他要求他们把船开到长江上海段浦东机场水域，到达后高频里的人给了他们一个经纬度，并且让他们装完油之后就往南通方向开。到达指定坐标之后，他们等了大概2小时，有一艘小船开过来。他让夏某某把他们的船靠过去，靠上之后他们就开始拉油管装油。许某和夏某某负责开船、帮忙拉油管；他在船上负责传递老板的信息和帮忙拉油管、卸油；朱某某在船上是押运油的；陈某某负责做饭，也帮忙拉油管、卸油。1小时后他们的船把油装满了，然后他们就往南通方向行驶，凌晨时分被公安机关抓获。

被告人许某供述：2019年8月初，有一个姓刘的老板通过电话联系他，让他去南通的一艘船上做副驾驶，当时没有明确说工资，只说不会亏待他，而且跑一趟的话可以给他300~500元的提成，跑得好的话一个月1万元左右，月底发钱，他就答应了。2019年8月中下旬，他到了停在南通的"JH369"号船上担任副驾驶，当时船上还有陈某某、刘某某，他们三个人看船。他上船的时候这艘船已经改装结束。9月上旬，夏某某来到船上担任正驾驶。9月11日下午2时许，刘某某让他们把船开到上海段的一个水域，他们是当天晚上7时左右到的。过了一小时左右，有一艘小海船朝他们驾驶过来，刘某某让夏某某开船靠近小船，靠上之后他和船上其他人开始拉油管装油，大约过了一个小时，他们把油过驳完毕，把油管拉开后，小海船往海口方向驶去，他们的船回江苏。他们在船上的分工不同，他是副驾驶，帮忙开船；陈某某负责做饭和打杂；夏某某是船长，开船主要由他负责；刘某某是船上的管事，会告诉他们该开船去哪里；朱某某在船上什么都不做，猜测他是负责押货看油的。

被告人夏某某供述：2019年9月10日左右，他在微信群里找到这份开船的工作。后来添加了一个人的微信，对方让他第二天下午在一个码头等着，会安排快艇过来接他和朱某某上船。当时他和对方谈的是开一趟给300元，开到江阴一趟差不多就七八个小时。对方还告诉他，他的一个老乡许某也在船上，到时会帮他开船。9月11日19时许，他和朱某某被快艇送上"JH369"号，快艇驾驶员让他们到了船上听刘某某的。上了船他就进驾驶舱，刘某某给他说船来了，让他把船靠上去。他看到一艘小海船在离他们

200 米处，他就开船靠了上去。靠上后，他就上前面拉缆绳，然后海船上有人把油管扔下来，他们船上其他人就都去拉油管。拉好油管后就开始过驳油，过驳后，他就把缆绳解开去驾驶室开船往江阴方向去。后来开到长江上海段一个水域时，被公安机关查获。在船上，他负责开船，朱某某负责押货，许某是副驾驶，刘某某是管事。

被告人朱某某供述：2019 年 8 月，他的老朋友林某某向他介绍，说有个福建朋友成某是做走私油生意的，让他去跟船看货，每个月给他六七千元的工资。他因为欠了外债，很需要钱，所以就同意了。8 月 19 日，他从福建老家坐飞机到了上海。到上海后，陈某安排了一个叫郭某的人把他接到一个宿舍，他在宿舍住了大概十几天。9 月 11 日下午 5 点左右，郭某驾驶一艘小艇把他和夏某某送到"JH369"船上。送到后，郭某告诉他在船上不用干活，看好油不要被偷就行。他上了"JH369"后，船就开始往码头开。后来船开到一个地方停了大约 2 个小时，随后就有一艘大船出现。然后他听到他们船上的人喊"船来了，船来了"，他们的船就慢慢靠上那艘大船。靠上后他们船上其他几个人就帮忙带缆绳拉油管，当时他打开手电筒想帮忙，结果被船上的人呵斥关上手电筒。然后他就在甲板上看着，随后大船就往他们船上卸油，卸了差不多一个小时就结束了。卸油的过程中，他在船尾生活舱里玩手机，也没注意到缆绳是怎么扯开的，反正卸完油后他们船就开走了，具体什么方向他也分辨不出。

本案审理起诉阶段，被告人朱某某自愿认罪，但对于检察院提出的有期徒刑十一个月至一年二个月量刑建议不认可，未签署《认罪认罚具结书》。在案件审理中，被告人朱某某当庭表示认罪认罚。

三、量刑情节

（1）被告人朱某某的行为构成掩饰、隐瞒犯罪所得罪，且情节严重。

（2）本案系共同犯罪，被告人朱某某起次要作用，系从犯，应当减轻处罚。

（3）被告人朱某某到案后如实供述自己的罪行，构成坦白，可以从轻处罚。

（4）被告人朱某某当庭自愿认罪，可酌情从轻处罚。

四、证据认定

本案中，公诉机关提交了相应证据，法院审理后作出如下认定：

（1）同案关系人陈某某的证言，证实2019年9月11日晚，陈某某和被告人许某、刘某某、朱某某等人驾驶"JH369"船从一艘大船上过驳柴油后，于次日凌晨被公安人员查获的事实。

（2）长江航运公安局上海分局出具的扣押决定书、扣押清单、扣押笔录、相关照片等证据，证实涉案船舶及其内载柴油扣押情况的事实。

（3）中国检验认证集团上海有限公司品质证书，证实扣押的"JH369"船只上装载的成品油符合车用柴油相关指标要求的事实。

（4）中国检验认证集团上海有限公司重量证书，证实扣押的"JH369"船只上装载的成品油的重量为362.273吨的事实。

（5）上海市价格认证中心价格认定结论书，证实涉案柴油单价为7010元每吨的事实。

（6）中华人民共和国上海浦江海关出具的《货物、物品涉及进（出）口环节的应缴税款核算证明书》，证实涉案车用柴油在进口环节的应缴税款为920 748.46元的事实。

（7）长江航运公安局上海分局出具的《到案情况说明》、常熟市公安局巡特警大队出具的《抓获经过》，证实本案四名被告人的到案情况。

（8）被告人刘某某、朱某某、夏某某、许某的供述及辨认笔录，证实各名被告人均受他人指派，在案发当日，由被告人刘某某负责与货主联系并指挥航线，被告人朱某某负责押运，被告人夏某某、许某负责驾驶，共同驾驶"JH369"船行驶至长江上海段浦东机场水域，明知成品油系非法所得的情况下，从不明海船处过驳成品油后运往他处并被公安机关查获的事实。

上述证据均经庭审质证，证据合法有效，应予认定。

五、争议焦点

本案被告人对指控的犯罪事实及定性均无异议，并自愿认罪，该案事实清楚，控辩双方没有明显争议。

六、辩护意见

（1）被告人朱某某自侦查阶段一直如实供述，且口供稳定，系坦白，根据《刑法》第67条第3款规定，可以从轻处罚。

（2）本案是共同犯罪。被告人朱某某在其中起次要作用，是从犯，根据《刑法》第27条规定，应当减轻处罚。在本案各从犯中，被告人朱某某的犯罪行为较轻，他在船上仅仅是负责看油，并没有参与拉油管等具体的接驳成品油行为，也没有与货主联系，其与其他被告人的犯罪情节相比更轻，从公平的角度出发，对朱某某的量刑应与其他各被告人有所区分。

（3）被告人朱某某是自愿认罪的，在审查起诉阶段也愿意认罪，但其对于公诉机关提出的量刑建议不认可，故没有签署《认罪认罚具结书》，但其并非否认控罪，结合其当庭认罪认罚，也真诚悔罪，可对其酌情从轻处罚。

（4）被告人朱某某身体不好，长年腰痛，需长期服用止痛药，长期羁押对其健康不利，请求对其从轻处罚。

七、法院判决

法院认为，被告人刘某某、朱某某、夏某某、许某明知是犯罪所得而予以转移，情节严重，其行为均已构成掩饰、隐瞒犯罪所得罪，依法应予刑事处罚。公诉机关指控被告人刘某某、朱某某、夏某某、许某犯掩饰、隐瞒犯罪所得罪的罪名成立。本案系共同犯罪，被告人刘某某、朱某某、夏某某、许某起次要作用，系从犯，应当减轻处罚。被告人刘某某、朱某某、夏某某、许某均能如实供述自己的罪行，可以从轻处罚。被告人刘某某、夏某某、许某自愿认罪认罚，可以依法从宽处理，公诉机关关于被告人夏某某、许某的量刑建议与事实、法律相符，法院予以采纳。关于被告人刘某某的辩护人提出对被告人刘某某适用缓刑的意见，经查，被告人刘某某在该辩护人在场的情况下，与公诉机关达成量刑具结，在法庭审理过程中也坚持自愿认罪认罚，认可量刑具结书所载明的刑期，结合其犯罪事实、性质、情节、对社会的危害程度及在共同犯罪中所起到的作用，对其不宜适用缓刑，公诉机关的量刑意见符合法律规定，法院予以采纳，辩护人此意见与事实、法律不符，法院不予采纳。据此，根据被告人的犯罪事实、性质、情节及对社会的危害程度，结合辩护人的相关辩护意见，依照《中华人民共和国刑法》第三百一十二条第一款、第十五条第一款、第二十七条、第六十七条第三款、第五十二条、第五十三条、第六十四条及《中华人民共和国刑事诉讼法》第十五条之规定，判决如下：

一、被告人刘某某犯掩饰、隐瞒犯罪所得罪，判处有期徒一年二个月，并处罚金人民币一万元。

二、被告人朱某某犯掩饰、隐瞒犯罪所得罪，判处有期徒刑一年二个月，并处罚金人民币一万元。

三、被告人夏某某犯掩饰、隐瞒犯罪所得罪，判处有期徒刑一年，并处罚金人民币一万元。

四、被告人许某犯掩饰、隐瞒犯罪所得罪，判处有期徒刑一年，并处罚金人民币一万元。

五、扣押在案的柴油予以没收。

八、律师感悟

近年来，各类走私案件不断出现，本案的上游犯罪就是非法走私成品油的案件。2019年10月24日，最高人民法院、最高人民检察院、海关总署发布《打击非设关地成品油走私专题研讨会会议纪要》明确：走私成品油，构成犯罪的，依照《刑法》第153条规定，以走私普通货物罪定罪处罚。如此一来，如行为人非法转移走私成品油、原油，属于明知是犯罪所得及其产生的收益而予以窝藏、转移、收购、代为销售或者以其他方法掩饰、隐瞒的行为，应按掩饰、隐瞒犯罪所得罪定罪处罚。故本案中的几位被告人均构成掩饰、隐瞒犯罪所得罪，而非走私普通货物罪。

笔者作为本案中朱某某的辩护人，仔细了解案情后，发现本案包括朱某某在内的几位被告人，皆是为了想要走捷径、挣快钱才上了犯罪分子为他们准备的"贼船"。朱某某称自己因为欠下外债，急需用钱，所以才接了这份"轻松而且来钱快"的工作，现在非常后悔。在案件的处理过程中，被告人朱某某认识到了自己行为的违法性,以及带来的严重社会后果,愿意认罪,但对于检察院提出的量刑建议并不认可,在审查起诉阶段没有签署《认罪认罚具结书》。对此,笔者作为辩护人有建议权,就签署与否所带来的后果作出详细的解释,但并不能代朱某某作出决定。反观本案的判决结果,除朱某某外,其他被告人均在审查起诉阶段签署了《认罪认罚具结书》,量刑建议均得到了法官的采纳,如朱某某也签署《认罪认罚具结书》,通过在审判阶段预缴罚金,极有可能判处有期徒刑十一个月甚至更低的结果。

笔者认为所有的钱财都是来之不易的,在走上"赚钱捷径"之前一定要先问一问自己,天下是否真的会有免费的午餐,自己是否真的那么幸运会遇到这样的好事,任何致富路径都应该规制在法律的框架内,否则行为人必将作茧自缚。同时,笔者认为各位被告人均抱有明显的侥幸心理。他们以为转移成品油没有什么大不了的,被警方查验是小概率事件,因此对自己实施的犯罪行为不以为意,殊不知这才是他们走上犯罪道路的最大诱因,正是因为他们对司法机关,对法律缺少敬畏之心,才导致自己身陷囹圄。

法律的意义和价值在于维护公共利益、指导和保护社会、建立社会信任、保障公民权益,使社会发展朝着健康、和谐、科学的方向进行。无论我们身处何地,都必须遵守法律,这是每个公民的基本义务。对法律的尊重,就是对公平、正义的尊重,就是对社会秩序的尊重。让我们每个人都怀有一颗敬畏法律的心,共同营造一个公平、正义、和谐的社会环境。

案例39　杨某某"以车易车"转移赃物掩隐案[*]

一、公诉机关指控

2022年5月18日22时左右，被告人杨某某在明知杜卡迪牌摩托车系李某（另案处理）盗窃所得的情况下，仍与李某商量以车易车的方式取得该车，并随李某一同前往上海市青浦区某超市停车场，由李某将摩托车推至地面后，再由被告人杨某某使用手机在货拉拉平台上下单后，将该车运回自己位于上海市青浦区的住处。案发后，公安机关在被告人杨某某住处查获并扣押该赃车，后发还车主。经鉴定，上述杜卡迪摩托车价值124 012元。

被告人杨某某到案后，如实供述了上述事实，并自愿认罪认罚。

二、案情拓展

2022年6月4日，被害人张某某至上海市公安局青浦分局辖区某派出所报案：2022年3月初，他在某二手车交易市场购买了一辆杜卡迪牌摩托车，购买价为12.5万元。3月26日左右，因为委托朋友为该车上牌，便将车子交由朋友停放在青浦区某商业中心停车场，车子只上了发动机锁。5月底6月初，朋友到停车场取车时发现车辆被盗，于是前来报案。

2022年6月4日，李某在其同事的陪同下至派出所投案：2022年3月初，他在青浦区某商业中心担任临时保安，执勤期间认识了一名骑摩托车来此"溜车"的男子（经辨认，即被告人杨某某）。因为他也喜欢摩托车，于是主动和对方攀谈起来，并添加为微信好友。后来他们注意到停车场停放了一辆杜卡迪牌摩托车，当时这辆车已经停放了一周多，不清楚车主是谁。杨

---

[*]（2022）沪0118刑初801号案。

某某称这辆车应该是"水车"（非正规途径购买的走私车辆），即使偷走它，警察也不会管。他当时害怕不敢偷，后来他们也没有继续说这件事。之后因为不想和杨某某有过多联系就把他的微信删除了。

过了几天，他抽空去停车场查看，发现杜卡迪一直都在，车主应该没有来过，他就心生贪念，想着先把车子藏起来。如果没有人来找，他就据为己有；如果有人来找，他再想个理由还车。于是在2022年4月10日0时30分左右，他独自到停车场将杜卡迪推出商业中心，当时车子只有发动机锁，没有龙头锁，轮胎也没有挂锁。出了商业中心后，他一直把车子推到青浦区某超市的停车场。超市的停车场有一名保安在执勤，他就谎称自己的摩托车火花塞坏了，找不到地方修理，所以想暂时停放在此，请对方帮忙照看，并答应给他200元报酬。本来他还找了一个摩托车开锁匠给杜卡迪开锁，但对方临时有事没有来。

2022年5月18日，杨某某微信联系李某，说看到有人在商业中心附近找车，还说他知道李某把杜卡迪偷了，让李某把车子交给他，否则他就去报警。李某害怕了，杨某某提出用自己驾驶的摩托车交换杜卡迪，李某考虑无论是卖掉还是改装杜卡迪后自己骑，他都没有能力，用杜卡迪跟杨某某交换的话，可以得到一辆合法的车子，所以同意了杨某某的提议。当天22时左右，杨某某驾驶摩托车带着李某到了停放杜卡迪的超市，李某联系了超市保安，给了200元报酬后将杜卡迪推到超市门口，杨某某便叫了一辆"货拉拉"把杜卡迪运走了。之后杨某某又驾驶自己的摩托车将李某送回酒店。

5月22日，李某向杨某某索要其答应给自己的摩托车，但杨某某一直找借口推脱。5月27日李某再次找杨某某时，杨某某称只要李某再给他3000元，杨某某能给李某弄一辆车况很好的川崎摩托车。李某就通过支付宝给杨某某转了3000元，但之后杨某某始终没有给李某车。5月底时，有人到商业中心来调监控视频找那辆杜卡迪，李某很害怕，赶紧让杨某某把车子还回来，但是杨某某没有理睬他。直到警察来调查，李某同事问他是不是偷了一辆摩托车，李某就承认了，然后和同事一起来派出所投案自首。

2022年7月27日，被告人杨某某到案后供述：2022年3月，他在青浦区某商业中心附近"溜车"的时候，认识了那里的一个保安（经辨认，即李某），李某也是一名摩托车车友，他们聊了几句就添加为微信好友。之后他们在商业中心看到一辆没有牌照的杜卡迪牌摩托车。李某说这辆车在这里停了很久，他想把这辆车偷走自己开，他就跟李某说玩这个车的人比较少，不知道是走私车还是正规车，如果是正规车，偷走以后肯定会有人报警。后来他们又闲聊了一会儿，各自开着摩托车出去兜了一圈就各回各家了。

同年5月中旬，他在微信上和一个摩托车圈子里开锁的朋友闲聊时，这个朋友告诉他前几天有人找自己到青浦来开一辆杜卡迪的锁，但他因为临时有事没有来，朋友还把和对方的聊天记录给他看。他看到对方的微信头像和车辆照片就猜到应该是李某把那辆杜卡迪偷走了。于是他就联系了李某，确认他确实偷走了杜卡迪。他因为也很喜欢杜卡迪，就提出用自己当时骑的一辆摩托车和李某交换杜卡迪，李某同意了。5月18日晚上他就去接上李某，然后由李某指路到了一家超市，在超市停车场看到了那辆杜卡迪，之后他通过"货拉拉"平台叫了一辆货车把杜卡迪拉到了自己居住的小区。随后他自己拆掉了杜卡迪的发动机锁，并找了一张装饰用的牌号挂在了车上。

5月27日左右，李某向杨某某索要之前答应给自己的摩托车，杨某某让李某先补3000元差价，李某之后给杨某某转了3000元。杨某某本来打算把杜卡迪处理好他自己可以开了，就把他自己的摩托车给李某，但当时杨某某还没有处理好杜卡迪，而且之后民警就来杨某某居住的小区把杜卡迪拖走了，杨某某就没再联系李某。

三、量刑情节

（1）被告人杨某某到案后如实供述自己的罪行，系坦白，可以从轻处罚。

（2）被告人杨某某自愿认罪认罚，可以依法从宽处理。

（3）被告人杨某某曾因故意犯罪被判处有期徒刑，在刑罚执行完毕后五年内再犯应当判处有期徒刑以上刑罚之罪，系累犯，依法予以从重处罚。

四、证据认定

本案中，公诉机关提交了相应证据，法院审理后作出如下认定：

（1）被告人杨某某的供述，证人李某、张某某、范某某等6人的证言及相关辨认笔录，货拉拉订单、调取证据通知书、调取证据清单及监控视频光盘，证明2022年4月10日凌晨，李某窃得杜卡迪牌摩托车一辆后停放在青浦区某超市停车场，5月18日李某与被告人杨某某一同前往该停车场，杨某某在明知摩托车系李某盗窃所得的情况下，仍与李某商量以车易车的方式取得该车，并通过"货拉拉"平台下单将该车运回自己住处。

（2）扣押决定书、扣押清单、扣押笔录、扣押物品照片、发还物品清单，证实公安机关从被告人杨某某处查获并扣押案涉赃车（后发还车主），以及扣押被告人杨某某与李某的手机各一部。

（3）司法鉴定意见书、电子数据勘验笔录、电子数据提取固定清单，证实公安机关委托司法鉴定机构恢复并提取李某手机内的通讯录、短信、通话记录、微信记录、QQ记录和支付宝记录等数据。

（4）价格认定结论书、二手车销售统一发票、二手车转让协议、机动车注册登记摘要信息，证实案涉杜卡迪牌摩托车的鉴定价格为124 012元。

（5）案发及抓获经过，证明被告人杨某某于2022年7月27日被公安机关抓获到案的情况。

（6）人口信息、刑事判决书、行政处罚决定书、释放证明，证明被告人杨某某曾因故意犯罪被判处有期徒刑，刑罚执行完毕后五年内又实施本案犯罪行为，以及杨某某因违反行政法规被予以行政处罚的情况。

上述证据收集程序合法，内容客观真实，足以认定指控事实。

五、争议焦点

本案被告人杨某某对指控的犯罪事实及定性均无异议，并自愿认罪认罚，该案事实清楚，控辩双方没有明显争议。

六、辩护意见

（1）被告人杨某某到案后并未隐瞒事实真相，如实供述自身的相关案情，积极配合公安机关侦办案件，具有坦白情节，依法可以从轻处罚。

（2）被告人杨某某自愿认罪认罚，可以依法从宽处理。

七、法院判决

法院认为，被告人杨某某明知是犯罪所得而予以转移，其行为已构成掩饰、隐瞒犯罪所得罪，依法应予惩处。被告人杨某某曾因故意犯罪被判处有期徒刑，在刑罚执行完毕后五年内再犯应当判处有期徒刑以上刑罚之罪，系累犯，依法予以从重处罚；其到案后如实供述自己的罪行，依法可以从轻处罚；其有前科劣迹，酌情予以从重处罚。被告人杨某某认罪认罚，依法予以从宽处理。公诉机关指控被告人杨某某的犯罪罪名及认定被告人杨某某累犯、属如实供述的公诉意见正确，且量刑建议适当，法院予以确认。被告人杨某某的辩护人以其当事人属如实供述其罪行、认罪认罚等为由要求对被告人从轻处罚的辩护意见，因与法院查明的事实相符，且于法不悖，法院予以采纳。为维护社会管理秩序，保护公私财产不受侵犯，依照《中华人民共和国刑法》第三百一十二条第一款、第六十五条第一款、第六十七条第三款、第五十二条、第五十三条、第六十四条及《中华人民共和国刑事诉讼法》第十五条之规定，判决如下：

一、被告人杨某某犯掩饰、隐瞒犯罪所得罪，判处有期徒刑一年一个月，并处罚金人民币二万元；

二、扣押在案的作案工具手机 1 部予以没收。

八、律师感悟

本案被告人杨某某所实施的是明知是盗窃所得机动车而予以转移的行为，依法应当构成《刑法》第 312 条规定的掩饰、隐瞒犯罪所得罪。而杨某某在李某实施盗窃摩托车的行为之前就与其相识，并双方都供述称相识之初就聊起过盗窃摩托车。因此，公安机关在侦查过程中着重向杨某某、李某讯问盗窃摩托车的犯意究竟是谁提出的，并且委托专业鉴定机构对李某已经删除的两人微信聊天记录等进行恢复、提取。如此细究这一情节，是因为根据相关司法解释的规定，实施掩饰、隐瞒行为，事前与盗窃、抢劫、诈骗、抢夺机动车的犯罪分子通谋的，以盗窃罪、抢劫罪、诈骗罪、抢夺罪的共犯论处。因此，如果杨某某在李某实施盗窃摩托车的行为前，与其协商策划窃取摩托车的手法、时间等，甚至提供工具或帮助等，即使事后还实施了掩饰、隐瞒的行为，那么也不构成掩饰、隐瞒犯罪所得罪，而是以盗窃罪论处。

从笔者会见及阅卷的情况来看，杨某某的前后供述是基本稳定一致的，其供述事先并未鼓动或者和李某通谋盗窃案涉摩托车，而是在李某得手后才偶然得知其盗窃情况。李某虽然前后几次的供述有反复，但最终也坦白因为看到摩托车长期停放在商业中心无人问津，所以心中起了占为己有的贪念。在其实施盗窃行为之前并未与杨某某沟通联系，更没有通谋。虽然如此，杨某某在确认李某盗窃了案涉摩托车后，却同样心生贪念，提出以物易物转移李某盗窃的摩托车。因此，杨某某构成掩饰、隐瞒犯罪所得罪并无争议。而根据司法解释的规定，实施掩饰、隐瞒的行为涉及盗窃、抢劫、诈骗、抢夺的机动车 5 辆以上或者价值总额达到 50 万元以上的，属于"情节严重"。杨某某的行为尚未达到情节严重一档，且摩托车已经发还受害人，杨某某也如实供述自己的犯罪事实，并自愿认罪认罚，其犯罪行为的危害性较小，主观恶性有限，但因其属于累犯，并且有多次前科劣迹，因此也影响了他的最终判决结果。

李某和杨某某均自称摩托车车友，对于摩托车也有一定的了解和喜爱，因此知道案涉摩托车的经济价值和实用价值。李某和杨某某似乎想以此为自己的犯案动机找一个体面自洽的解释。可是对比受害人从正规二手车市场购买车辆，并为车辆办理上牌手续等，杨某某和李某的行为更多的是为了满足自己贪婪的欲望或一时的虚荣心，实在称不上是对摩托车的喜爱。虽然人生来就有追求自己的需求和幸福的自由，但这样的自由不能以侵害公共秩序和他人的合法权益为前提，希望杨某某和李某二人可以从本案中吸取教训，切勿漠视法律的权威和法治的尊严，同时树立健康积极的价值观。

【类案摘录】

案例40 闫某"驾船"转移非法柴油掩隐案[*]

被告人刘某甲、闫某、王某甲伙同王某乙、魏某某（均另行处理）分别受人雇佣于2019年8—9月至刘某乙（另案处理）所有的"XTY002"（化名）船工作，刘某甲负责联络、指挥并押船，闫某、王某甲负责驾驶。9月11日晚，在关闭海事导航系统的情况下，刘某甲按照货主方的安排，指挥闫某、王某甲驾驶该船至上海浦东某水域搭靠一艘海船，通过激光对接确认后，在无相关运货手续、明知所运柴油来源非法的情况下，五人仍以拖拉油管的方式从海船过驳柴油212.686吨至"XTY002"船。当日23时许，"XTY002"船行至长江上海段某水域时被公安人员查获，五人均被传唤至公安机关。到案后，三名被告人均如实供述了上述犯罪事实。

经鉴定、核算，涉案成品油符合车用柴油（V）中5、0、-10号的相关指标要求，价值1 490 928.86元，在进口环节应缴税款为540 560.24元。

法院认为，被告人刘某甲、闫某、王某甲明知是犯罪所得仍予以转移，情节严重，其行为已构成掩饰、隐瞒犯罪所得罪，且系共同犯罪，依法应予刑事处罚。公诉机关指控三名被告人犯掩饰、隐瞒犯罪所得罪的事实清楚，证据确实、充分，指控罪名成立，法院予以支持。鉴于被告人刘某甲、闫某、王某甲在共同犯罪中起次要作用，系从犯，应当减轻处罚；三名被告人到案后能如实供述自己的罪行，可以从轻处罚；能认罪认罚，可以从宽处理。辩护人关于对各被告人从轻、减轻处罚的相关辩护意见予以采纳，但辩护人建议法院对三名被告人适用缓刑的辩护意见，根据本案的犯罪事实、情节，法院不予采纳。据此，依照《中华人民共和国刑法》第312条第1款、第25条

---

[*]（2020）沪0101刑初828号案。

第 1 款、第 27 条、第 67 条第 3 款、第 52 条、第 53 条、第 64 条及《中华人民共和国刑事诉讼法》第 15 条之规定，判决如下：

（1）被告人刘某甲犯掩饰、隐瞒犯罪所得罪，判处有期徒刑九个月，并处罚金 1 万元。

（2）被告人闫某犯掩饰、隐瞒犯罪所得罪，判处有期徒刑八个月，并处罚金 1 万元。

（3）被告人王某甲犯掩饰、隐瞒犯罪所得罪，判处有期徒刑八个月，并处罚金 1 万元。

（4）涉案柴油予以没收，被告人的违法所得予以追缴。

后　记

近日,"申如刑辩系列丛书"的第二本《开设赌场罪案件律师代理实务》已由知识产权出版社出版,编写小组的同事们都非常高兴,尤其对样书爱不释手,我们为撰写该书所耗费的精力于此刻得到了回馈。趁此兴奋之机,我们决定将本书的书稿作最后的校对,争取尽快与读者见面。

本书的编写体例延续前两本,但略有不同的是从内容上涵盖了两个罪名,因为帮助信息网络犯罪活动罪与掩饰、隐瞒犯罪所得罪存在诸多相似及易混淆之处,且多数案件的行为方式相近,编写小组经过讨论作出此次尝试,不妥之处欢迎指正。

"申如刑辩系列丛书"中所选取的案例是真实的,均是笔者所在的上海申如律师事务所刑事辩护团队律师代理,所以我们更能探究案件的内部详情,在允许的范围和限度内,使读者看到案件中最丰富的内容。我们尽力收录同类型中最具典型性的案例,其中取舍也并非易事,故而会将部分案例作为类案摘录。

本书编写小组于2024年3月1日开始撰写,并商定了交稿日期,整个编写过程非常顺利,只因等待其中两个案例的判决结果使得交稿日期有所延误,但这两个案例非常具有代表性,为此等待也是值得的。

本书得以出版,应当感谢责任编辑刘江博士,他对于我们将两个罪名合编在一起非常支持,并提出了可行的建议,让我们更有信心地完成此书;也应当感谢上海申如律师事务所的律师以及律师助理们,包括但不限于王为荣律师、王洋律师、韩晖律师、田冬明律师、秦婧律师、郭子媚律师、高颖律师、王嵘律师、张玉律师、张丁薇律师、赵皖婷律师、唐玉梅律师、邓倩雯律师、刘贝贝律师,韦庆格、王琪、龙晶晶、张安安等,他们在职期间参与承办了本书的所有案件，或担任办案律师，或担任律师助理，或从事客服工作，他们均对本书中每个案件的办理倾尽了全力，对得起委托人的信任与选择；上海政法学院雷蕾同学实习期间为书稿的校对工作提供了帮助，也一并表示感谢；最后应当感谢案件委托人及家属，是他们的信任与配合，使得律师们能成功办理案件，取得理想的成果。

本书编委成员除笔者外，另有上海申如律师事务所的同事们，他们有安金玲律、王晓萍律师、谢灵珊律师、叶梅花律师、张晨律师，以及李丛汐、乐婧菲，大家分工协作，加班加点，为本书的撰写倾注了心血，且不言辛苦，我们是一个极有执行力的团队。

上海申如律师事务所成立于2004年2月，已满二十周年。这是我们刑事辩护团队完成的第三部作品，书中定有不足之处，期待同人及读者提出批评与建议。我们也将继续努力，在办案的同时，作好刑事辩护领域的归纳与整理工作，使得办案与著书相长，在各位师友及同事的帮助下，我们将继续出版更多新的作品。

我们必将一如既往地认真办案、不负所托，努力达成申如律师的愿景——"申如"，您的申请，都能如愿。

张 兵

2024年9月2日